欲远集而无所止兮

聊浮游以逍遥

远席坊

名家论中华文脉与创新精神

阎崇年 沈鹏 柳斌杰 雷军 罗振宇 等著

中信出版集团·北京

图书在版编目（CIP）数据

远集坊：名家论中华文脉与创新精神/阎崇年等著
. -- 北京：中信出版社，2018.12
ISBN 978-7-5086-9776-5

Ⅰ.①远… Ⅱ.①阎… Ⅲ.①中华文化–文集 Ⅳ.
① K203-53

中国版本图书馆 CIP 数据核字〔2018〕第 256073 号

远集坊：名家论中华文脉与创新精神

著　　者：阎崇年　沈鹏　柳斌杰　雷军　罗振宇　等
出版发行：中信出版集团股份有限公司
　　　　　（北京市朝阳区惠新东街甲 4 号富盛大厦 2 座　邮编　100029）
承 印 者：北京盛通印刷股份有限公司

开　本：787mm×1092mm　1/16　　印　张：22.75　　字　数：310 千字
版　次：2018 年 12 月第 1 版　　印　次：2018 年 12 月第 1 次印刷
广告经营许可证：京朝工商广字第 8087 号
书　号：ISBN 978-7-5086-9776-5
定　价：89.00 元

序

为此书写序，实不够格，却又难辞让。话要从远集坊说起。

远集坊坐落在北京市朝阳区南磨房乡，它是 2017 年 9 月由中国版权协会在南磨房乡和北京鲲鹏大雅实业投资有限公司的支持下创建的。

远集，取自屈原《离骚》中"欲远集而无所止兮，聊浮游以逍遥"和唐朝诗人韦应物"至今蓬池上，远集八方宾"的诗句，"坊"与南磨房乡的"房"谐音。远集坊也契合蓬勃向上的时代精神。

著名书法家沈鹏先生听了我的解释，兴致勃勃地为远集坊题写了牌匾，书法行家评价说，沈鹏先生写的这三个字，在沈鹏先生的书法作品中亦属难得，特别是"远"与"坊"二字，远字中的"一捺"与坊字中的"一撇"，一开一合，堪称绝妙，其时心境一定非常好。

远集坊成立之初，适逢党的十九大召开。习近平总书记指出，优秀的文化是中华民族最深沉的精神追求，是民族凝聚力和创造力的重要源泉，是中华民族的精神命脉。

远集坊是一个很小的地方，但立志把文化自觉与文化自信付诸行动，挖掘新时代最具影响力的文化要素，展示新时代文化的独特魅力，为新时代的文化发展尽一份微小的力量。

然而，文化自觉与文化自信不是口号与标签，如何体现在具体的文化各领域各范畴之中，如何才能在这样一个小小的场所，汇聚文

远集坊揭牌合影

化以及与文化相关各领域的卓越人士，汇聚富有时代精神的真知灼见，并运用传统媒体与新媒体最大限度地传播，这是远集坊的目标，也是面对的难题。

谁来为远集坊开第一讲？我想到了阎崇年先生。阎崇年先生是清史专家，是著述甚丰的大学者，德高望重。崇年先生治学严谨自不必说，他又是中央电视台"百家讲坛"的开坛主讲，其演讲的报告很具逻辑性与感染力，擅长以生动的语言表达深刻的道理，是人们喜爱且家喻户晓的学者，粉丝无数。

我和阎崇年先生交往多，又自恃"都是老阎家的"，便前去拜访，请他为远集坊开讲，崇年先生不表态，只说"我到你那里看看……"。第二天，崇年先生就来到远集坊，我跟崇年先生开玩笑说，"这个地方是小了点，但是有见地的思想是不受建筑物的限制的"。阎崇年先生爽快地答应了。他对我说："好，我来试着讲一次"。

2017年9月29日，这对远集坊来说是一个难忘的日子。阎崇年先生在这里首次开讲，所讲的赫图阿拉，是一个只有几万人的小地方，为何能入主中原，毛主席和周总理都曾经提出过这个问题，这也是三百多年来，学者、政治家、军事家等经常提出和思考的问题。崇年先生说："这个问题，我思考了20多年，今天在远集坊这个地方我试着做一些回答。"这是一次非常有学术价值、现实意义和十分深刻生动的演讲，也是远集坊的开门红。

远集坊从2017年9月29日开讲，至2018年10月7日，一年零八天，阎崇年、王文章、雷军、柳斌杰、谭跃、王亚民、沈鹏、黄强、朱永新、郝林海、郑渊洁、黄书元、郑欣淼、刘珺、罗振宇、王秦丰、吴为山十七位主讲人先后在远集坊发表精彩演讲，每一位的演讲都是令人激动的、打动人心的。演讲的前前后后也都有一个动人的故事，如果把它们写出来，就是一本书。恕我在这里不细细叙说。

这十七位主讲人年龄最长的是沈鹏先生，今年已经 88 岁，米寿之龄；最年轻的是得到 App 创始人罗振宇先生，是 70 后。每一位主讲人在文化的相关领域都有卓越的贡献，具有重要的社会影响力。上述主讲人从不同的角度，阐述了他们关切并深入研究思考的问题与心得。本书收录、整理了以上这十七位主讲嘉宾在远集坊的演讲稿，选择了部分特邀嘉宾的对话。为了再现演讲中最动人的场面，精心制作了若干短视频，使对本书的阅读与视听能够融为一体，读者能获得双重体验。

作为远集坊的创建者和组织者之一，我有幸现场聆听了十六位主讲人的精彩演讲以及特邀嘉宾的对话交流（仅谭跃先生的演讲因患病卧床而错过）；作为本书的策划者与组织者之一，在本书付梓之前，阅读了全书。

有幸聆听演讲并在出版前阅读全书，让我感受到思想的力量与精神的愉悦。在我看来，当文化产品创作出来以后，人们主要通过视、听、读的方式来享有文化产品，但我们通过视、听、读而认识与感受到的文化产品的效果，却由于作品内容品质不同而存在天壤之别。这让我们更深刻地认识到在文化领域，最核心的是作品，只有最优秀的作品，才有可能实现最好的传播，从而才能得到读者的认同，其价值是难以估量的。正如罗振宇所说："一个好莱坞大片的票房可以超过 10 亿元人民币，我认为如果有一场把握规律与未来、深刻且生动扼要阐述关系人类命运的演讲，其价值应该超过好莱坞大片的票房。"

中信出版社与远集坊携手，在非常短的时间内征得了十七位主讲人的同意，策划并组织出版了这本书。

阅读此书，观看书中的短视频，您将领略这十七位主讲人风格迥异而又颇具思想魅力的文字和语言表述，寻找您心中最深沉的精神追求。

阎晓宏
2018 年 11 月

| 目录

远乡茶坊

第一讲

阎崇年

赫图阿拉之问

扫描二维码
观看远集坊精彩视频

阎崇年

　　北京社科院满学研究所研究员、北京满学会会长、中国紫禁城学会副会长、北京孔庙与国子监博物馆名誉馆长、蓬莱市戚继光研究会名誉会长、著名历史学家、央视《百家讲坛》开坛主讲。由北京市政府授予有突出贡献专家称号，享受国务院颁发的政府特殊津贴。

　　毕业于北京师范大学历史系，研究清史、满学，兼及北京史。《清十二帝疑案》《明亡清兴六十年》《康熙大帝》《大故宫》和《御窑千年》等系列讲座，在国内外引发强烈社会反响，被誉为《百家讲坛》的"开坛元勋"。论文集有《满学论集》《燕史集》《袁崇焕研究论集》《燕步集》《清史论集》《阎崇年自选集》共六部；专著有《努尔哈赤传》《古都北京》《康熙帝大传》《森林帝国》等十六部；先后发表满学、清史论文百余篇。

主持嘉宾：

郎永淳　原中央电视台著名主持人、"找钢网"高级副总裁兼首席战略官

特邀嘉宾：

郑欣淼　中华诗词学会会长、中国紫禁城学会会长

王文章　原文化部副部长、中国艺术研究院原院长

王亚民　故宫博物院常务副院长

李　岩　中国出版集团公司党组成员，中国出版传媒股份有限公司董事、
　　　　副总经理

蔡　翔　中国传媒大学原副校长

卜　键　清史办原主任

王学勤　北京社科院院长

马宪泉　海南省政协委员、东方五和文化研究院院长

金宏达　中国现代文学研究专家、社会学者

赫图阿拉之问

我今天讲的题目是"赫图阿拉之问"，以此跟大家交流，并听取诸位贤达的批评。

"赫图阿拉之问"这个"问"是怎么提出来的？在20世纪90年代的一天，著名学者、中共北京市委主管文化的副书记王光同志，在北京社会科学院高起祥院长陪同下，来到我家。在谈话间，王光同志说，当年毛主席提出了一个问题：满族是一个只有几十万人口的民族，军队也不过十万人，怎么会打败大约有一万万人口、一百多万军队的明朝？而且满族入主中原建立政权长达268年。这个问题很长时间没有人回答，周总理也曾提出过这个问题让大家研究。这也是三百年来学界、政界、军界人士不断提出的"历史之问"。

王光同志还说："崇年同志，这个问题你回答一下怎么样？"我说："书记，我才疏学浅，知识和能力有限，回答不了。"他说："不设时限，慢慢思考，积累资料，进行研究。"

此后，我在出行、读书、交谈，甚至梦境中经常思考这个问题，今天，把我的思考先跟诸位汇报，并求教。

我想这个问题是"多因一果"。原因虽然多，但一定有主有次，我思考主要原因有三条：人事、天地和文化。

　　先说人事。事业取得成功，关键在人，在得人，得英杰之人和贤能之人。越是伟大的事业，越需要有杰出的贤能之人。《尚书·吕刑》有一句话："一人有庆，兆民赖之"。这句话过去有人说是不是英雄主义史观。是英雄造时势，还是时势造英雄？英雄与时势的关系，今天我们不讨论。但是，可以肯定，一人有庆，的确能给兆民带来福祉。

　　清朝很有幸，清太祖努尔哈赤、清太宗皇太极、清世祖顺治、清圣祖康熙、清世宗雍正和清高宗乾隆（中期前），这六代150多年，其领导核心层比较优秀。

　　一个人优秀和杰出并不够，还需要一个团队和集体优秀。以清朝将领额亦都为例。他跟随努尔哈赤起兵，最主要特点有两个字：一是"勇"，二是"忠"。他曾在攻城时被箭射穿股部而钉在城墙上，却用佩刀把箭杆砍断，带着穿透骨肉的箭杆爬上城，率领兵士破城，取得大胜。这个人不但勇而且忠，他有16个儿子，其中一个儿子叫达启。努尔哈赤很喜欢达启，并把自己的女儿嫁给了他。少年得志让达启有些飘飘然，虽然还没到严重违法乱纪的地步，但是额亦都注意到了。在一次家庭酒席上，额亦都怒斥达启骄纵妄为，将来一定会负国败门户，于是一气之下将其勒死。事后他向努尔哈赤请罪，努尔哈赤虽然也很难过，但转念一想，额亦都是为了国家利益，应该表扬，最终免于刑罚。

　　额亦都等对努尔哈赤很忠诚。努尔哈赤后来到他坟前吊唁时痛哭流涕，怀念这位既勇又忠的助手。努尔哈赤的五个开国大臣都在他之前死去，每个人死，他都要亲自去吊唁，趴在坟头哭。这不是一个人，而是一个集体。

　　我联想到了努尔哈赤、皇太极、顺治、康熙、雍正、乾隆执政期间，都没有发生大的核心层的军事裂变。

　　我们国家从秦始皇到宣统，共2 132年的历史，但200年以上大一统的朝代只有四个：第一个是汉朝，214年；第二个是唐朝，289年；第三个是明朝，

276年；第四个是清朝，268年。

汉朝"诛吕"是很大的政治事件，引起了宫廷震荡和社会震动。唐朝有李世民发动的"玄武门之变"，明朝有朱棣发动的"靖难之役"，都是惊天动地。而清朝没有，从天命到宣统，整个清朝最高执政集团有过矛盾和争论，有过吵吵闹闹，但没有内部军事政变，没有发生主体裂变，也没有大的军政分裂动乱。这是清朝能够入关建立统治并且长达268年的一个重要原因。

其次说天地。清朝执政者既善于优化人事，又善于借用天和地。这个"天"就是司马迁说的"究天人之际，通古今之变"的"天"，即天时。有小天时，有大天时，魏源说："小天时决利钝，大天时以决兴亡。"所以一个朝代的兴亡必有大天时。孟子说"五百年必有王者兴"，这个五百年是一个概数，也可以是三百年。满洲的崛起、清朝的入关正赶上了三百年一遇的大天时，这个天时主要表现在：中原大旱三年、赤地千里、饿殍遍野，甚至人食人；蒙古各部分裂衰弱；李自成率农民军占领了北京；女真各部正处于分裂状态。这四点是努尔哈赤、皇太极遇到的大天时。

光有天时还不够，还要有地利，他们很善于借用"地"这个条件。清朝兴起的基地赫图阿拉是一座小山城。它是一个"高桩馒头"形的小山庄，像柱子一样，离地面大约10～20米高，再有6米高的城墙一围，共约18米高，易守难攻。它面积不大，经测算是246 000平方米，相当于故宫博物院面积的1/3啊，作为基地来说很小，而且只有一口井，到现在还在用，千军万马都用这一口井的水。这口井水离地面只有10厘米，当年是这样，现在还是这样。赫图阿拉这座山城，三面依山，四面环水，既封闭，有利于隐秘防守，又开放，有利于进兵开拓。赫图阿拉气候相对温暖，土地比较肥沃，是一个天然的好基地。他们很善于利用这个基地，如果这个基地不是在赫图阿拉，而是在北京通州，不要说13副遗甲起兵，就是13 000人起兵，也会很快被消灭。

赫图阿拉距离北京远近适中，如果是选乌拉（现吉林市一带）作为基地，几万人长途跋涉，不要说打到北京，半途就被拦截歼灭了。

　　所以说，清朝利用了三百年一遇的天时和非常有利的地利条件，善于借天借地。

　　再说文化。除人事、天地之外，赫图阿拉的背后，更有着大文化的支撑。

　　满洲文化有什么特点？一百年来，清史学界、历史地理学界、民族学界等普遍认为他们是草原文化、游牧经济。有学者认为蒙古和满洲属于牧区，和中原农区对峙。当前学术界主流观点是满洲地区为草原文化、游牧经济。这样的话，满洲文化与蒙古文化就没有大的区别了。我经过实地考察、查阅文献和深入研究，提出一个看法跟诸位讨论：满洲不属于草原文化，而属于森林文化；不是游牧经济，而是渔猎经济。

　　这里面就牵涉中华文明的文化组成问题。我个人认为，从秦始皇元年到宣统三年，在2 132年的皇朝时代，我们中华文明是由五种文化形态组成：中原农耕文化、西北草原文化、东北森林文化、西部高原文化、沿海暨岛屿海洋文化。

　　这五种基本的经济文化形态组成了中华民族文明。每种文化形态都有其主体、本质，而不是单一的、纯粹的。譬如农耕文化中有草原文化，也有森林文化；草原文化中有农耕文化，也有森林文化；森林文化中有农耕文化，也有草原文化等。

　　这五种文化形态中，其所分布的面积各有多大呢？

　　中原农耕文化面积有多大？我们一直觉得很大。我一个省一个省地加，加起来中原农耕文化核心地区面积约340万平方千米，并不算大。

　　西北草原文化面积有多大？包括现在的内蒙古，草原文化面积约116万平方千米，喀尔喀蒙古（今外蒙古），面积约156万平方千米，合起来270余万平方千米。天山以北、阿尔泰以南，明清叫做厄鲁特蒙古，主要是西部蒙古；还有贝加尔湖以东以南的布里亚特蒙古，明清强盛时都是中国的。这么算起来，明清强盛时草原文化面积300多万平方千米。

　　东北森林文化面积有多大？在明清强盛时期，它包括：(1) 今辽宁省，(2)

乾隆皇帝南巡图（局部）

今吉林省，(3) 今黑龙江省，(4) 乌苏里江以东到海约40万平方千米，(5) 黑龙江以北外兴安岭以南（包括库页岛）60多万平方公里，(6) 还有乌第河以西、尼布楚、齐洛台（今赤塔）等地带，总面积300多万平方千米。就是说东北森林文化范围300多万平方千米。

西部高原文化面积有多大？青藏高原250万平方千米，云贵高原50万平方千米，西部高原文化面积共300多万平方千米。

以上四个合起来就是1200多万平方千米，还有沿海暨岛屿海洋文化面积。总算起来，在明清盛时，中国的国土面积大约1 400万平方千米。努尔哈赤、皇太极背后是300多万平方千米森林文化的支撑，和中原农耕文化面积大体上差不多。

那么，东北森林文化有什么特点？

第一，地域纬度。森林文化范围大体在大兴安岭以东到大海，北纬42°~

68°。我看过一幅地图，在北半球冻土带以南、草原带以北，北亚、北欧、北美有一条森林带。明清盛时中国东北森林带的特点就是满族及其先人等森林文化的特点。这里，我说的只是文化，不牵涉其他。

第二，祭祀主神是神树——树木和森林。中原农耕文化祭祀主神在社稷坛——祭祀社（土地）和稷（五谷）之神。森林文化祭祀主神是索罗杆子。乾隆时《满洲祭神祭天典礼》中有一幅满洲祭神祭天典礼图，图中有一根一根神杆，每根神杆留有九枝。这就是祭祀森林的写照。

第三，生产方式是渔猎采集经济。森林文化的衣食主要来源于狩猎、捕鱼、采集的收获品。草原文化的主要生产方式是游牧，"食牛羊之肉，衣牛羊之皮"。

第四，生活方式。满洲及其先民生活定居，家家养猪，有的也养驯鹿。这不同于草原文化以游牧为主，逐水草而居的迁徙生活。

第五，贡品，主要是当地土特产。蒙古主要是进贡马、骆驼。满洲主要进贡品有海东青、人参、貂皮、鹿茸、熊胆、木耳、松茸、蘑菇、蜂蜜等，基本是森林中的动植物产品。

以上说明，东北森林文化和西北草原文化是不同的。

那么满洲怎样利用森林文化优势取得政权并且巩固政权？我主要介绍五个方面。

第一，森林文化统合的力量。满洲把东北森林文化300万平方千米内各族群统合，如努尔哈赤经过10年战争统一了建州女真，又经过10年统一了海西女真，再加上皇太极经过17年统合黑龙江女真，并组成八旗满洲军队。合起来大约40年时间，基本上把东北地区森林文化300多万平方千米土地和部民，完全从明朝手里接收，变成自己的基础和基地。这是300万平方千米的文化力量。

第二，实行"满蒙联盟"。清朝执政者高明之处就是对满洲森林文化和蒙古草原文化进行文化统合。努尔哈赤先统合今内蒙古东部，采取联姻、赏赐、编旗、朝贡、重教（藏传佛教）等措施，把内蒙古东部绥抚。皇太极继承努尔哈赤事业，绥抚了漠南蒙古西部（察哈尔一带），打败林丹大汗，并设立八旗蒙古。顺治时间短，主要是对付李、张余部和南明四王势力。康熙通过巧妙而智慧的策略，一矢不发，使喀尔喀蒙古完全绥抚。康熙说："昔秦兴土石之工，修筑长城，我朝施恩于喀尔喀，用以防备朔方，较长城更为坚固。"雍正时解决了青海蒙古问题。乾隆时解决了天山以北、阿尔泰以南的厄鲁特蒙古难题，设伊犁将军，编扎萨克旗等。经过清初六代，草原文化和森林文化两种文化力量统合，面积总数约有600万平方千米。册封章嘉呼图克图、哲布尊丹巴呼图克图。"明修长城清修庙"。长城不再是防御蒙古的屏障，蒙古却成了抵抗外来侵略的长城。皇朝史上两千多年没有解决的匈奴——蒙古难题，清朝解决了。

第三，清朝通过册封达赖喇嘛和班禅额尔德尼，在西藏驻军，设驻藏大臣，尊教重俗，制定《西藏善后章程》等政策，以及在云贵实行"改土归流"等举措，将高原文化300多万平方千米土地完全纳入清朝版图。

第四，康熙时收复台湾，北从黑龙江入海口（包括库页岛），南到曾母暗沙，统合了海洋文化。

第五，清入关前，将或降或俘或附的汉儒、汉官、汉民组成八旗汉军。入关后，推行"崇儒重道"国策，实行科举考试，学习和吸纳中原汉族传统文化，逐渐使中原广大汉族知识阶层消除了反抗意识，统合中原农耕文化。

于是，中华文明五种文化力量——农耕文化、草原文化、森林文化、高原文化、海洋文化实现了文化统合，特别是满、蒙、疆、藏、台完全归入清朝版图，疆域达到1 400万平方千米，这是过去没有过的。其中，八旗满洲、八旗蒙古、八旗汉军，像鼎之三足，成为清朝政权的支柱。

上面说的是满洲怎么利用自身森林文化优势，取得全国政权，并且巩固政权。

但清朝也有很多问题，我只讲两点。

其一，五种文化形态中，清朝不重视海洋文化。他们起于森林，长于骑射，

远集坊第一讲嘉宾合影

缺乏海洋文化基因。海上防御薄弱，结果英国挑起第一次鸦片战争从海上打来，英法联军从海上打来，八国联军从海上打来，甲午战争从海上打来，日本侵华还是海上打来。海洋文化是中国传统文化的一块短板，我们在这方面吃过大亏。

其实康熙早有预见，他预言："海外如西洋等国，千百年后，中国恐受其累"，又说："此朕逆料之言"。他又说"国家承平日久，务须安不忘危"。遗憾的是康熙指出了这个问题，但没有从理论上、制度上、方略上、措施上加强海洋防卫，而且他的子孙把祖先的话置于脑后，疏于海上防御，最后在海洋文化上吃了大亏，这个历史教训值得今人关注。

其二，清朝文化统合，没有处理好满汉关系，最后被孙中山"驱逐鞑虏、恢复中华"所推翻。

以上是我讲的一点粗浅看法，对"赫图阿拉之问"发表一点粗浅见解，希望诸位贤达指正。

| 嘉宾讲坛

郑欣淼

阎崇年先生在这么短的时间内给我们解答了"赫图阿拉之问"。我理解这就是清朝之所以能兴起，而且在康乾盛世解决了很多重要问题的原因。这也使当时国家的国力相当强大，达到了封建社会后期的高峰。

阎先生总结的这几方面，很受启发，就像阎先生谈的满洲森林文化的问题，我过去没有这样想过。还有康熙时期说西藏的问题，一直到乾隆时期，解决了包括蒙古和新疆的问题。我认为这在理论上确实是一个新的探索，给我们提供了一些有价值的知识，让我们思考。

阎先生谈的方向是从清朝的角度，如果可以与明朝灭亡的角度结合起来谈清朝的问题，我认为会有更深刻的理解。进行两种角度的比较，我想可能更有意义，我也会顺着这个思路进行思考，我感到这是一个很好的思路，我们从清朝入手，讨论明朝缺乏的是什么，比较起来可能还会有新的收获。

卜 键

我谈几点感受。第一点，今天这个题目特别好，我听后非常受启发。大家知道，研究历史最关注的是兴衰，兴衰里尤其重要的是兴，阎崇年先生今天讲的就是清朝是怎样兴起的。他的演讲题目"赫图阿拉之问"，标题很精巧，以此为引子谈清朝兴盛的原因。

第二点，阎先生讲盛世的到来与领袖和统治集团人才的关系，这也是非常重要的。我原来是做明代研究的，写过《明世宗传》，把明代皇帝与清代皇帝做比较，很明显清代皇帝，尤其是前期的"三祖三宗"，是明代中后期的皇帝无法比拟的。

清代从顺治开始的皇帝，非常投入地学习儒家文化，甚至后来以儒家文化传承人标榜，以这种责任担当，把清朝的制统和中华文化的道统合一，我想这也是清朝统治走向鼎盛、长期延续的一大原因。

第三点，阎先生讲到了清朝对海洋文化的忽视，我非常赞同。我从去年就一直在阅读关于库页岛的档案资料，同时也在写这方面的文章。我读了契诃夫的一本书《萨哈林旅行记》，萨哈林其实就是库页岛。让我非常感动的是，在契诃夫30岁身患肺病的时候，从莫斯科来到了库页岛，相距万里，在那里待了三个多月，写了《萨哈林旅行记》，包括当时看到的库页岛的状况，中国人与库页费雅喀人的状况。

而明朝、清朝统治了库页岛那么多年，我们没有看到一个中国的文人去过库页岛，库页岛离京师 5 000 里，距离比契诃夫从莫斯科到库页岛少了一半，而且我们坐船就可以直接过去，契诃夫当时通过西伯利亚到库页岛是极为艰难的。

第四点，崇年先生讲到了天地的"地"，也让我产生了很多想法，比如"东海"，其实不是现在的东海，指的是更靠北的地方，比如"南海"，指的是朝鲜半岛以东的地方。

李 岩

我从出版的角度和功能谈谈我的体会。我们把人类的智慧成果通过出版的方式，以不同的载体将它们传播出去、传承下来，是出版的功能。

中华书局出版了阎崇年先生的一系列著作，从《清朝开国史》到后来的《康熙大帝》，直到阎崇年先生最近的大作。阎先生的《御窑千年》这部中国瓷器文化历史学术著作现在发行量已到 10 万册，足见其影响力。

我一直跟阎先生探讨包括清朝的整个中国历史的脉络，也想请阎先生写一部更通俗的著作，这样可能更受读者欢迎。我们也探讨过森林文化。几年前在阎先生家里，他就讲过这个问题，后来他也发表了一系列重要文章。我觉得从学术角度来看，这是一个非常值得探讨的课题，过去我们主要是区分农耕和游牧两大文化，阎先生将这个问题细分了，特别是讲到了明亡清兴的历史教训，以及清朝文化发展的重要特点，这些都给我们非常重要的启迪。

从出版的角度，从文化人的角度，我特别钦佩阎先生，也希望阎先生不断地把他的"历史之问"经过他的历史妙笔总结出来，奉献给社会，奉献给大众。

蔡 翔

我是学历史的，阎崇年先生是我非常敬仰的老师，今天的问题非常好。它是一个史学家依据正常官修史料来研究一段非常严谨历史的学术问题。

刚才阎先生讲了，从国家领导人到普通老百姓都很关注这个问题，需要我们研究一个传统国家的成功经验，但我更关注的是现代国家和传统国家之间的关系。

从现代国家来讲，我们知道现代国家有两个基本的内涵：一个是民主，另一个是市场经济。我们研究的话题，中央集权越巩固，就越跟第一个内涵对立。

刚才阎先生讲了几种文化，而海洋文化恰恰是我们的短板。我们知道海洋文化造就了贸易经济与自由贸易，带来了商业文明，而这是自由市场经济的起源和根基，从这个角度上来说，这确实又是我们天然的短板。

今天阎先生讲得非常好，我期待我们换一个角度或逆向思维，从我们研究的问题来想一想它对我们建设现代化国家的意义。如果国家兴盛的福祉能延伸到我们普通老百姓，那么这个话题就更有意义了。

遗乐坊

第二讲

王文章

流动的非遗

扫描二维码
观看远集坊精彩视频

王文章

　　研究员，博士生导师。曾任文化部副部长兼中国艺术研究院院长，中国非物质文化遗产保护中心主任。第十一、十二届全国政协委员，全国政协京昆室副主任，国务院学位委员会委员。俄罗斯列宾美院特聘教授，菲律宾布拉卡国立大学 (Bulacan State University) 荣誉博士。著有《艺术当代性评论》《非物质文化遗产保护研究》等；主编有《中国少数民族戏曲剧种发展史》《非物质文化遗产概论》《昆曲艺术大典》等。曾获文化部文化艺术创新成果奖一、二等奖，国家新闻出版总署第一、四届中国出版政府奖，北京市人民政府 2018 年高等教育国家级教育教学成果一等奖。

主持嘉宾：

    阎晓宏　中国版权协会理事长、原国家新闻出版广电总局副局长、国家版权局原副局长

特邀嘉宾：

    郭运德　中国文联副主席
    沈仁干　国家版权局原副局长
    马文辉　中国非遗保护协会会长
    邱运华　中国民间文艺家协会副主席
    骆芃芃　中国艺术研究院中国篆刻院院长
    刘文峰　中国艺术研究院戏曲研究所副所长
    李荣启　中国艺术研究院研究员
    李学焦　荣宝斋副总经理
    柏德元　金漆镶嵌技艺国家级传承人
    高文英　荣宝斋木版水印技艺国家级传承人
    程淑美　北京花丝镶嵌制作技艺传承人
    朱　庆　中国文联出版社社长
    陈高潮　北京工艺美术出版社社长

| 流动的非遗

　　中国的非物质文化遗产（以下简称"非遗"）保护已走过近20年的历程，以令人瞩目的成就取得了社会公众的广泛认知和国际社会的高度评价。站在新时代的节点，深入学习领会习近平同志提出的文化自信这一时代课题和在党的十九大报告中指出的"文化自信是一个国家、一个民族发展中更基本、更深沉、更持久的力量"，"没有高度的文化自信，没有文化的繁荣兴盛，就没有中华民族伟大复兴"的重要讲话，对我们从理论和实践上更明确地理解新时代非遗保护的深刻意义，非遗的重要价值以及对非遗保护的科学性把握，以更明确的指导思想，以更科学、更切实、更有效的方式做好非遗保护工作具有重要意义。

　　结合学习，谈谈我对非遗保护相关问题的一些认识，与大家交流。

一、非遗保护应保护什么和不保护什么

　　什么是非遗？这是近20年来大家一直在谈论的一个问

题。即使今天大家对它的概念越来越清晰，从事和关心非遗保护的人们都比较清楚地知道非遗的范围和内容，但仍常见社会上仅把物质的可见呈现形态当作非遗项目的全部，比如我们常看到广告中的表述：中国非物质文化遗产xx酒等。实际上酒的酿制技艺才是非遗的核心。

非遗保护要求坚持科学保护的原则，坚持遵循客观规律，前提是要弄清楚什么是非遗以及要保护什么样的非遗。

将非遗作为一个概念来界定的时候，可以这样定义：非遗是人们通过口传心授、世代相传的无形的、活态流变的文化遗产，亦即联合国教科文组织《保护非物质文化遗产公约》指出的，是"被各社区、群体，有时是个人，视为其文化遗产组成部分的各种社会实践、观念表述、表现形式、知识、技能以及相关的工具、实物、手工艺品和文化场所"。非遗更多地表现为精神性、知识性、技艺性的呈现形式，与我们的精神、情感、思维方式相联系，往往通过人们的生产方式和生活方式呈现出来。

非遗作为呈现形态来表达的时候，应该涵盖以下范围：1.口头传统和表现形式，包括作为非遗媒介的语言；2.传统表演艺术；3.社会实践、礼仪、节庆活动；4.有关自然界和宇宙的知识和实践；5.传统手工艺。除以上的范围，有的人还认为应包含上述5个方面相关的文化空间。如庙会，在一个特定的时间（这一时间一般是固定的）和特定的地点（就是举行庙会的这个地点）举行的有关民族民间传统文化的活动，这就是文化空间。

目前，我国实行的国家级非遗名录保护制度按下列10种类型界定非遗项目。

（一）民间文学

民间文学是我国非遗中最基本也是最主要的门类和领域之一。它是民众口传心授、代代相传、集体享有的口头语言艺术。如"梁山伯与祝英台""孟姜女哭长城"等。

（二）传统音乐

传统音乐是我国非遗各门类中最能体现普通大众心声的部分。以民歌和器乐为代表的民间音乐，是体现各民族文化多样性和确立各民族文化身份的重要标志。

（三）民间舞蹈

流行于中国各民族群众中的民间舞蹈，与民众的生产、生活息息相关，是民众精神、文化生活的重要组成部分。它以异彩纷呈的艺术表现形式体现了各地区、各民族人民独特的文化风貌和民俗风情。

（四）传统戏剧

中国传统戏剧历史悠久，尤其是中国戏曲，它的各个剧种积淀了深厚的民族民间文化，综合了歌舞、文学、音乐、美术等艺术元素，以虚拟和程式化的表演，创造了区别于世界其他任何戏剧的、独特的表演体系。

（五）曲艺

形成至少有2 000年的历史。它以口头说唱的形式，通过"说书""唱曲""谐谑"的方式，以最通俗、最具民间性的表达，宣泄情怀，娱乐民众。

（六）传统体育、游艺与杂技

是各民族群众重要的娱乐、健身活动方式，历史悠久，包括：一是游戏类，如荡秋千、划龙舟等；二是要求有较高技巧的，如武术、杂技等。

（七）民间美术

民间美术不仅具有造型艺术的一般属性和意义，更具有体现中华独特美学品质的表现形式，如年画、剪纸、泥塑等。

（八）传统手工技艺

丝绸织染、生铁冶铸、造纸、木版印刷等重大发明创造，在中华民族发展史和世界文明史上都占有重要地位。迄今为止，举凡瓷器、笔墨纸砚、制药酿酒、金箔银饰等传统工艺，依然在民众社会生产和日常生活中广泛应用。所有这些传统手工技艺都是人们智慧和创造力的结晶。

（九）传统医药

传统医药既包括汉族的医药，也包括藏、蒙、苗、瑶、彝等少数民族的传统医药。它蕴涵了中华民族特有的哲学思想、思维方式和对生命的认知理念，其医疗体系的基本特点为治疗的整体观念和辨证施治。中药学是中医学的重要内容。中药学对中药的采集、炮制，对药性、药量、配方、服用的分析，都建立在对植物学的深入认识上，具有很高的科学性。

（十）民俗

民俗和民间信仰是不同民族文化的重要组成部分，体现着特定民族或群体的生活形态、审美个性和文化精神。它们都以人本身的活动作为重要载体，呈现为生活形态，却与人们的生产、情感和精神有紧密的联系。如二十四节气、春节习俗等。

非遗的科学分类，需要在我国非遗保护实践和研究的基础上，借鉴国际规范，建立具有科学概括性而又符合我国普查与保护应用实践的分类体系。以上10种分类，是基于当时我国公布国家级非遗保护名录的保护需要设定的。实际上按照更科学的分类，"语言"应单列，"传统体育、游艺和杂技"应分列为"杂技"与"传统武术、体育、竞技"，"文化空间"亦可单列。我主编的《非物质文化遗产概论》（2006年出版）将非遗项目分为13类：1.语言（民族语言、方言等）；2.民间文学；3.传统音乐；4.传统舞蹈；5.传统戏剧；6.曲艺；7.杂技；8.传统武术、体育与竞技；9.传统美术、工艺美术；10.传统手工技艺与其他工艺美术；11.传统医学和医药；12.民俗；13.文化空间。

那么，是不是一切非物质文化遗存都要保护呢？国际公约文件和我国政府的相关文件制定的认定非遗项目的标准大体归纳为如下几项：1.具有杰出价值的民间传统文化表现形式或文化空间；2.具有见证现存文化传统的独特价值；3.具有鲜明独特的民族、群体或地方文化特征；4.具有推进民族文化认同或社区文化传承的作用；5.具有精湛的技术性；6.符合人性，具有影响人们思想情感的精神价值；7.某些项目的生存呈现某种程度的濒危性，尤其需要关注。

在规范认定非遗项目标准的同时，一些国际公约文件和《中华人民共和国非物质文化遗产法》也都明确，我们提倡大力保护的非遗，是指那些不违反人性，符合现存国际人权文件，有利于民族、社区、群体和个人之间的相互尊重和顺应可持续发展的非遗。与此相反指向的，则不予保护。

对于一些不可能整体保护而又有关联价值的，则首先保护重要项目的关联部分，如"口头传统和表现形式，包括作为非物质文化遗产媒介的语言"，即在难以保护所有的民族语言和地方语言，但确定为重要保护项目的非遗的情况下，作为项目内容载体的语言则需要保护。如柯尔克孜族《玛纳斯》、蒙古族《江格尔》、藏族《格萨尔王传》等少数民族史诗，再如一些地方方言戏曲等。这些语言不保护，这些项目也就不存在。

在非遗项目的认定上，反对两方面倾向：一是不慎重的盲目态度，不具体分析，盲目否定。如对妈祖信仰、风水等项目。二是"泛文化遗产论"，认为凡是传统文化现象，不问其价值，也不管是否具备独立存在的本质特性，就认定为非遗项目，甚至对近年来出现的模仿形态项目和再造项目，也认定为非遗项目。在对非遗项目的认定上，既要反对"泛文化遗产论"，又要坚持保护、保存、保留从宽的原则。有些具有独立存在本质特性的项目，即便表达一种唯心主义的理想愿望，也不妨认为其记录了先人认识的事物，以一种方式保留下来，作为文化现象研究也是有益的。何况寄寓人类思想、情感的形式是复杂的，亿万个体的思想情感构成的精神世界，应该异彩纷呈。

目前，我国国家级非遗保护名录项目已公布四批，共3 145项，国家级传承人已公布五批，共3 068人，其中407人已经去世。我国入选联合国教科文组织非遗名录共39项，急需保护名录项目7项，优秀实践名册1项。我国入选联合国教科文组织公布非遗项目数量名列世界各国第一。

只有以正确的原则与标准去认定非遗项目，才能取真去伪，使保护真正为传承、弘扬中华民族优秀文化发挥作用。

二、正确把握非遗的传承规律

从总体上准确揭示和把握非遗传承规律，是做好保护工作的基础和前提。它的传承规律是什么呢？就是它的恒定性与活态流变性。

恒定性是指人类智慧、思想、情感和劳动创造积淀形成的生产、生活方式和思想、情感表达方式，它成为个体的人的一种集体活动，形成一定群体人们共同遵守践行的规则，这些规则具有集体维持的恒定性，不是一个个体可以随意改变的，它世代相传，因而具有一定的恒定性。活态流变性是指随着时代、环境、生产生活条件、审美趋向的变化，整个传承链条上每一个时代的传承者，都会把自己的独特体验融入其中。所以整个传承过程又不是凝固不变的，它在继承和创造的统一性中发展。这就是非遗传承的恒定性与活态流变性。正因如此，它才有可能作为传统而持久延续。

科学保护非遗，就是保护它、尊重它，让它能够按照其自然发展规律去自然演变。科学保护非遗，有两个方面的倾向要防止：一是人为地随意改变它按照自身演变规律自然演变的进程（往往是从外部的管理），二是使之静止、凝固，不再发展。

非遗保护要重视发挥传承主体与保护主体的作用。由于非遗是活态演变着的文化形态，其延续与发展永远处在活态传承与活态保护中。因此，传承主体——非遗传承人，是非遗保护的核心要素。何谓传承主体？是指某一项非遗的优秀传承人或传承群体，即代表某项遗产深厚的民族民间文化传统，掌握着某项非遗知识、技能、技术，并且具有最高水准，具有公认的代表性、权威性与影响力的个人或群体。非遗传承主体是非遗保护的核心要素，非遗保护首先要正确认识非遗传承人的价值。联合国教科文组织《关于建立"人类活珍宝"制度的指导性意见》指出："尽管生产工艺品的技术乃至烹调技艺都可以写下来，但是创造行为实际上是没有物质形式的。表演与创造行为是无形的。其技巧、技艺仅仅存在于从事它们的人身上。"他们是非遗的重要承载者和传递者，他们以非凡的才智、灵性，创造、掌握、承载非遗相关类别的文化传统和精湛技艺，非遗正是依靠他们的传承才得以延续。

在认识非遗传承人价值的基础上，就要尊重传承人的地位。一是提高他们的社会地位，二是尊重他们的创造精神。而作为传承人，必须通过刻苦学习和磨砺，很好地掌握了传统精髓，同时在这样的基础上，他们必然以自己的独特创造，使其技艺百尺竿头更进一步。现在必须改变的两种倾向是：一是认为非遗项目，特别是一些民族民间项目简单粗陋，必须用当代的艺术元素加以提高；二是认为传承人只是掌握精湛的技术，而在创意和设计上平庸陈旧，需要引进高级设计人员予以提升。这些认识都是片面和错误的。如我国非遗项目中的传统造型艺术等，与西方艺术在审美法则，特别是创作技法上，分属不同的艺术体系，嫁接的结果只能是"邯郸学步"。无疑，既然非遗传承人的创造是历史的传递，也必然要在继承的链条上烙上当代的印记。但这种创造是传承人在融汇传统与当代审美元素基础上的自觉创新。任何低估传承人创造性的臆想都是错误的。我最近在山东工艺美术学院民间艺术馆看到的鲁西南手工民间粗布 (现称鲁锦)，其上的斗纹花、表带花、团扇花图案，设计的现代性、艺术性和观赏性令人惊叹。据了解，它们都是出自民间织布艺人之手。

当代科技发展日新月异，鼓励传承人运用数字化手段对材料、工具等方面的革新，但这些都不能代替传统手工技艺及有机材料的运用。就非遗保护而言，不能演变为以工业化生产代替传统手工技艺的传承与创造。

同时，非遗作为人们的生产方式与生活方式，与社会公众的广泛联系，也决定了社会公众树立文化自觉、积极参与保护的不可或缺性。负有保护责任、从事保护工作的国际组织、各国政府相关机构、团体及社区民众，构成非遗的"保护主体"。各级各类保护主体负有不同的责任，承担不同的保护任务。整合社会各方面资源，全社会共同关注、参与和支持的有效性，很大程度上决定着非遗保护的未来。

在这里，我要特别指出，联合国教科文组织 2003 年 10 月 17 日第 32 届会议通过《保护非物质文化遗产公约》，是基于 12 个方面的原因，其中一条是："考虑到必须提高人们，尤其是年轻一代对非物质文化遗产及其保护的重要意义的认识"。年轻一代正确认识非遗，自觉参与非遗保护，很大程度上决定着非遗保护的未来。

三、非遗保护的原则与方式：复杂性决定了多样性

非遗本身存在形态的复杂性，决定了抢救与保护相应的复杂性。如前所述，非遗的内涵具有丰富性，以及它体现的民族性、独特性、多样性，决定了保护方式的多样性要从中国的实际出发，科学、全面、系统地抢救保护现存的非遗。

保护的基础工作主要有：1.在普查基础上建立各级名录保护制度和国家级传承人名录制度。名录体系的建立是保护工作的基础，是抢救保护的前提，也是传承发展的依据。2.将非遗转变为有形的形式。通过搜集、纪录、分类、建档，用文字、录音、录像、数字化媒体、数据库方式进行纪录、保存，并搜集相关实物资料进行保存。3.在其产生、生长的原始氛围中保持其活力，如龙舟赛等。4.转化为可以产生经济效益的经济资源，以生产性方式保护。5.保护传承人，尊重他们的地位，认知他们的价值，尊重他们的创新精神。以传承人为核心主体，社会各方面力量参与，建立健全非遗传承体系。只有建立起科学的传承体系，非遗保护才能持续性开展。6.立法保护。这是最根本的保护。

非遗保护的原则与保护方式密不可分。1.坚持抢救第一的原则。非遗的不可再生性和脆弱性决定了我们必须把抢救和保护放在第一位。2.坚持积极保护的原则。要对不同类型的非遗采取不同的保护方式，在既不改变其按内在规律自然衍变的进程，又不影响其未来发展方向的前提下，尽可能寻找生产性保护的方式予以持续性保护。生产性保护是非遗项目依靠自身价值的体现，也是获得持久性传承的重要方式。3.坚持整体性保护的原则。创造整体性社会保护的环境，如文化生态保护实验区的设立，从保护方式和形成保护生态两方面创造整体性保护环境。

非遗保护还要坚持正确的指导方针和原则。2005年3月通过的《国务

前门大街民俗活动

院办公厅关于加强我国非物质文化遗产保护工作的意见》（国办发〔2005〕18号），国务院2005年12月通过的《关于加强文化遗产保护的通知》（国办发〔2005〕42号），以及全国人大2011年2月25日通过的《中华人民共和国非物质文化遗产法》对我国非遗保护工作的指导方针、工作原则、实施步骤做了规定。非遗保护工作的指导方针是：保护为主，抢救第一，合理利用，传承发展。保护工作的原则是：政府主导，社会参与，明确职责，形成合力；长远规划，分步实施，点面结合，讲求实效。这些重要的指导思想和原则，为我国非遗保护奠定了健康发展的基础。

四、以文化自信认知非遗，以文化自觉保护、传承非遗

优秀传统文化与中国革命、建设、改革的伟大实践过程中孕育的革命文

化和社会主义先进文化是构成文化自信的基础,而非遗在优秀传统文化中占有重要地位。中华民族自古就有保护文化遗产的传统,《诗经》将土风歌谣与正声雅乐及宗庙祭祀的舞曲歌词汇集为一,汉代以后逐渐成为士子无不研读之"经"。《诗经》在搜集、整理和保护传承民族民间文化方面的传统对中华文化的发展有深远的影响。但不能否认的是,中国历史上从执政者角度而言,大都是把典籍文献奉为正统,民间文化处于遭贬斥的境地。中华人民共和国成立后,把民族民间文化的挖掘、整理提到重要位置,但真正把"日用而不觉"的现代意义上的非遗纳入保护、珍视的范畴,还是近20年来的事情。这只有在一个国家有足够的文化自信时才能做到。

坚定文化自信,今天我们仍然需要深入认识非遗的重要价值。无论是从中华民族5 000年文明史的纵向发展,还是从中华民族是由多民族组成大家庭的多样性文化创造看,非遗作为人们生活、生产方式和思想、情感表达方式,千百年来同儒家文化、道家文化和佛教文化一起,共同构成中华传统文化的主体。在中华民族大家庭中,多种非遗形式蕴含的文化传统,更广泛地维系着大众的文化价值取向,这并非儒、释、道文化所能涵盖。从这个意义上讲,我们对非遗的价值及保护意义的认识仍然不够充分。

坚定文化自信,需要彻底摈弃西方文化中心论的无形的影响,以文化自信坚守、传承、发展自己的优秀文化的同时,注意吸收外来优秀文化成果。这种吸收是借鉴、融汇,不是被外来文化所改造。我们还要不断深入认识和把握非遗在中华优秀文化中不可替代的价值,应更加珍视之,尊重传承人的传承主体地位,尊重传承人的主体创造精神,支持传承人的创新发展,建立健全以传承人为核心的保护体系。就非遗保护而言,创造性转化、创新性发展是由传承人在自我继承、融汇、吸收的过程中自然而然开花结果,任何外在的嫁接和干预都是揠苗助长。非遗资源作为文化创新、创意成果转化,其产业化开发和利用是国家文化产业部门和相关领域的重要工作,但不是非遗保护和非遗传承人的工作职能。非遗保护永远需要把保护、抢救、传承放在第一位。

时代在发展，科技在进步，人们的生活方式、生产方式以及思想、情感表达方式都在改变，非遗的总体演变也会在渐进的变化中适应时代发展的趋势。这更需要我们坚守和坚持，非遗的文化之魂不能丢，非遗的传统手工技艺不能丢。现代化生产可以制造丰富的产品，满足人们美好生活的需要，而非遗保护、传承的坚持与坚守，绝不是着眼于经济价值，而首先要从丰富人们的精神家园，体现文化的核心价值观方面显示其重要性。

非遗保护、传承的坚守与坚持，不仅需要作为传承主体的传承人的努力，也需要作为保护主体的社会相关方面的努力，特别是各级政府部门的正确把握。今天非遗保护中令人忧虑的现象仍然是"重开发、轻保护"。把非遗看作经济资源，有经济效益的予以保护，无经济效益的视而不见。立足于"赚钱"的开发，只能让人们看到伪民俗的表演，看到简单划一的刻板产品，看到不得要领的广告语。由于认识片面，或出于良好愿望，或出于经济目的，常常是在加强保护和利用的名义下的一些做法，反而让非遗遭到损害。丢掉灵魂的非遗保护是毫无意义的。

坚定文化自信，要更加自觉地维护文化的多样性、差异性。中华优秀传统文化强调"和而不同"。"和"就是要追求诸多不同因素在共同的环境中相互依存，和谐共处。"和实生物，同则不继。"（《国语·郑语》）"和"不等于单一的"同"，"和"是不同元素的结合。不同与差别，是"和"的前提。两千年前的齐国大臣晏婴与齐侯对话时曾有一番议论，从用人、听取意见等方面探讨和与同的问题，就像做菜，油盐酱醋各种不同材料的调和才可能有美味佳肴；音乐声调有"短长急徐""哀乐刚柔"，才会相济相成。仅是以相同的事物叠加，最终会因单调而失去生机。中国传统文化的最高理想是"万物并育而不相害，道并行而不相悖。"（《礼记·中庸》）中华优秀传统文化正是在丰富的多样性、差异性构成中显示其强大的力量。联合国教科文组织《世界文化多样性宣言》指出：文化多样性"对人类来讲，就像生物多样性对维护生物平衡那样必不可少。从这个意义上讲，文化多样性是人类的共同遗产，应当从当代人和子孙后

远集坊第二讲嘉宾合影

代利角度益予以承认和肯定"。中国非遗保护的成就为国际社会所赞许，以维护自身文化的丰富性而为世界文化多样性做出了重要贡献。

"欲人勿疑，必先自信。"只有对中华民族自身独树一帜、丰富多彩的非遗有深刻的认知，有坚定的自信，才能坚守得从容，才能传承得持续，才能使之保有深沉的力量。

嘉宾讲坛

马文辉

　　非遗保护得到了全社会的高度认可和重视，成为新时期文化艺术工作的重要组成部分，真正唤起了全社会的文化共识。

　　王文章先生讲了什么是非遗，非遗的恒定性和流变性，保护非遗的一些基本原则和规律，还强调了对传承人的保护，以及保护的方式方法。我们国家做这么一件大事，专业性、学术性都非常强，在接近20年的时间内把这件事情做得这么有影响，真正对全社会做了文化上的动员，这是一件非常了不起的事。在做这件事的过程中，王文章先生全过程、全方位地组织和参与，在一些非遗保护领域中，从一开始怎么认识、怎么定性，到全面展开工作，比如社会动员、开始向教科文组织申遗、探讨保护国家级名录的建设、传承人评审，推动出台《中华人民共和国非物质文化遗产法》，等等，这些都是非常重要的文化工作，王文章先生全面参与、全面组织和实际推动，非常不容易。

我们把非遗保护变成了一项从国家层面到全社会全面认可和参与的工作，可以说在理论和学术上的重大成就得益于选择路径的正确。非遗保护能够发展到今天这样的程度和规模，大家都做了很多努力。

2013年成都国际非遗节上，联合国教科文组织举行了一个高规格的学术论坛。在那个论坛上王文章先生就中国的非遗保护做了演讲，当时教科文组织的很多专家都在场，包括前总干事松浦晃一郎。后来教科文组织给我们正式反馈说，通过王部长的演讲，他们感受到在非遗保护中中国非常全面系统地理解了国际公约精神，不但能把握最基本的原则和做法，而且在实践过程中也有许多创举。

今天王文章先生的演讲让我又重新回顾了非遗保护的过程和保护的要点，对我们重温走过的道路非常有意义。这项工作稳步展开才能加深我们对民族自身文化的认识和理解，这对弘扬中华民族的优秀文化、增强文化自信非常重要。

邱运华

听了这个讲座，我有三个体会。一是王文章先生这个讲座非常及时。总书记做了十九大报告后我们组织了文化遗产方面的学习。这个主题是对总书记十九大报告精神的贯彻。在这样一个背景下谈文化遗产传承保护的工作非常及时。

二是感受党和政府在文化遗产的传承和保护中做了相当卓越的工作。今天听到王文章先生非常系统地介绍了我们党和政府在文化遗产保护过程中做的很多具体工作：一方面建立了不同层次的文化遗产名录，建立了标准；另一方面有非常详细的保护措施，比如有我们的法律、有我们的传承人、有我们的数字化。国家在文化遗产重视和保护工作措施、法规方面已经走在世界很多国家的前面。作为有 5 000 年文化传承的民族，在这样的背景下做这样一件事，体现了我们的情怀、操守和自信。

三是"政府主导，社会参与"，这个工作非常到位。目前政府这方面的工作做得非常坚实，比如文化的物质环境、文化的物质形态、文化的技艺、文化的传承和文化的数据化保存。在社会参与方面，我们也在一步步尝试，比如刚才讲到教育的传承，传统文化进校园，民间工艺、民间文艺进校园等，很多社会团体也自觉承担起传承中华优秀传统文化遗产的工作。

我们还要思考怎样使"文化"层面的东西能够通过社会参与、不同机构、不同媒体宣传出去。还有其他的非遗，在技艺层面、传承人层面、活态层面都有有效保护，但文化传承还需要一些新的手段和新的方式。要动员全社会，特别是有家国情怀、人文情怀、责任感和使命感的社会公众人物，使他们成为非物质文化遗产的传播者。

刘文峰

我长期从事传统戏剧理论的研究工作，从2000年开始从事传统戏剧传承保护的研究工作。

从传统戏剧保护的角度看，我觉得从2000年昆曲申报世界非遗代表作以来，传统戏剧在传承保护方面取得了很大的成绩。一方面是观念上的创新和进步，从《宋元戏曲考》以来，我们都是用"戏曲"一词作为中国传统戏剧的代名词，但在非遗保护的过程中觉得只用"戏曲"一词不能完全概括中国的传统戏剧，所以在非遗保护过程中用了"传统戏剧"一词。"传统戏剧"既包含了戏曲、皮影戏、木偶戏，也包含以傩戏为代表的民间祭祀的戏剧形式。另一方面，我们在实际保护的过程中，现在传统戏剧已经成立了世界非物质文化遗产的名录，包含昆曲、京剧、粤剧、皮影戏、木偶戏等，在世界戏剧史上没有哪一个国家的戏剧能像中国传统戏剧这样以影像作为非遗传承，这是非常了不起的成绩。

中国传统戏剧非常丰富，它充分体现了联合国提倡的"文化多样性"。20世纪50年代末60年代初，国家传统戏剧的剧种最高时达到了360项，到21世纪初，国家进行剧种调查时统计还有268项，其中有220个剧种已经进入了国家级剧种名录，其他没有纳入国家级名录的，也在省级、市级、县级名录中保护起来。在国家级传承人里，传统戏剧传承人就占了770人。从这几个数字可以看出中华民族传统戏剧在传统文化中占有非常重要的地位。

骆芃芃

从申遗工作筹备、申报到全面保护传承，王文章先生是见证人和经历人，也是领军人。2008年，王文章先生就带领我们申报国家人类非遗代表作的项目，在2009年时我国的22项非遗列入了名录。这些经历至今历历在目，特别难忘。

2008年，我们篆刻艺术院具体落实对篆刻艺术的传承保护工作，我们有39项世界的非遗，有1 000多项国家的非遗。现在国家对非遗工作空前重视，有非遗传承人，有非遗法，还有非遗的专项经费，我觉得我们赶上了一个非常好的时代。

非遗本身和非遗传承工作永远都在路上，永远都是"现在进行时"，它时时刻刻都在发生。基于它的特性，非遗保护在传承和保护方面应该更注重跟今天现实生活的结合，更注重当代视野；注重它的当代性，在新的时代怎样科学地做传承保护，比如展览展示的方式，我们在全国做了一些创新。过去都是很小的荧屏，在展厅中展示，现在我们把它做成书斋式的、开放式的、印证式的，非常适合当代人的审美需求和视角。

我们还做了一些把篆刻艺术推广到国际的工作。作为标识，它出现在很多国家级外宣活动中，比如"美丽中国""百人中国"，在很多场所中都将篆刻作为中国主题标识的元素来体现。"美丽中国"已经推广到30多个国家。

在把篆刻艺术和生活相结合方面，我们也做了一些工作，比如把篆刻艺术运用在卫星上、邮票上、茶具上等，和今天老百姓的生活紧密结合，并研制了很多衍生品，做了篆刻艺术在当代视角的传承保护工作。

其实非遗传承保护是世世代代、时时刻刻的，我觉得今后还有更多工作要去做，把它做得更有意义和更有价值。功在当下，利在千秋。

李荣启

听了王文章先生睿智的、富有自己独到观点的精彩讲座，我颇受启发。我参与了王文章先生主持的多个课题，比如《中国先进文化论》《非物质文化遗产概论》《弘扬传统节日文化》等。

在《非物质文化遗产概论》中他提出的"生产性保护方式"，在我们后来的非遗保护实践中就作为一种重要的保护方式运用起来，效果非常好。我考察了十几家国家非遗生产基地，他们普遍反映运用"生产性保护方式"保护具有市场开发潜质的非遗项目，不仅能增强项目自身的造血功能，更好地保护项目与传承项目，而且能壮大企业，能够惠民、利民、安民。他首推这种"生产性保护方式，"实践证明它是科学的、正确的。

今天王文章先生多次强调非遗的特性具有恒定性和活态流变性，这符合非遗本身基本的特性，因为非遗所谓的恒定性就是项目所蕴含的基本文化内涵与文化精神，这是具有恒定性的，但它又是活态文化，活态文化就具有与时俱进的创造性，所以他提出要尊重传承人的创造力和创新精神，这非常重要。

非遗是一个取之不尽、用之不竭的文化源泉和宝藏，今后可以利用非遗元素开发创造出众多的文化创意产品与文化艺术作品等，可以为实践服务，服务当代、造福民众。

非遗要依法保护与科学保护。为了推进《中华人民共和国非物质文化遗产法》的立法进程，王文章先生在全国政协会上专门拿出提案推进这项工作。在科学保护方面，他特别强调尊重传承人自身的创造规律，自身传承非遗的发展特性，不能做人为破坏、人为改造。

远见坊

第三讲

雷军

小米模式：做与众不同的事情

扫描二维码
观看远集坊精彩视频

雷 军

　　中国知名企业家和天使投资人，小米科技创始人及现任董事长兼 CEO（首席执行官）、金山软件联合创始人及现任董事长、卓越网创始人、互联网基金——顺为资本创始人及创始合伙人兼董事长，投资了包括欢聚时代（YY）、UC、拉卡拉等 20 多家创新企业。

　　2013 年，荣获《财富》杂志"全球十一位颠覆商业规则的创新者"奖项；同年，当选 CCTV 第十四届中国经济年度人物；2014 年，当选《福布斯》亚洲版 2014 年度商业人物；2015 年，当选《时代周刊》"年度百位全球最具影响力人物"；同年，被评为"《财富》全球 50 大杰出领袖"，并荣获亚洲协会颁发的"2015 亚洲创变者奖"；2016 年，荣登《连线》英国版封面，成为中国创新的标志人物。

主持嘉宾：

　　罗振宇　　得到 App 创始人

特邀嘉宾：

　　阎崇年　　著名历史学家、北京满学会会长、紫禁城学会副会长、央视
　　　　　　　《百家讲坛》开坛主讲
　　李国庆　　当当网 CEO、联合创始人
　　许剑毅　　国家统计局服务业司司长
　　狄　刚　　中国人民银行数字货币研究所副所长
　　刘丛星　　吉林出版集团总经理
　　茅院生　　新华书店总店总经理
　　陈大力　　新华文轩出版传媒公司副总经理
　　吕仲涛　　工商银行信息科技部总经理
　　王继业　　国家电网公司信通部主任
　　葛　珂　　北京金山办公软件股份有限公司 CEO
　　成湘均　　掌阅科技股份有限公司创始人
　　张凌云　　掌阅科技股份有限公司创始人

小米模式：做与众不同的事情

今天，我就小米发展、小米模式与创新，向大家做汇报和交流。

以前我说过一句话，说猪站在风口上都会飞，所以大家把小米定义为机会主义者，其实或多或少有些误解。大家看到的是风口，我说的是猪，如果我们有当猪的心态，就不会输掉市场。我办小米从始至终都是这样的心态，这样的公司不可能被打垮。因为一个躺在地板上的人，不可能被再次击倒。

过去两年小米压力很大。在小米跌出世界前五时，一度想把公司名称从小米改成others，因为在世界排名里，只有others这个分类的业绩是最高的，后来被告知不让注册。

在我看来，阶段性的领先要匹配核心能力，即传统工业能力。思路上是领先的，但是能力能不能超越别人，是一个乘法关系。

举例来讲，在小米产品销售的时候，往往一排队就是几百人上千人，很多产品似乎都需要抢购，而就是因为出现了抢购，业界就有声音认为小米在做"饥饿营销"。其实饥饿营销也是对小米最大的误解，抢购本质上还是我们传统工业能力不够导致的，交付能力跟别人有差距。

因此，在过去压力很大的两年里，我在公司内部一直强调一个词：补课——减速提效、夯实基础、提高核心竞争力，认真跟传统产业学习，把该补的课补上。

一、对小米产业创新的认识

小米面临着一个问题，即中国人的传统思维：便宜无好货。有人认为，小米卖得这么便宜，只能说明产品Low（低廉），再加上残酷的商业竞争，精英阶层对小米的认知就只限于小米做的是很便宜的产品。

我认为，这说明要做一个创新的东西，还需要颠覆大家的认知和改变很多东西。在这一点上，我认为小米要做到这个事情绝对不是一两天能做到的，可能需要十年、二十年来改变。

我始终坚持想做的，是把东西做得越来越好，把东西做得越来越便宜。把东西做得越来越贵不是我想要的事情，我希望做一个大众品牌，让大众真正受益，我不想把小米做成奢侈品。

目前中国的相关传统公司把产品卖得越来越贵，给用户造成的误解是贵的就好，这种路径走下去就是不归路，电子市场主要是创新竞争，还没有真正到效率竞争。如果把创新和效率同时看成公司核心竞争力的话，我认为这样的公司的生存时间和生命力会比较长久。

小米创新的源泉是对效率的追求和超越消费者的预期。

小米现阶段的重点仍在于创新。

创新是两件事情，一个是做别人没有做过的事情，第二个是做别人做砸的事情。创新意味着有99%都会死，是九死一生出来的结果。而创新最难的是失败率。因为失败率，没有人愿意花很多钱，很多人创业都是拷贝，核心是抄，因为创新的成本太高。不过，哪怕创新失败的人也会被社会尊重，因为只有失败者才会造就创新者。

在小米之家，许多客户就像在超市一样，提着篮子买产品；对某类产品的不同品牌不清楚时，会认为买小米是最好的。经过7年，小米后台激活联网设备超过140个的有5万人，这意味着这5万人至少买了140个小米设备，并同时用手机管理。

小米目前每天只想追求效率革命，做效率的极限，我们每天都在逼着自己，每天都在尝试。比如今天在业态上尝试了小米小店，下一步考虑怎样能高效率地铺到乡镇市场，这是更大的革命。

标定一个目标，即传统的所有业态要做到跟电商效率平衡，我们提了一个目标，做每一件事情都要想出一个招。创新的源泉是小米对效率的追求和怎样超越消费者的预期。

二、未来十年都属于中国

我发现，回顾过去两年，中国人使用国产手机的比例在大幅提升，山寨机几乎消失，整个中国的手机行业已全面崛起。就此判断，未来，小米所引领倡导的中国制造业转型升级，会让一个又一个行业很快改变，再过十年、二十年，中国所有的国货都将崛起。

在我看来，目前国货需要做三方面的改革：一是设计，二是用户体验交互，三是硬质量。

以小米为例。在设计方面，小米在今年获得了四个顶级设计奖——IDEA（美国工业设计优秀奖）、德国IF、红点奖和日本优良设计奖的金奖。在用户体验交互方面，小米和阿里同时提出"新零售"概念，认为关键在于线下销售的电商产品跟线上电商同价，核心是提升效率。目前，小米之家的年坪效已达27万元人民币，相当于同行业的10倍，位居世界第二，世界第一的苹果在手机价格上则高于小米。在硬质量方面，小米在刚刚推出手机产品时，就拿掉了利润、渠道成本、市场推广及广告成本，专注于研发和原材料及制造。

远集坊第三讲嘉宾合影

随着中国手机的崛起，我相信各行各业的电子消费品会在全世界市场形成一种风潮，即中国制造的产品不仅质量好、漂亮，价格还便宜。我有一个很深的感受，越看全球市场和产业变化，越觉得未来十年属于中国。我认为未来会有一批中国品牌在全球崛起，而且势不可当。

嘉宾讲坛

李国庆

我给大家解释一下坪效，即每年每平方米产生的销售额。小米是20万元，当当实体店是1万元，新华书店大概是7 000元。

雷军怎么打造品牌的？早年他有做媒体的经验，他充分利用了互联网＋的参与感。雷军根本不和传统渠道还有电商玩。他在硬件上一下子抓住了智能手机的机会，同样性能的智能手机便宜一半其实不赚钱，而且硬件量足够大，小米是靠内容挣钱。大家完全想不到手机是一场革命，打电话是最次要的，手机完全是用内容给你带来机会。

我有两个解读：一个是新零售。雷军有这么大的知名度，有很强的聚合能力，所以达到这么高的坪效，这个模式很厉害。他有那么多的积累用户，是整个硬件行业里，制造业＋顶级的执行者，在互联网＋领域，小米从渠道选择到营销，到用户体验也都在不断颠覆。比如说大家在汽车上看地图很不舒服，不知道把导航图搁哪儿，车载导航的发展全是依靠用户体验，发动机是标配，用户体验是典型的互联网＋。

另一个是最大的风险来自线下各行各业。比如服装产品的售价是成本的10倍，家居产品的售价是成本的6倍，因为它们的分销、物流体系都是低效的，但是最大问题是库存挤压。我们在18年前刚做互联网时，互联网最应该做的就是预测革命，让各行业没有库存挤压，"0"挤压以后按需生产，这个模式就完美了。

遠像求坊

第四讲

柳斌杰

中国文化的血脉

扫描二维码
观看远集坊精彩视频

柳斌杰

　　中国出版协会理事长、中国版权协会名誉理事长，清华大学新闻与传播学院院长。

　　1968年参加工作，1971年加入中国共产党，北京师范大学外研所西方经济专业和中国社会科学院研究生院哲学系马克思主义认识论专业毕业，硕士研究生，教授、高级经济师、博士生导师。曾任中共四川省委常委、省政府秘书长、宣传部部长，中华人民共和国国家新闻出版总署党组书记、署长，国家版权局局长，中共第十七届中央委员会委员，第十二届全国人大常委、教科文卫委员会主任委员。

主持嘉宾：

　　李　岩　中国出版集团公司党组成员、中国出版传媒股份有限公司董事、副总经理

特邀嘉宾：

　　李前光　中国文学艺术界联合会副主席
　　杨慧林　中国人民大学国学院院长、中国人民大学原副校长
　　朱　兵　全国人大教科文卫委员会文化室主任
　　冯云生　中国教育出版传媒集团有限公司董事长
　　朱丹枫　四川新华发行集团有限公司董事长
　　文宏武　联合出版（集团）有限公司董事长
　　徐　俊　中华书局股份有限公司总经理
　　茅院生　新华书店总店总经理
　　邓　晔　搜狐视频原 CEO
　　胡　钰　清华大学文化创意发展研究院执行院长
　　薛晓源　中央编译局研究员、中国人民大学艺术学院特聘教授

中国文化的血脉

一、文化的特性

文化是指人类在其历史演进过程和社会实践中所创造的物质财富和精神财富的总和，反映了人类在一定的历史阶段自发改造自然、改造社会、控制自身行为的能力和达到的程度。

文化的本意有创造、耕耘、教化。我国自古以来，使用的文化概念主要从教化的角度定义，后来演变成与经济、政治相平行的狭义概念。这种狭义上的文化大致包括了文学艺术、科学技术、教育传播、社会意识、宗教习俗等精神形态的物品和活动。

文化的主要特性是创造性、独立性、继承性和融合性。简而言之，所谓创造性，是指每一次文化都是一次创造。这是文化的最大特征。每一场演出都是自己的创作，甚至一个词语、一个语言范畴，因为有态度、有情感、有温度，每个人表达出来的都不一样。文化产品不像工业产品，工业产品是定型化的、标准化的，大家用的都是一样，文化产品是因人而异、因人的创造而不同。所谓独立性，是指文化能脱离其创造主体而独立存在。文化的价值不是物质的存在，而是以意识形态存在的。文化不随着创造文化的主体灭失而灭失。有的人死了，他还活着，他的精神仍然留在历史上，体现的就是文化的这种独立性。几千年前人类所创造的文化在今天仍然是活的。所以我常常跟学生讲，你们最大的财富就是你们所创造的文化，一旦为社会创造了有影响力的文化，你就永远活在历史中。因此，出版工作可以说是人类最伟大的工作，是一个寿命很长的产业，只要你有经典作品，就会永垂不朽，千年万年一直传承下去。所谓继承性，是指文化在一代又一代人之间延续发展，下一代人继承上一代人的文化。所谓融合性，是指文化跟固态物质不一样，容易变异、扩散和融合。中国是一个文化不断融合发展的国家，在历史的长河中，中原文化、黄河文化、长江文化、沙漠文化、森林文化、草原文化、西域文化、海洋文化等都是不断融合发展，丰富了中国文化，也使其具有多样性的特色。

历史已经表明，一种社会文化一旦形成，具有像阳光、空气、水那样的性质，成为人们离不开的公共精神营养品，不管自觉还是不自觉，它都进入人的灵魂之中，影响终身。习总书记在十九大报告中指出，文化是一个国家、一个民族的灵魂，文化兴国运兴、文化强民族强。我们要有清醒的认识，文化精神的沦丧和磨灭是一个民族致命的内在基因的病变，当其不知不觉发展到"文化癌"的时候，这个民族的灵魂就被掏空了。所以，绝不能把文化看成"热热闹闹""说说笑笑"的闲事，用可有可无的态度去应付。如果那样做，就会毁了现代民族和主权国家的生存的根基。

二、文化的真谛

中华优秀传统文化是中华民族的血脉，从古代到中国特色社会主义是一脉相承的。那么，"一脉相承"的"脉"是什么脉？迄今为止，哲学家、史学家、文化学者们对这个"脉"的说法有很多种，有的说是"爱国主义"，有的说是"儒学"，有的说是"国学"，更有甚者说是"天人合一""和合"二字，既没有一致

柳斌杰审看古籍出版物

的认同，更没有能说服人的说法。

1. "爱国主义"说存在的问题是，政权不等于国家，从孔子到孙中山的"邦、国"都是指"政权"的范围，不是现代意义上的主权国家，含义根本不一样。中国反复上演的历史大剧是：政息而国不亡、国破而文化存。魏晋至元、清各代，都有外族政权长期统治，但并未消灭中国文化，反而被融合到中原先进的文化里，发生了很大的转变，孔夫子就是元朝祭起来的。

2. "儒学"说存在的问题是，儒学总体上是一个道德学说，企图以仁德教化君子，以缓和当时的政治矛盾，以图王权的治理更合理。后来的皇帝授意学者推而广之，用于教化不同阶级，但仍然是伦理学的范畴，不是中国文化的核心价值观念。

3. "国学"说存在的问题是，近代开始有学者在新文化兴起之时，将面临灭亡的传统儒学改头换面称为"国学"。我从来没有正面使用过"国学"这个概念，也反对在党和国家文献里使用"国学"概念。因为"国学"有很多弱点：一是不能代表中国历史文化的精神，凡兴旺发达时都不用儒学，而一些政权没落时就开始用儒学，没有进步意义。二是唯心主义的世界观，和马克思主义文化是不相称的。三是倒退的历史观。从先秦到宋朝的1 600多年间，儒学并不是主流文化。汉朝"独尊儒术"是没有历史根据的，到走向没落的宋朝开始有人倡导儒学，但那时的文化已经多元化了。元朝开始修孔庙，清朝开始兴祭孔。到了清朝灭亡，保皇派提出国学，其实是封建统治阶级的"哀鸣"。从"儒学"到"国学"完全是倒退的历史观。

4."天人合一"说存在的问题是，"天人合一"这类思想的出发点，讲的是权力关系，"天命"授予"天子"，是在论证皇帝统治的合理性，是代天行政、君权天授的天命观，根本没有人和自然和谐相处的初衷，这种编造的理论根本站不住脚。

5."和合"说存在的问题是，中国历史上没有"和平"概念，也没有合多为一的思想。中国自古信奉"合久必分，分久必合"，自恃强大、万国来朝是最理想的追求。

我对上述这些论断都不敢苟同，这些说法没有抓住文化本质，显得缺乏学术勇气，甚至牵强附会，迎合今天的一些观念，有削足适履之嫌，歪曲了中华文化的精神实质。如果把这些当作"脉"是说不通的，是与马克思主义、毛泽东思想直到习近平新时代中国特色社会主义思想格格不入的。

三、中国文化的血脉

我认为，天、地、人三界相区别相联系和阴、阳、易三态又对立又统一是中国主流文化生成的逻辑起点。地上而悬者为天，地下而承者为地，天地之间，天形成了阳气，地形成了阴气，阴阳二气作用，产生了世间万物，人就是万物里的一种。由此而发，人的活动、劳动和思维创造就产生了文化。中国文化因人而生、因人而变、因时而异、因时而新，都是时空之中的鲜活东西。它的历史性、现实性、人文性优于其他民族的各类文化。它没有上帝创世、上帝造人这样的逻辑前提，中国文化关怀现存世界、重视今生今日、尊重世俗生活，中国文化的中心是"人"而不是"神"，所以以上帝、真主、佛祖为终极信仰的宗教文化，在中国始终悬在空中被敬而远之，没能成为主导文化，也没有成为人们的普遍信仰。

可以说，中华优秀传统文化的血脉是与人命、人性、人爱、人伦、人格、人本、人治、人权这些相关的人学价值相通的，体现在八个方面。

第一是人命——敬畏生命。这是中国文化的很重要的特点，西方在文艺复兴之后才开始重视敬畏生命。从文献上看，《黄帝内经》记载，黄帝问道广成子，人怎么能活得幸福、快乐、长寿？广成子的回答主要是内修外养。内修就是修德养性、顺其自然、宽厚仁德、心态平和，节制消耗。外养就是要吸收天地之二气，以五谷为养、五畜为益、五果为助、五菜为充，以补精气。中国历史上出了那么多的名医，发明了世界上独特的中草药和中医疗法，就是我们尊重生命、敬畏生命的文化观念孕育的。在民间，几千年前就有人命关天的说法，只要一提到人命就是天大的事情。这在西方是没有的。

第二是人性——善恶教化。人脱离自然界之后，兽性退化，人性上升，由野蛮走向文明，这是一个自然历史过程。当人们自觉意识到文野之别对于社会的意义之时，就开始谈论人性与教化的问题，这种文化在尧舜时期已经有见。先秦诸子百家、互相争鸣那个年代，人性都是热门话题。关于人性的学说有性善说、性恶说、性善恶说，还有先天说和后养说。这些人性学说是人的修养加教化的理论基础。一切修身修德修文的教化思想都来自这种文化。

第三是人爱——情感世界。这是中国文化重要的发现和传统。从《诗经》这样的元典来看，中国的先民有着热情奔放、亲爱友好、丰富的情感世界。在封建礼教之前，中国人的情感是张扬的、率直的、开放的。以后统治者"灭人欲"，把情感看作万恶之源，才将之扭曲。对人的情感的珍爱，包括爱情、亲情、友情、感情，还有旧情。中国人特别重视旧情，对曾经经历过的情感生活特别怀念。这些构成了我们中国文化的情感世界，从最早的《诗经》，到后来的重要文学名著，到当代的小说，90%的内容是表达情感生活的，这在文化中特别是文学、文艺中占据主导地位。

第四是人伦——道德规范。这是教化方面的特色文化。它是从自然界观察来的。日月经天、四时交替，江河行地、有轨有则，代表着自然界的轨道、方向和规律。天有这种规律，人也要有行为规范，以天理论人伦。这就形成了中国最早的伦理观念，强调道德修养、礼制、德治、礼教、家训、族规等，都体现了伦理思想。要注意的是，儒家文化就礼乐、人伦道德层面的说教，统治阶级用来奴化人民，并不是中国文化的核心，也有许多限制人们平等自由的糟粕。

第五是人格——讲求人品。《礼记》就有"言有物、行有格"的论述。格本意是有规格的格子，是指人的性格、兴趣、气节、品质、风度、能力的总和。古代人是有等级身份的，每一个等级都有自己的评判标准，所以"格"实际就是做人的资格的追求，判断人品的标准，也是人格自我完善的尺度。当然是指君子的人品。至今，人格塑造、人格魅力、人格高低、人格底线依然是社会品味人的思维方式和常用语言。

第六是人本——社会基础。这是接近政治方面的概念了，非常重要的文化思想。《尚书》就有"民惟邦本，本固邦宁"的思想，把人看作社会基础。《荀子》提出："君者舟也，庶人者水也。水则载舟，水则覆舟。"李世民等历代明君都知道这个道理，直到孙中山提出民族、民权、民生的"三民主义"，进一步发展了民本思想。我们今天讲以人为本、以人为中心，都是传统文化的思想内容。

第七是人治——圣人治国。这种思想对当时社会来讲，有积极意义。古代社会人治文化是统治者美化自己的说辞，文人们把它变成文化追求。圣人、明君、贤臣、良将、清官、廉吏、义士、乡绅、尊长、神灵，都是人治思想的文化造出来的。特别是清官，从积极方面讲是表达了人们的希望，希望有一批这样的人治理国家，从落后的方面看就是忽视法治。这种人治的文化传统，忽视了法治，是依法治国的思想障碍。现代社会已经抛弃了这些落后的观念。我们现在讲法治不讲人治，要民主不要专制，人民的命运自己掌握。

第八是人权——故意忽略。中华传统文化故意忽略了天赋人权，只有神权、君权、族权、公权、政权、族权、家法，不讲人权，这是奴隶社会的文化、封建社会统治和统治阶级长期故意忽略的结果。当300年前西方人权思想上升、世界人权组织形成的时候，清政府也不承认人权。新中国成立后也不承认西方的人权概念，使长期国际人权斗争陷于被动和弱势。改革开放后我们接受了人权概念，并有所发展，提出发展权是第一位的，丰富了人权思想。现在，我们把人民的利益、人民的权利当成最大的人权来讲，通过扶贫攻坚解决人的生存权和发展权的问题。未来15年，我们要着重完善人民当家作主的制度保障，用法治保障公民所有的权利。

"信奉人治""轻视人权"这两条是中国传统文化的缺失，是落后于时代文化的观念的表现，在改革开放中已经改造成"全面法治"和"尊重人权"。

四、坚持创新性发展、创造性转化

中华优秀传统文化的血脉与中国特色社会主义文化一脉相承。中国特色社会主义文化，源自中华民族五千多年的文明历史所孕育的中华优秀传统文化，不忘本来，吸收外来，面向未来，以马克思主义为指导，发展中国特色社会主义文化，构筑中国精神、中国价值、中国力量，为人民提供精神指引。同时，中华优秀传统文化的血脉就是它的人学价值，是科学的、先进的，是与马克思主义理论一脉相通的。马克思主义是关于人类解放的学说，他是研究通过解放人和人的自由全面发展，来实现全人类的解放，实现共产主义。正是这一点使他的学说充满真理和人文关怀，成为人们为之奋斗的理想。只有抓住中国文化的这个血脉，才能真正做到中国传统优秀文化与中国特色社会主义文化——马克思解放全人类的崇高目标一脉相通。

远集坊第四讲嘉宾合影

中国有 8 000 年文明、5 000 年历史、3 000 年文化记录，中国文化源远流长、博大精深、典籍浩繁、光辉灿烂，在世界原生性文化中堪称举世无双。中国文化是以人为逻辑起点创造的一种文化，人学价值为主线的中国文化是中国特色社会主义文化的重要文化基础和源泉，是与马克思主义一脉相通的。这些辉煌灿烂的文化让中华民族的子子孙孙受益匪浅，也化育成我们民族的精神，滋养了我们的思想，奠定了东方文明的根基和国家的灵魂。所以，研究文化传承是延续我们的民族血脉、增强文化自信、建设当代中国特色社会主义文化的大课题。这需要我们用马克思主义的理论、毛泽东思想、习近平新时代中国特色社会主义思想来研究、分析中国文化，推动中华优秀传统文化创造性转化、创新性发展，深入挖掘中华优秀传统文化蕴含的思想观念、人文精神、道德规范，展现永久魅力和时代风采。

｜ 嘉宾讲坛

杨慧林

听了演讲，收获很大。我们一直用国学这么一个名字，但我认为国学一旦被解释成国家之学是非常有问题的，钱穆写国学概论的时候，第一句话就是：学问本无国界。最后也提到，国学一名未来恐将不利。

中文名称一直叫国学，英文名称我们从来用的都是叫中国古典、中国经典，这和西方的古典是有关联的。比如习总书记和特朗普对话的时候，文明和文化会成为一种误解，中国人说的文化和文明，和西方人说的并不是直接的对应关系。这些都是在文化讨论，尤其是中西文明互鉴中非常重要的方面，中原文化是否就是中华文化，西域文化到底如何变成传统文化的组成部分，这也是非常重要的。

　　天地人三界如何在当今的学术概念系统当中能够让西方人更好地理解。从《周易》《左传》看到的是三界的相互联系，这个恰好是西方能从中国传统文化里看到的最大启发和亮点。人如何变成天地间的中介和关联，能使他们构成一个完整的秩序关系。从这个角度讲传统文化，可以让中国思想跟西方思想有更多沟通、相互理解的机会。

徐　俊

　　我总结以下四个方面的认识。

　　第一，今天的演讲用血脉这么一个词，特别传神，既是文化本身的特质，还有基因传承传播，尤其是变异扩散和融合，这些概念都包含在里面。我体会在传统文化方面有一项很重要的工作，就是要去激活老百姓日常生活中传统文化的影子，其实文化的方方面面都在我们生活当中，需要激活。

　　第二，传统文化最重要的载体就是图书，就是古籍。经典是不同历史时期最有代表性的作品，是那个时期的思想、社会生活文化的代表或者最重要的载体。而现在说的经典，最重要的就是文化要走向现代。传统文化要挖掘它的当代价值，经典对未来生活要起作用，我们要进一步弘扬大众化的东西。对于现在来说，在文化建设过程中要更多关注那些能够在现代的社会文化、人文生活当中继续发挥作用的经典。

　　第三，结合我们的工作，传统文化的传播要通过读经典传播出去。通过读经典了解传统文化，这是一个非常好的路径。我们去读原汁原味的经典，通过阅读逐渐地去接触，去深入了解，再去不断延展。

第四，真正要普及传统文化，让传统文化有效的传承，体验特别重要。阅读加上体验，我们希望孩子多去博物馆看，看和不看完全不一样，所以从做具体工作上来说，经典的阅读加上传统文化的体验活动相互配合，再加上全社会各方面的推动，这些对于我们做传统文化的传承传播工作是非常重要的。

朱　兵

柳斌杰先生讲传统文化，不是简单的就事论事，是把马克思主义在中国的传播与中国特色社会主义的形成之间深刻的血脉关系联系起来讲，这是非常重要的方面。

怎么全面认识中国优秀传统文化，柳先生讲不仅要看到优秀的部分，也要认识到不足的地方，其中就有与我们现代文明社会不一致的地方，比如法治的问题，人权的问题。我非常赞同这个观点，否则我们无法融入这个世界。

怎么跟现代的文明相结合，比如法治问题、人权问题？十二届全国人大对推动完善人民代表大会制度和中国特色社会主义法律制度做出了巨大努力。十二届全国人大制定出台了《公共文化服务保障法》，这是非常重要的一部法，非常了不起的进步。在法治上这就是融入社会、融入世界、融入现代文明非常重要的方面，体现我们整个传统文化怎么一脉相承，通过法律制度表现出我们自己的优秀传统文化。在这个方面大家都共同努力，现在还制定了《公共图书馆法》《非物质文化遗产法》等。

中华文化到底是中原文化，还是包含各地域的文化，在制定《非物质文化遗产法》的时候这个问题就非常突出。我们讲的是《中华人民共和国非物质文化遗产法》，我们用这样一个国界名称，把56个民族的文化融合在一起，跟中国特色社会主义的建设紧密关联起来，这是非常大的课题。

阎晓宏

听了柳斌杰署长的演讲触动很大，对"血脉"两个字印象尤其深刻。署长是学术型领导，他讲的问题和结论还需要我们很好地消化。

就古籍来说，古籍是要为现代人服务的，既需要有非常深入的研究，更需要抓住古籍的魂，深入浅出地进行表达，把这些思想灌输给我们广大的人民群众，使大众能够接受这样一些思想，这是非常重要的。如果研究一个问题只有几个人能听得懂，那我们做这项工作就没有什么意义了。

远传乐坊

第五讲

谭跃

数据再大也是工具

扫描二维码
观看远集坊精彩视频

谭　跃

　　中国出版集团公司总裁、党组副书记、全国政协委员。曾任南京市文化局副局长兼文物局局长、江苏省委宣传部副部长兼文明办主任、江苏省社科联党组书记、凤凰出版传媒集团董事长。

　　曾荣获新闻出版总署"新中国 60 年百名优秀出版人物"称号；被授予 2009 年 CCTV 中国经济年度人物；在《出版人》杂志"2009 中国书业年度评选"中荣获"年度出版人"奖；荣获《中华读书报》2009 年"年度出版人"奖；等等。

主持嘉宾:

    魏玉山   中国新闻出版研究院院长

特邀嘉宾:

    陈宏兵   世界知识产权组织中国办事处主任
    于殿利   商务印书馆总经理
    李树江   北京市文化市场行政执法总队总队长
    张玉国   励讯集团中国区高级副总裁
    黄书元   人民出版社社长
    张纪臣   中国图书进出口(集团)总公司总经理
    莫蕴慧   人民音乐出版社社长
    张凌云   掌阅科技股份有限公司创始人
    梁志祥   百度管理层成员、副总裁
    陆彩荣   中国外文出版发行事业局副局长
    茅院生   新华书店总店总经理
    宗俊峰   清华大学出版社社长
    孟鸣飞   青岛出版集团有限公司董事长
    周 斌   凤凰出版传媒集团有限公司总经理、副董事长
    李久军   黑龙江出版集团董事长、总经理
    黄友义   全国政协委员、世界翻译家联盟副主席、中国翻译协会常务
              副会长
    谢广才   中文在线常务副总裁
    路英勇   生活·读书·新知三联书店总经理
    倪 良   浙江冠钰网络科技有限公司董事长

数据再大也是工具

　　党的十九大的召开特别重要，因为它站在世界和中国的高度，总结了过往，分析了矛盾，研究了实际，提出了问题，规划了未来；因为它所观、所指、所述、所论都放眼世界、聚焦中国，纵论大势，深述策略；尤其是因为它揭示了当代中国社会的主要矛盾，形成了习近平新时代中国特色社会主义思想，明确了中国经济由高速增长向高质量发展。出版是全局的局部，思全局才能更好地谋出版，懂全局才能更好地发展出版。新时代要有新气象，新气象要有新作为，新作为要有新思考。

　　两个多月以来，阎晓宏理事长不断地鞭策我到远集坊和大家分享。虽然我认识不高，但比较努力，准备了三个问题：第一个问题是，国际间的文化交流将会怎么样，文化走出去的命运将会如何？第二个问题是，伴随着"两个一百年"的进程，出版的地位和作为将会怎么样，新的特征会是什么？第三个问题是，传统出版数字化的关键在哪里，产业方向是什么？

一、国际间的文化交流会怎样，文化走出去的命运将如何

人类5 000年来一直存在着横跨欧亚的世界体系，其间上演着世界中心与边缘地带之间的兴衰沉浮。其中，经济扩张与文化传播如影随形，文化中心随经济中心的位移而移位。在世界历史变迁的轨迹中，有一条基本规律清晰可见，这就是：经济强则文化影响强，经济弱则文化影响弱。在古代，文化主要是跟着频繁的战争走，跟着少量的贸易走，跟着缓慢的宗教走。在近代，特别是当代，文化越来越随着商品、企业、金融与对外交流相互激荡，逐步交融。这条轨迹似隐实显，具有必然性。

自从15世纪地理大发现以来，人类社会经历了一场浩浩荡荡的全球化历史大潮。它不仅促进了近代西方社会的兴起，推动了世界中心的位移，演绎了一幕幕大国崛起的壮丽神话，还影响了人类文明历史进程，改变了全球文化的中心格局。按照著名经济学家安格斯·麦迪森的计算：1500年，中国成为世界第一大经济体；1820年，中国GDP（国内生产总值）占到了世界总量的32.9%，远高于欧洲国家的总和；汉唐宋元明直到清晚期之前，中国文化以各种形式传播到南亚、东南亚以及欧洲，出现一阵阵中国文化热潮，中国思想、中国制度深刻地影响了一批国家，在那里至今还处处可见中华文明的光辉。但是，中国1870年GDP占比下降到17.2%，1913年占比下滑到8.9%。在19世纪中后期，与经过文艺复兴、两次工业革命之后的西方国家相比，中国的综合国力和中国文化的影响力逐渐由主流中心滑向边缘地带。

相反，1894年，美国GDP总量超越英国跃居世界首位。第一次世界大战前的电力革命和内燃机革命使它赶超了德国和英国，成为世界头号工业大国。当时美国工业生产总值占据了世界工业总产值的1/3。1916年美国成了世界上最大的资本输出国，20世纪20年代美国成为全球汽车王国。二战后的1948年，美国的工业产值占整个西方世界的54.8%，开始成为世界头号超级大国。与美国经济不断崛起相伴的是美国大众文化的全球崛起，特别是二战后美国用三片（薯片、芯片、影片）广泛影响世界。从1996年开始，美国的文化产业已

成最大的出口产业，美国的文化产业已经占其GDP的25%左右。过去，毛泽东说："不是东风压倒西风，就是西风压倒东风。"除了政治、军事上的立论，其实也透露了过去上千年东学西播、西学东渐的洞见。自然界有季风，人类文化大概也有季风，只是时间是历史性的大尺度——三百年左右。历史季风联系着国运盛衰，就全球看，也联系着人类文明的运动规律。

积40年之功，中国已经成为全球第二大经济体、外汇储备第一大国、货物贸易出口第一大国、对外投资第二大国，中国特色社会主义道路正在成为世界现代化进程中的一个崭新的独特样本。这个样本具有世界范围的独特意义。第一，此前的现代化都是经历了由封建社会再到资本主义社会的社会更迭，但是中国没有经过资本主义发展阶段；第二，此前的现代化是在2亿人口规模以下的现代化，而中国的现代化是近14亿人口的现代化；第三，此前的现代化基本上是全球领先的发达经济体，而中国是后发性的落后国家。

显然，与西方发达国家相比，我们的现代化还存在进一步提高水平和质量的问题，但是力量对比正在发生变化，大国格局正在发生变化，文化交流的形势也在并逐步会发生更大的变化。美国著名经济学家加尔布雷斯指出，西方现代化中面临"丰裕中的贫困"问题，也就是在经济高速增长、物质极大繁荣的背后，存在通货膨胀不断上升、社会鸿沟不断扩大、福利社会陷阱等诸多问题。在高平台上，存在着普遍性的增长乏力、动力不足的问题。而中国的现代化还处于工业化进程的中期，处于跨越中等收入陷阱的关键期，处于一个爬坡的阶段。穷则变，变则通，通则久。对于我们而言，主要是无中生有、有中更好。用历史的长镜头看，特别有趣的是"落日的辉煌"恐怕难免会落在西方文明的未来，而东方文明的旭日在吸收世界各种文明之后，必将再次升起。宇宙与世界的法则是走曲线的。这不是宿命，而是规律。站在人类文明的角度看，"一阴一阳之谓道""各领风骚数百年""你方唱罢我登场"则是对这一规律的人文揭示。习近平总书记指出"中国日益走近世界舞台中央"，在这样的背景下，我们的"软实力"的影响可能会越来越强大，国际话语权可能会越来越强大，中华文明回归国际文明体系主流位置可能越来越转化为现实。拿破仑说，中国是一头沉睡的雄狮，当它醒来全世界都会震惊，这是讲硬实力。基辛格说，中华文明会"作为一种永恒的自然现象在历史上出现"，这是指软实力。

因此，我们集团制定了国际化战略，明确了"短期做响、中期做开、长期做大、总体做实"的方针，明确了"深化欧美传统市场、开拓新兴市场和'一带一路'市场、壮大周边市场"的布局，明确了"跟着外交走、跟着国家战略走、跟着资本和产业走"的策略，明确了内容、版权、翻译、数字化、人才、机制为基础的六大要点，明确了内容传播的两大中心话题是"传统文化的当代阐释"和"中国道路的学术表达"，进而逐步实现内容国际化、生产国际化、翻译国际化、渠道国际化、传播国际化。一句话，要逐步成为"国际传播型"集团。

二、伴随"两个一百年"的奋斗进程，出版的地位和作为将会怎样，新的特征会是什么

十九大报告最鲜明的主题就是，中国特色社会主义进入了新时代。经过近40年的改革开放，我国经济社会迅速发展，已成为世界多极化中的重要一极。在新时代，我国日益走近世界舞台中央，也将必然与国际上的大国出现更多的交往与博弈。

美国著名战略学家布热津斯基1997年出版的《大棋局》指出，欧亚大陆是全球霸权角逐的决胜场，并将之形容成一个棋盘，共分为中央、西部、南部、东部地区。中央区有俄罗斯，西部区有欧盟，南部区有印度，东部区有中国和日本。美国要维持全球霸主地位，就必须掌控好各个区域的政治平衡。从二战以后的历史看，美国一直在通过军事、贸易、结盟等手段推行亚太战略，目前又演化成为印太战略，以期策动印度联合日、澳及南亚国家，遏制中国发展。2017年12月18日，美国发布特朗普上台后第一份《国家安全战略报告》，中国被定位为"战略上的竞争对手"。

龚自珍曾说："欲要亡其国，必先灭其史；欲灭其族，必先灭其文化。"美国人说，我们花巨资用外交、经济手段没有实现的"和平演变"目标，在我们新闻宣传和文艺大片中实现了。在中美关于矛盾争端的问题上，美国人直截了当地说，你们要么屈服，要么挑战。

可以看出，我国所处的国际环境中，有整体和平，也有局部战争；有合作发展，也有贸易保护；有睦邻相处，也有海洋争端；有繁荣发展，也有对抗。中国的发展面对国际性的问题，是国际关系问题，世界市场、世界贸易、全球资源、全球金融等交织在一起。国际关系中有鲜花也有陷阱，有合作也有对抗，有共享也有霸权。苏联的地位演化为解体，日本的地位落得三十年的停滞，欧盟崛起也在金融危机中低迷徘徊，其中，都有美国的影子。当今国际关系的格局，重温春秋战国就清楚了。当今大国格局，想想五霸七雄就明白了。"亡秦必楚"，大概说的是人心，揭示的是屈原所代表的荡漾在楚国民众中的爱国主义。总之，在迈向"两个一百年"的进程中，西方国家对我们的牵制遏制，西方敌对势力对我们的西化分化，我们自身在社会转型中的问题矛盾交织，使得社会风险、经济风险、金融风险、环境风险、政治风险都会长期存在。对外，我们要强调国防，但国防的关键在使命意识和责任担当；对内，我们要强调建设，但建设的关键是精神文化和思想建设。中华民族的伟大复兴，必须要增强民族凝聚力，构建主流价值、主流文化：一是构建主流意识形态，二是构建主流价值观，三是构建主流文化。我们应该担负起这种主流文化、主流出版的责任。

所谓主流出版大概应有如下考量：一是反映世界大势与国家大势，二是反映各领域最新成果，三是反映现代国民素质构造要求，四是反映社会大众健康文化需求，五是反映当代有影响、历史上留得下的出版要求。

因此，中国出版集团主要在五个方面加强建设：一是做好主题出版，坚持正确出版导向，弘扬主旋律，传播正能量，形成重文化、重学术的主题出版风格；二是构建国家主流知识体系出版板块；三是构建主流产品集成；四是提升主流出版品牌；五是创新主流产业方式。这就是"文以载道、商以传道、创新弘道"，就是以企业的方式生产文化产品，以商业的方式传播文化内容，以市场的方式配置文化资源，以产业的方式增强文化贡献的持续发展能力。这五个主流，就是要努力打造"主流出版型"集团。

三、传统出版的数字化关键在哪里，产业方向是什么

记得2000年召开的系统科学世界大会提出一个论断：今后一百年，科学的主题是复杂性。我当时是门外汉，听不懂。现在，我们越来越清楚了——智能机器人、云计算、大数据等新的科学工具撬开了一个新的世界，这个世界越来越复杂，宏观到宇宙之大，微观到基因之小，都在不断地分化。

2017年12月8日，中央政治局就实施国家大数据战略进行学习。习近平总书记对实施国家大数据战略、加快建设数字中国提出五点指示，对出版业服务新时代中国特色社会主义建设提出了新的要求。我结合学习和贯彻，谈谈传统出版数字化的关键与产业方向。

（一）重视四种数字化趋势

1995年美国麻省理工学院教授尼葛洛·庞帝出版的《数字化生存》的观点，已经被时间所证实。20多年过去了，数字化已经成为一股席卷全球的大潮，改变了人类传统生活方式，还重构了全球商业生态系统，旧的生态体系不断分崩离析，而新的生态系统不断成长出来。展望新的数字化浪潮，有四种情况值得重视。

一是虚拟成为新的技术主流。我们每个人都只坚信自己眼里看到的东西，这是人类的基本逻辑。但是，人工智能和VR（虚拟现实）、AR（增强现实）技术打破了这个逻辑。2017年10月26日，美国著名的机器人公司——汉森机器人公司（Hanson Robotics）——生产的"女性"机器人索菲亚（Sophia）获得沙特阿拉伯政府授予的公民身份，成为人类历史上第一个获得公民身份的机器人。索菲亚的大脑里存储了62种面部表情，能识别人类面部、理解语言，能记住与人类的互动，并能与人进行眼神接触。

二是共享成为新的经济形态。工业革命以来的这300年，所有的资本都归资本家所有。可是，在互联网时代，共享单车、淘宝、滴滴打车等新的经济模式出现，资本家独占生产资料这一现实正在被推翻。以租代买的形式使得资源可以复制，不仅改变了大工业时代的资本的独占性，而且具有很强的公共服务共赢共享的色彩。

三是移动支付成为新的支付方式。2017年5月，"一带一路"沿线的20国青年评选出了中国的"新四大发明"：高铁、支付宝、共享单车和网购。随后，麦肯锡发布的名为《数字中国：提升经济全球竞争力》的报告指出，2016年中国互联网用户数达到7.31亿，超过了欧盟和美国的网民总和；超过6亿的中国手机用户使用移动支付，中国已成为全球最大的移动支付市场，移动支付交易额相当于美国的11倍。

四是数字经济成为新时代经济增长的主要动力源泉。腾讯研究院研究数据表明，2016年我国数字经济总体量达到22.77万亿元，是仅次于美国的世界第二大数字经济体，在国民经济中的占比达到30.61%。我国的计算机出货量、手机出货量、网民数量和网络零售额保持世界第一。在全球市值最高的15家互联网公司中，中国占6席；在全球十大市值"独角兽"企业中，中国占一半。麦肯锡报告中最新的"中国行业数字化指数"也表明，2013年美国的数字化程度是中国的4.9倍，到2016年已缩小到3.7倍。

(二) 数据将是出版业最大的资产

在这几个趋势中，我们都可以看到，无论是人工智能、共享经济、移动支付，还是数字经济，都离不开大数据作为基本前提。正是这些大数据的存在，使得机器人产品、共享产品、支付体系的创新等成为可能。

我们再看一个行业内的案例。2004年，谷歌启动了它历史上的第一个"探月"项目，即数字图书馆计划，准备将全世界共1.2亿种图书进行扫描，转化成为PDF格式的数字化资源。它和密歇根大学、哈佛大学、斯坦福大学、牛津大学图书馆以及纽约公共图书馆等许多其他图书馆系统都订立了合约，并且短短

10年内扫描了大约2 500万册图书，总共花费了近4亿美元。但是，这个野心勃勃的计划失败了。因为在海量、碎片化、个性化的需求面前，内容资源的数字化不是关键，关键的是内容资源的数据化。数字化是把模拟数据转换成用0和1表示的二进制码，而数据化则是把现象转变为可制表分析的量化形式。一切皆可数据化，"DATA"的拉丁语本意是"已知"和"现实"。我们可以把一切都看成是数据存在。它们过去是默默无闻的，因为没有数字化、云计算。在云计算、互联网的条件下，它们变得神通广大起来。

对于出版而言，数据包括：第一，营销数据。如发行量、购买人群等，主要提供用户消费行为分析。第二，生产数据。如首印数、开本、定价等，主要提供产品的外部基本信息。但是，还有一种最关键、最本质、最有用的数据，那就是内容本身所蕴含的全部知识数据，也就是"内容即数据"。

就出版产业而言，近10年的发展，第一波是转企改制驱动，第二波是上市融资驱动，第三波是数据驱动。从这个意义上讲，内容不再是一种传统意义上的资源，而是大数据时代意义上的数据资源。传统的数字内容是单一文本、语义固定的、静态呈现的，适合整体浏览和阅读，不可自由组合，采取关键词搜索，遵循整体范式逻辑；而数据资源是开放文本、语义多元的、动态呈现的，适合碎片化和个性化需求，可以随机抽取，采取语义搜索，遵循个体范式逻辑。

在传统出版时代，内容是出版业最大的资产；在大数据时代，数据是出版业最大的资产。出版业要努力做大数据资源规模，做大数据资产规模，做大数据增值规模。

（三）大数据再大、再神也是工具

身处大数据时代，我对大数据的认识是：第一，大数据无处不在，古已有之，云计算激活了它的蓬勃生机；第二，大数据的核心是预测，特点是大而全，是样本即整体，因而放弃精确，拥抱混杂，反而更加精确；第三，大数据的关键在相关关系，一旦掌握了量化的相关性，就掌握了预测的钥匙；第四，大数据再大、再神也是工具，传统出版可以在学习中掌握主动。

在数据驱动的第三波产业发展中，我们也更清晰地认识到：第一，在新时代，主要矛盾发生变化，我国经济正在进入高质量发展时代，底层的最基本问题是创新，而创新的决定性因素是科技。第二，传统出版本身还有自己的发展空间，但中心正在转移，融合发展将逐步成为主旋律。第三，在数字化网络化的浪潮中，传统出版商的要害是内容数据，前提是内容的数据化，关键是内容数据的集成，核心是内容数据的研发应用，而出版数字化的前景是内容数据的提供商、研发商和服务商。第四，在数据化中，出版将真正成为内容的提供主体、服务主体和创新主体。内容数据的规模，它的资产化、集约性、增值潜力将越来越代表着出版新业态的方向。总之，内容数据，对我们的数字化来说是"一"的一切，是一切的"一"。

（四）数据化的五个关键问题

数据化的实现途径不是一般的海量，而是专业领域的海量。数据的能量在于"大"，大数据的生命在于云计算和所谓的"算法"。人类包括谷歌、亚马逊在内的大数据不可谓不海量，但相对宇宙却只是微量。科学的神奇还在于，研究越广，探求越深，拥有的知识和数据就越多，但"已知"占"未知"的比例却越小。可见，海量数据是相对的。因此，瞄准专业、盯住学科，我们就可以实现相对的海量。如果我们还能实现逻辑性跨界、开发性融合、整合性获取，就可以从数据的大河驶入数据的大洋。

数据化的集成取向既是海量聚集，也是平台开发。平台是市场的晴雨表，是创意的演兵场，是产品的实验室，是数据整合的需求取向。我们既要重视内容数据的大量集聚，为创新提供可能，又要重视方向正确、需求清晰的有效聚合，达到投入产出的中长期平衡，形成以数据支撑平台、以平台带动数据的良性互动。

数据化不仅是内容转型的方向，更是出版新业态的产业方向。苹果公司的固定资产很小，但它的数据资产巨大。内容资产数据化趋势决定了数据资产化的必然。加工内容数据，就像"广积粮"，"手中有粮，心中不慌"；购置内容数据，就像囤土地，时机一到，"内容为王"。物质资源是损耗性的，一次投入，一次产出，用完即无；数据资源是保值性的，长期持有，反复使用，持续增值。这是知识经济的真谛，是内容产业的制高点，是融合出版的产业方向。

数据化的要害是内容，更是机制。数据化的本位是内容，专业化的本位是达到相对的海量，平台化的本位是市场，资产化的本位是未来，而这一切的本位是人，那人的本位呢？是组织与机制。决策、用人、分配、投入、经营机制很重要，但共筹、共创、共享的机制在融合发展领域更重要，是成功的要诀。

数据化的目标是内容的提供商、服务商，更是内容的创意商。中国出版业经历了转企改制驱动和上市融资驱动，今天，正在进入数据驱动的新时代。中心是内容数据化，关键是数据加工和集成，龙头是数据研发，前景是数据提供商、服务商和创意商。我们既要坚持知识、思想、文化等内容服务的体系性、完整性，也要看到，在数据可拆分、可标引、可字词搜索到语义搜索，同时又可拼装、截取、集成，可文字、音频、图像以及可视频、VR、AR等多媒体技术的基础上，内容创新的主体地位将愈加凸显，创意创造的空间将愈加广阔，新时代的出版大数据知识服务体系和教育学习体系将梦想成真，并好戏连台。

（五）中版集团正形成多种专业数据库

近年来，中国出版集团正在形成古籍、辞书、翻译、百科学术文化、音乐、美术、法律等专业数据库，同时集团资源总库的建设已拥有20多万种资源。我举几个例子。

中华经典古籍数据库。中华书局经过3年的开发，已上线古籍1 200多种、10亿字。2017年实现升级改造：第一，建立"传统文化大数据中心"，未来3年实现5万种古籍、150亿字的数据化。第二，依托大数据中心，开发古籍、善本、工具书、论著4个数据库。第三，依托大数据中心，一是以众筹分包的形式向大众组稿，二是对古籍整理进行自动标点、注释、校勘、翻译，三是采取数字平台＋按需印刷的方式进行出版。

商务印书馆语言文字知识服务平台。商务印书馆以300种工具书和500多种语言文字图书，为中小学生提供了学习平台。它以字词所涵盖的丰富内容，通过可读、可视、可听的方式，构建生动形象、触类旁通、激发思考的知识学习体系：一是纸本到线上的产品服务，目前已上线《新华字典》App；二是数据库服务，可针对不同需求开发不同数据库；三是多语种学习；四是与华为、腾讯、百度、搜狗、科大讯飞合作，提供权威的语言文字基础数据。预计未来5年实现个人付费用户达到60万人/年、累计150万人次，机构用户累计达到1 400家，App累计销售157.5万份，数据包产品用户最高达到500万人/年。

三联生活周刊"中读"。汇集杂志、自媒体、书籍等内容数据，通过大数据的深度解析，提取内容兴趣、知识点、阅读习惯、阅读互动行为等标签，对用户的知识需求进行精准画像，为用户提供更精准的内容。同时，通过互联网化的手段，不断聚集内容、用户及需求，形成内容生产传播大数据生态。

人音在线音乐教育平台。人民音乐出版社以音乐大数据为基础，采取"开发区招商模式"，吸引国内外音乐培训机构入驻，以众包众筹方式，提供各种音乐学习产品和服务。同时，通过语音识别技术，导入名师资源，提供测试、问诊及解决方案，规划未来几年吸引5万名商家入驻，积累2 000万用户。

中图公司"易阅通"平台。一是实现数据资源的海量聚合。目前已上线外文电子书36万种、数字期刊1.35万种，中文电子书39万种、数字期刊3 700多种，有声书10.5万集，开放获取资源5.4万种。二是实现对图书馆由纸本提供者向数据内容提供商转变。三是易阅通打通了国内外4万多家图书馆和100多万个人用户的渠道，并在100多个国家开通了72小时直供的按需印刷网点。

中译公司"译见"跨语言大数据。一是构建起了全球最大规模的语言资源大数据，其中双语平行语料累计超过48亿句对，仅次于谷歌，中英平行语料规模全球最大。二是构建了全球最大规模的多语文本大数据，采集数据源超过2 000万个，日更新超过3 000万篇新闻和5亿条社交媒体数据，数据总量达到2PB，其中新闻数据量超过200亿篇，覆盖60多种语言和100多个国家。三是领先的跨语言搜索技术和基于知识图谱的语义搜索技术，构建起了新闻、企

远集坊第五讲嘉宾合影

业和科技等领域知识图谱。

此外，还有百科三版网络版、新华书店网上商城、新华物流数据平台、荣宝斋艺术品在线等。

我们力图构建一个以数据为核心，以出版新业态为导向的由内向外、逐步延展的大数据现代知识服务体系。从目前发展看可描述为四个圈层：一是基础层，即数据资源平台，也是知识服务的前端，主要解决数字标准、资源供给问题，回答"数据从哪里来"。二是核心层，即知识服务的核心平台，主要提供不同领域的专业化知识服务，主要解决"数据生成了什么"，主要包括大众、古籍、工具书、百科、音乐、美术、动漫、法宣等多个知识服务平台。三是中间层，即电商平台，解决关联领域的交易机制问题，主要解决"数据如何交易"，主要包括综合运营、易阅通国际、艺术品、新华、大中专采选等多个平台。四是外围层，即大数据智能分析，属于知识服务的衍生领域，主要包括译云、新华物流大数据平台。

嘉宾讲坛

黄友义

我说一点感想。我觉得谭跃总裁抓数据库这件事抓得对。虽然我们处在一个知识大爆炸时代，但是我们的数据库还没有真正建立起来。举个例子，"两个一百年"都知道是什么意思，外国人看了十九大报告，很多人看不懂"两个一百年"。外国人看的是外文版，他们居然没有意识到咱们说的"两个一百年"并不是一百年以后，而是2020年和2050年。这说明中国的知识翻译成外语，我们还有许多工作要做，谁能帮助做呢？我们需要中译这样的数据库。

现在我们"一带一路"遇到了类似的问题。如何把国外相关知识、资料翻译成中文，这对于中国企业走出去非常有帮助。需要的数据非常多，怎样盘活非常重要，现在就是做这种工作的太少了。如果我们多做一些相关工作，不仅能丰富人的知识和文化生活，而且能在国际上发挥更重要的作用。这个功能特别重要，中国经济的世界贡献是30%，但文化软实力的世界贡献率不到30%，数据运用可能会帮我们提高这个比例。

张凌云

掌阅是一家互联网公司，我一直在思考掌阅怎么在这个行业里面生存下来。数字阅读这个领域应该是巨头林立，我们把时间节点分成两个五年看：上半场是从2008—2013年，这一时期基本是运营商在主宰整个数字阅读领域；2013年以后，随着移动互联网的快速发展，BAT（百度、阿里、腾讯）开始布局这一领域，一样是巨头林立的局面。现在整个版权环境比以前已经好了很多，但是盗版问题依然存在，这种环境下我们怎么生存下来？

掌阅从成立第一天就坚持做正版，坚持为每个用户提供有价值的服务，这是每家互联网公司都会去思考的事情——我们能够给用户提供什么价值，使他愿意去购买付费的内容。

掌阅还坚持专注的去做事情，专注是一家互联网公司生存下来的理由和机会。在过往的十年中，我们面临很多诱惑，包括手游、网络电影、影视等内容。但我们依然专注到阅读这个中心来，不盲目扩张。我们坚持创新，我们不断地做创新型突破。我非常认同谭跃总裁讲的，互联网公司非常大的特点就是创新。我们在做每件事情的时候不一定想得很清楚，但是我们干错了以后马上改，改完了以后再去干，其实就是不断在做业务过程中创新，这种创新不是集中想的，都是基于用户需求，再经过不断的打磨及改良。

未来十年我们怎么走？数字阅读还没有成为很大的行业。我认为到今天为止，数字阅读虽然走了一二十年时间，但还没有真正开始。只有当云计算、大数据、智能化时代到来的时候才是这个行业真正的开端。

过往提供的业务形式和产品形式给用户的产品感知没有发生颠覆性的进步，更多的还是基于载体的变化，比如说我们的阅读方式比原来更便利了。掌阅现在拥有一个1亿的巨大用户群，在进行深度锁定运营基础上，我们发现有很多可以做的事情。任何一个内容数据要不断地跟用户去结合与打磨，产生紧密的互动和连接，不断产生新的数据，才会凸显它的价值；只有一方面的数据就会成为一个孤岛。今天做创新的方式已经改变了，但我们依然认为需要创新，需要不断地进行数据打磨，从而产生不一样的内容，这是我们生存下去的唯一理由。

我们愿意也非常期待在这个新的时代，我们可以抓住机遇，继续发展。

李久军

　　我们一直在做数字出版，前一段时间我们做了一个法律普及方面的数字出版项目，销售额100多万元。数字出版跟纸书出版不一样，每卖一本纸质书都有固定成本，而数字出版做成以后，销售100万元和1 000万元固定成本没有区别。

　　市场需要的东西我们要去做，市场中一部分独有的东西，需要全社会各种力量、各种资源共同参与，而不仅是出版人可以独立做的。我举个例子。黑龙江有满文老档、德文老档、东北抗联的档案等巨量的历史存档。以前哈尔滨这个城市非常洋气，中国第一家电影院、中国第一家啤酒厂、中国第一支交响乐团都产生在哈尔滨。当时哈尔滨有数量众多的报馆、出版社，很多都是俄文的。像满文老档，不抢救的话未来就成死档了，要抢救，最便利的方法就是数字留档。

　　这么多的事情需要做，仅靠黑龙江出版集团是做不了的。我们需要资本力量和国家公益的力量，需要出版人联合来做，我最有感触的就是这一点。大家最好共同来做，才能做好，才能有意义。

周　斌

　　我们一直把数字化战略和数字凤凰作为首要战略贯彻到整个集团发展过程中去。我有一个心得，就是在大数据与云时代，作为一个出版集团，要关注社会矛盾的变化，主要矛盾是人们日益增长的美好生活需要和不平衡不充分的发展之间的矛盾。如何精准快速地找到这些需求和满足这些需求？我们通过数字化，通过更好、更快、更精准的方式，迅速地找到读者和消费者，了解他们具体的需求。

　　明年我们准备以数据租赁为依托，在南京推出第一个新型迷你文化空间，举办一个迷你文化节。这样的活动既有新时代、新技术、新的网络时代的特征，同时也使出版集团提供的产品、提供的服务更加具有精准性，更好地找到我们读者的一些需求。

　　这些年凤凰集团按照数字化战略和方向发展是比较明确的。在下一步工作中，我有一个体会，忘掉自己是一个传统出版人，当然这不是想把出版人和媒体人的使命忘掉，而是怎样在找准方向的前提下，用更加精准的技术手段和更加开放的方式去做工作。这需要有更宽阔的胸怀和更精准的意识，特别是接纳新技术的意识。

陈宏兵

感谢谭跃总裁今天丰富和全面的分享。我作为联合国世界知识产权组织驻华代表参加这个活动感到非常荣幸，因为我是中国人。祖国在出版领域，特别是在应对数字化挑战，实现华丽转身，迎接新的时代潮流挑战过程中，已经取得了这么丰硕的成果，我感到很自豪。

世界知识产权组织是联合国的专门机构，总部在日内瓦，有188个成员，中国一直是重要的成员。我在文化领域，特别是在版权相关的领域主要关注以下几个问题：

第一，推动大家建立起尊重、保护知识产权的概念。在出版界，书籍的产生是跟作者、编辑、出版社、发行部门、销售渠道以及读者的共同努力分不开的。出版要想进步必须要有一个高效运转的链条，要想运转起来得让每个环节得到应有的利益回报，特别是作者。

第二，进行全球知识产权规则调节或者实现产业链各方利益的均衡。比如在有些市场里，作者说话更管用，那作者可能就会要求更高的版税。我们要做的规则是要让每一个利益相关方的利益尽量得到平衡。还有我们的学生、老师、盲人、残疾人在获取这些文化产品的时候要给一些豁免和特权。面对数字化挑战，过去传统的产业链价值关系已经被打破。传统的发行和零售现在正在被网上销售平台、网上音乐播放平台等代替。有些国家音乐平台做得很大，成为音乐作品的主要销售渠道。这些平台在向最终消费者收取费用，在给原创作者支付报酬时就可能出现不平衡。世界知识产权组织在制定规则方面应对的挑战主要集中在数字化领域，我们也在关注中国有关规则的进展。

第三，关注产业环境的变化。世界知识产权组织最近提出来一个概念：过去传统的出版业都是以国家为单位，内容一旦超越国家，就出现了版权贸易。现在这种跨国的合作通过互联网就可以进行，而且内容生产很多时候是用户自己生产的内容，一个编辑可以在中国编辑一位美国作者的作品。所以，我们提出一个理念：全球数字内容市场。未来的版权贸易可能会在形态上发生变化。世界知识产权组织愿意与中国出版界和世界各国的出版界一起应对挑战，我们也愿意给大家搭建平台就国外先进做法和中国先进做法进行交流，在全球构建一个更加公平合理的市场环境，能够更加有利于知识的产生和传播，实现最大的社会价值。

张玉国

我把感受总结为三条。

第一，危机与挑战。危机与挑战带来了生存的压力，不创新就会死掉。励讯集团作为全球最大的出版信息服务商，有三个特点：一是，历史悠久，起源于1538年；二是，大数据能力突出；三是，对中国友好，是最早用英文出版《邓小平文选》的出版商。励讯全球年销售收入100亿美元，其中90%的收入来自数字化。现在纸本收入每年以5%～6%的速度在递减，但数字化仍在增加。30年前，励讯还是一个传统的纸本出版商，依靠100%的纸本收入，但后来遇到了危机。第一个危机是1990年，全球遭遇期刊的危机，从那开始励讯开启了数字化进程。第二个危机是1996年，互联网开始出现，美国《福布斯》杂志预言爱思唯尔一定会倒下，结果励讯集团不但没有倒下，还成为最大的数字信息服务商。第三个危机是内容开放免费获取，爱思唯尔所有内容全部免费。所以现在不断在内容上更新，加上人工智能与最先进的技术的应用，使之成为新的解决方案。

第二，持续的创新与灵活的体制机制。万吨巨轮在海上掉头需要多长时间？六个小时。如果整个的励讯集团把所有创新都放到一个平台上面，那肯定不行，万一方向错了怎么办？我们让一千艘小船在海上，虽然可能有一半会死掉，但是另外一半可能会成功。爱思唯尔在2009年时已经发现社交网络是趋势，启动了一个项目，但是做了几年没有成长起来。2015年励讯收购了一家全球最大的科研人员的社交网络公司，将来以科研人员的专业社交网络为中心，把所有数据全都插入到这个社交网络公司里面。

第三，两手抓：一手抓数据，一手抓技术。现在数据量大得惊人，这些数据是怎么来的呢？有五个渠道。以美国市场为例，公共数据、商业数据、政府可以对外销售的数据、互联网数据、业务过程中产生的数据，所有数据都可以用这五类概括。这是一只手，拥有大量的数据。另一只手是励讯集团收购了一家公司，现在这家公司拥有全世界最先进的开源大数据分析技术，叫高性能计算机手。一方面有这么大的数据量，一方面有大数据的技术，结合起来会产生非常大的作用。

远集坊

第六讲

王亚民

故宫是个大宝藏

扫描二维码
观看远集坊精彩视频

王亚民

　　故宫博物院常务副院长、全国政协委员。历任河北人民出版社副社长、河北教育出版社社长、河北出版总社副社长、故宫出版社社长。2007 年 4 月，出任故宫博物院副院长兼原紫禁城出版社社长。2014 年 1 月，出任故宫博物院常务副院长。

　　1999 年，获得"中国韬奋出版奖"；2005 年，入选全国宣传文化系统"四个一批"人才，享受国务院政府特殊津贴；2007 年，被评为"全国新闻出版行业领军人才"。

主持嘉宾：

  万 捷 雅昌文化集团董事长

特邀嘉宾：

  赵 冰 国务院参事室副主任

  胡 航 北京华安信合投资公司董事长

  刘 辉 故宫出版社总编辑

  冯 辉 故宫博物院文创事业部主任

  陈高潮 北京工艺美术出版社社长

  郭 鸣 北京工美集团有限责任公司总工艺师

  王 旗 北京中视瑞德文化传媒股份公司副董事长、总裁

  刘 阳 国文经信（北京）文化发展有限公司总经理

  刘 铮 北京颂雅风文化传媒有限责任公司总经理

  周项立 北京圣彩虹文化艺术发展股份公司董事长

  唐俊南 中财国盛投资（北京）股份公司董事长

  滑子轶 保定滑氏红木家具制造有限公司董事长

  季 琳 厦门万仟堂艺术品有限公司总经理

  苏塍博 大气团（北京）文化有限公司总经理

故宫是个大宝藏

　　我今天给大家汇报的是"故宫文化融入当代生活：以故宫博物院为例"。故宫是中华五千年文明的象征，故宫博物院收藏的文物博大精深、源远流长，是一座取之不尽、用之不竭的大宝藏，一旦探秘其中，就会终身受益。我们从事文创研发的同人，要取其精华，赋予文物以新的时代内涵，使之成为我们事业或企业的精神追求。

　　要讲故宫的宝藏文创，首先要了解故宫。

　　第一是故宫的建筑。故宫博物院成立于1925年10月10日，建立在明清两朝之上的故宫博物院，是世界上现存规模最大、保存最为完整的木质结构宫殿型建筑。雄伟的宫殿，开阔的格局，壮美的建筑，绚丽的彩绘，生动的空间，精美的装饰，独特的色彩，和谐的环境，故宫的建筑何其壮美。

　　第二是故宫的收藏。故宫是个大宝藏，除了其宏伟的建筑外，其明清宫廷文物的收藏极为丰富，是世界上收藏中国文物、中国宫廷文物最多的博物馆，依藏品门类可划分为陶瓷、绘画、法书、碑帖、青铜、玉石、珍宝、漆器、珐琅等，共25大类、69小项，共计186多万件（套）。其中130多万件（套）是清宫旧藏和遗存，占藏品总数的85%；其余为建院以来的新收藏，占藏品总数的15%。整个故宫的明清宫廷的旧藏，对研究明清宫廷的历史，以及明清时期中国的工艺发展史都非常有价值，也是现在做文化创意的一些非常重要的元素。

第三是故宫的文化。故宫是曾经的紫禁城，是中国明清两朝沿用近五百年的皇宫，它不仅是中国古代社会晚期明清两朝的政治中心所在地，同时也是文化和艺术中心。有90多年历史的故宫博物院，它所走过的道路充满曲折，文化保护的艰难与辉煌并存。在紫禁城这座宫城里，曾经有24位皇帝在这里生活和工作，有60多位皇后、成百上千的妃子在这里生活，还有成千上万名太监和宫女在将近六个世纪里在故宫服务。紫禁城里多位大臣和整个社会发生很密切的关系，包括李鸿章、左宗棠、张居正等。在这里曾经修建过文化工程，在这里曾经创造过勇武拓疆的辉煌。我们现在的疆域是康熙、雍正、乾隆时期奠定的。乾隆时期，我国国土面积是1 360万平方千米，比现在多400万平方千米。清朝了不起，一个当时只有30多万人口的民族，管理中国将近三个世纪。

所以，对于故宫来说，我们的先祖，以及明清的皇帝，都曾示以充分的尊重。

1925年秋季，天高云淡，神武门城楼上挂起清室善后委员会委员长、故宫博物院理事长李石曾先生书写的遒劲有力、气势磅礴的"故宫博物院"大字牌匾。这一年的10月10日是个值得纪念的日子，这一天故宫博物院成立了。

曾经的紫禁城向社会、向大众开放，10月10号这天人山人海。民国政府对故宫非常重视，民国政府的政要们也都非常重视它。蒋介石、汪精卫、张学良、阎锡山、冯玉祥、宋子文等人，都曾是故宫博物院的理事。可见当时民国政府对故宫博物院的重视。

新中国成立以后曾经有过一个提案，将故宫博物院归北京市园林局管理，这一提案差一点就实施了。可以说，曾经有一段时间，我们对文化传统缺乏应有的尊重。

故宫博物院

　　大家都知道故宫的文物很重要。"九·一八"事变以后日本人侵占东北，他们把山海关占领了。北京的东北大门被打开，民国政府怎么处置故宫的文物？当时有两种意见，一种意见说不能动故宫的文物，一种说要南迁。从1933年开始，故宫的一些文物陆续转移到上海。日本人占领了华北以后，开始向华东进攻，这批文物又转移到南京。日本人侵占了上海还不满足，又开始向南京进攻，逼迫我们将文物继续南迁，然后西迁。运走的文物一共13 472件，能装箱的装箱。抗战时期故宫不对社会开放，开始清理故宫的文物，除了一千多万件文书档案，还有106万件档案。

　　90年来故宫博物院一共有六任院长，六任院长都在各自任期之内，完成对故宫文物的保护整理，他们做的贡献应该为社会所牢记。

　　第四是故宫的观众。故宫是座大宝藏，不能没有观众。所以，观众是博物馆的主人，没有观众或者观众很少的博物馆，是不称职的博物馆。故宫博物院是现在世界上唯一一座每年参观人数超过1 000万的博物馆，自2014年以来，每年参观人数都在1 500万至1 600万，2017年参观人数为1 670万。

去年卢浮宫参观人数是820万，大英博物馆是760万。参观故宫的观众里，一到黄金假期"五一""十一"的时候就是这样：热情的观众，有老者、有活泼的学生、有襁褓中的孩童、有渊博的学者、外国的观众、来访的政要，每年我们接待正国级领导达60次左右。

上面说的是故宫的建筑、收藏、文化、观众——故宫的四大宝藏。故宫的文创，正是从中汲取精华，并赋予文物以新的时代内涵。

我从河北教育出版社调到故宫，从原来充满市场竞争的出版业到了文博行业。当时的故宫和周围的整个市场、周围的社会有很大的反差，基本上没有经营意识。我大概五六年以前开过一次关于经营工作的会议，但是在大会上不能说经营，不能说赚钱，好像这两个字是大逆不道的。

故宫文创是怎么炼成的？

第一，活起来的理论是指引。三四年前，有一个部门觉得明代的杯子不错，社会上估计也喜欢，复制了一些，就有人专门向国家文物局举报了这个事，说有个单位复制了杯子。他上纲上线，说中国的文物为什么要复制，复制是不是导致国有资产的流失？所以我引用了习总书记这段话——"让收藏在博物馆里的文物、陈列在广阔大地上的遗产、书写在古籍里的文字都活起来"。总书记的指示在博物馆领域、文博领域振聋发聩。

第二，理念创新是灵魂。单霁翔院长在故宫博物院全院经营工作会议上讲，故宫文化创意产品应该从"数量增长"走向"质量提升"。今后将继续秉承"把故宫文化带回家"的初衷，研发出更多具有高文化创意附加值，并能够代表故宫文化水平的创意产品，让人们通过这些产品直接触摸到故宫文化，亲身感受到故宫文化，传播故宫文化，切实通过文化创意产品实现中华传统文化的传承。

故宫文创产品要更多地研究人们的生活方式，要和人民群众文化生活方式相结合, 要和故宫人的学术研究成果、故宫的藏品以及藏品的文化信息相结合, 要广泛地和社会上优秀的加工企业相结合, 和社会上优秀的创意设计团队相结合。

如何打造故宫文创精品?

故宫文创的 DNA (基因)、故宫文创 IP (知识产权), 无一例外要体现元素性、创意性和故事性。元素是从故宫的哪件文物来的, 这件文物最好有故事。但是文创品完全是复制的, 复制是必要的, 复制品的整个文化创意层面水平不高, 必须把设计理念融合到里面, 功能上注重消费者的使用体验。

选取故宫最有价值的 IP 文化价值、艺术价值和情感价值, 然后进行市场调研、专家筛选、前期规划。创意设计团队组合最优秀的设计师团队, 理解每件文物或者文化 IP 的精髓, 吸取最具价值点, 拓展创新思维与边界, 挖掘最佳契合点, 满足不同层次观众的需求。工艺上严格把控, 功能上注重体验场景等。

这几个是故宫文创的案例。"五福五代堂"紫砂壶精品版、"紫禁城海底世界"装饰画、"千里江山·书峰立"书签、"十二美人图"等形成的架构类产品系列, 都是故宫文创的成功案例。

故宫的文创是多层次的, 截至 2017 年年底, 故宫博物院共计研发文化创意产品 10 500 种, 故宫的文创产品销售额也达到近 10 亿元。其实, 媒体宣传较多的适合旅游市场和年轻人的"萌萌哒"系列产品, 仅占故宫文创产品的 15% 左右。故宫的文创更多的是"雅"系列产品。故宫文创多层次的精彩, 有待大家挖掘和了解。

故宫中的文物艺术绵延五千年, 一件件中国古代珍贵美丽的艺术品, 都已深深烙印在中国人的记忆里。这些文物隐含在人文细腻深处, 如今已成为我们在设计和创意过程中, 滋养艺术感知最为丰盛的文化影像。

文物承载着灿烂文明, 传承着历史文化, 是老祖宗留给我们的宝贵遗产; 我们在保护、管理它们的同时加强研究和利用, 让历史说话、让文物说话, 让

远集坊第六讲嘉宾合影

人们通过文物承载的历史信息，记得起历史沧桑，看得见岁月留痕，留得住文化根脉。

文创反映文物艺术，不是通过概念对文物进行简单复制，而是通过文字、色彩、声音、画面、图像，尤其是情感等进行艺术再现。因此，文物的色彩有多么斑斓，文创的色彩就应该有多么斑斓；文物的情境有多么丰富，文创的情境就应该有多么丰富；文物的韵味有多么淳厚，文创的韵味就应该有多么淳厚。

时代快速发展，现在一年的速度往往超过过去的十年甚至更长。今天，我们应该以全球化的横向视野和中国历史的纵向视角，从传统文化开始深度探讨，从人们对美好生活的向往与追求，去考虑中国设计与生活美学的展开。

今天，来的同志大多是文创设计者、爱好者、使用者，我们有责任，也有义务，要多用些心、多投入点感情，使自己"境入"传统文化中，在推动中国优秀传统文化创造性转化、创新性发展过程中，设计出具有时代审美的文创产品，提高人民的生活质量。我们的生活之美不都可以从"文化的继承"中轻松看得见、摸得着吗？

嘉宾讲坛

郭　鸣

　　文创产品开发确实是一个很大的课题，这几年故宫做得非常好。中国文化，通过文创产品传播，比教科书或者按传统的方式讲，更能够被现代人所接受。现代人的审美观念、生活方式都有很大的变化，大家又想了解中国这么优秀的传统文化，通过什么方式？刚才王亚民院长对故宫的讲解，让我们知道他们对传播中国优秀文化做了非常大的努力和贡献。

　　上次单霁翔院长到我们公司讲课，他的雄心很大，故宫文创的体量不仅仅是十个亿，他将来想打造百亿体量，我觉得按照他们的路走是完全没问题的。我们公司从事北京工艺美术，也在做传统工艺美术，希望将来跟故宫有更多的合作。

万　捷

　　我认为王亚民院长是一位企业家，也是一位艺术家，乔布斯似的人物。每场展览、每次出版作品都亲力亲为，20年前我们合作做范增先生的书，每个细节他都亲自审阅。现在仍旧如此：每场展览、所有细节，甚至每一块石头他都亲自去找来装饰展览。从整体策划到现场展览的布置，再到讲解都是他亲自指导。我从事两个公益活动。一个是阿拉善的组织，做环保，有1 000位企业家，我当副理事长，另外一个是故宫基金会，基金会是中国第一家文物机构的基金会。

　　在政协我一直在提环保与文化方面的提案，现在故宫第一档案馆终于也有结果了。另外故宫文物医院是全世界最大、门类最完备、设施最齐全、专业人员数量最多的文物修复医院，汇集了200名文物保护专家。

远集坊

第七讲

沈鹏

雅俗与美感

扫描二维码
观看远集坊精彩视频

沈　鹏

　　书法家，诗人，中国书法家协会名誉主席，第十一、十二届全国政协委员，原中国文联副主席，中国美术出版总社顾问以及《中国书画》主编。书法精行草，善隶楷，后致力于书法高研人才培养，提出中国书法可持续发展的理念。创作发表逾千首古典诗词，并专注美术、书法理论和实践研究，撰写评论文章百余篇。先后出版诗词选集《三馀吟草》《三馀续吟》《三馀再吟》，评论文集《书画论评》《沈鹏书画谈》《沈鹏书画续谈》《书法本体与多元》及各类书法作品集凡四十余种。

　　荣获"造型艺术成就奖"、"中国书法兰亭奖"终身成就奖、"全国第三届华夏诗词奖"荣誉奖、"中华艺文奖"终身成就奖、"中华诗词"荣誉奖、联合国 Academy"世界和平艺术大奖"等，并获得"卓有成就的美术史论家""编辑名家""爱心大使""中国十大慈善家""中国十大魅力英才"等荣誉称号。

主持嘉宾：

阎晓宏　第十三届全国政协文化文史和学习委员会副主任、中国版权协会理事长、原国家新闻出版广电总局副局长、国家版权局原副局长

特邀嘉宾：

苏士澍　书法家、出版家、第十二届全国政协常委会委员、中国书法家协会主席

陈洪武　中国书法家协会党组书记、驻会副主席

阎崇年　著名历史学家、北京满学会会长、紫禁城学会副会长、央视《百家讲坛》开坛主讲

于　迅　第十三届全国政协港澳台侨委员会副主任、海南省原政协主席、党组书记

魏传忠　书法家、中央国家机关书画协会副主席、国家质量监督检验检疫总局原副局长

王立平　作曲家、中国音乐著作权协会终身荣誉主席、第十一届全国政协常委会委员

吴善璋　书法家、中国书法家协会原副主席

文宏武　中央政府驻港联络办秘书长

王亚民　故宫博物院常务副院长

杨再春　书法家、摄影家、北京体育大学教授

程大利　画家、美术评论家、出版家、中央文史研究馆馆员

袁亚平　中国版本图书馆党委书记、馆长

林　阳　书法家、人民美术出版社总编辑

王跃军　深圳报业集团总经理

梁永琳　书画家、人民日报文艺部主任

黄　君　书法家、评论家、诗人

郑晓华　中国人民大学教授、中国书法家协会秘书长

周祥林　书法家

郭晋丽　中国书法家协会会员

沈一丹　书画家

张智重　书法家

雅俗与美感

今年以来，我想得比较多的有两件事：一个是戊戌变法，今年是120周年；再一个是《共产党宣言》发表170周年。马克思1818年生，他在1848年写了《共产党宣言》。

戊戌变法发生在狗年，每到年头年尾总有报纸等媒体叫我写点什么。我在丁酉年初写了个"闻鸡起舞"，不符合媒体原来的想法，要求我写"福"字，原来"福"字比"闻鸡起舞"更能引起兴趣吧，找了五个人写福，五福临门，我也不能免俗，也写"福"字吧。狗年，对不起我没有往金狗、玉狗方面想，我也没有想到财旺。我的诗里头提到了财旺，自觉从诙谐处写来。

我写了一副对联，"世界大同抒美景，少年中国发宏图"。戊戌变法在中国历史上是一个重要的事件。康有为政治思想比较复杂，他有这样那样的变化，但是戊戌变法从历史的观念看，有开明的思想。他这种改良有民主的成分，有西方国家先进的东西。我个人认为，即便在今天，改良也很重要。记得普京有一句话，人家问他十月革命，他说，那总得要死很多人啊。不要简单地否定改良。

当然，孙中山先生后来的辛亥革命更先进了一步，大同世界、大同思想还是历来人们所追求的。马克思的共产主义从历史上来看，不也可以从大同世界找到根据吗？从大同世界这样一种思想来说，应该说中国、全人类都是有的。

《共产党宣言》发表170周年，我又读了一遍。我回想最早读的时候刚过20岁，那时候有一个优点，读马列的书要读原著。"文革"以后再读一次，感觉以前的认识有片面性，只讲阶级斗争，无产阶级专政。

《共产党宣言》说："每个人的自由发展是一切人的自由发展的条件。"我看这次纪念170周年的时候也引用了这句话。我感觉到不满足的是，它没有区分时间、空间，不太注意或者说不太了解全文："代替那存在着阶级和阶级对立的资产阶级旧社会的，将是这样一个联合体，在那里，每个人的自由发展是一切人的自由发展的条件。"按照马克思说的，什么才是真正的自由，怎样能够达到一切人的自由，达到每一个人的自由是一切人的自由发展的条件，那就是要把阶级社会推翻以后，阶级社会不存在的时候，就进入了自由王国，自由王国之前是必然王国。

我们现在处在必然王国当中。我们要服从于职业，你是法官，是教师，是工程师，是书法家、画家。但是马克思说过："在共产主义社会里没有单纯的画家，只有把绘画作为自己多种活动中的一项活动的人们。"分工对于社会进步、对于社会生产力的发展起了很大的推动作用，但是分工给人带来了局限，分工使人失去自由。在这个意义上我们都并不自由。

社会上实际拿人当工具来看。劳动力是工具，人本身也成了工具，我是不是一个会写字的工具？

刚才说，"闻鸡起舞"有意义，对不起你不要写了，你写一个"福"字吧。这个"福"坏不坏？咱们中国人习惯于讲福、禄、寿，并非传统文化中的积极方面。门开五福，但是福也可以有不同的解释。为什么我们总是念念不忘个人幸福？我们为什么不可以在人的终极思考这方面想一想，在生活更深刻的意义层面多想一想？

习近平总书记在团拜会上向各族人民拜年,说奋斗本身就是幸福。我们读文天祥的《正气歌》,作者身陷囹圄,恶气杂出,"彼气有七,吾气有一,以一敌七,吾何患焉"。我们不光要个人幸福,还要为正义奋斗。马克思使每个人的自由成为全社会的自由的条件,真正到了共产主义社会的时候,大家都幸福,不束缚在具体的职业上面,不束缚在具体的个人幸福上面,都有个人的自由,全社会进入了自由的时代,这是一个伟大的理想。

我个人更多地把马克思当作一位伟大的思想家。一百年来,世界发生了很大的变化,他的基本原则应该坚持,但是一定要按照世界的新形势高瞻远瞩。

有人叫我写福字,我不太愿意,写了也违心啊。我们也做不到像马克思说的在共产主义社会里面,你爱好绘画就作画,它不是某项职业,今天我们做不到。但最低限度我们能不能在绘画、写字的同时,也多读点科学、哲学、美学、社会学等方面的书。我们也多接触一些外面的人,多接触社会,我们不要缩在自己有限的天地里面。这几年我因为生病,写的一首诗第一句便是"坐井观天划地牢",实属不得已。

关于分工的职业限制。有了分工的职业限制,比如说请你画画、写字,人家要给你一些报酬,这个好像也是理所当然的,因为当下社会就是一个商品社会。我们的人、我们的劳动,实际上我们在一定程度上转移成为商品。这幅画画多大? 值多少钱? 抛开了艺术,在商品本身做文章。

生活中有很多矛盾。我们不可能达到马克思所说的共产主义的自由,我们现在还处在必然王国,而在必然王国中,我们肯定有很多不自由的东西。然而我觉得在特定社会条件下的自由、民主还是最可贵的。我们要争取。比如,为什么要求写"福禄寿"的人不能要求写裴多菲的诗呢?"生命诚可贵,爱情价更高,若为自由故,二者皆可抛。"我20多岁的时候,大家很喜欢这首诗。

整个社会文化水准偏低了,比较爱好低俗。雅俗共赏好不好? 大家普遍能够接受的有好的一面,但未必都好。雅里面分很多具体情况,俗里面也分很多具体情况。俗,在很大程度上是迎合世俗口味而不是去提高大众的思想境界

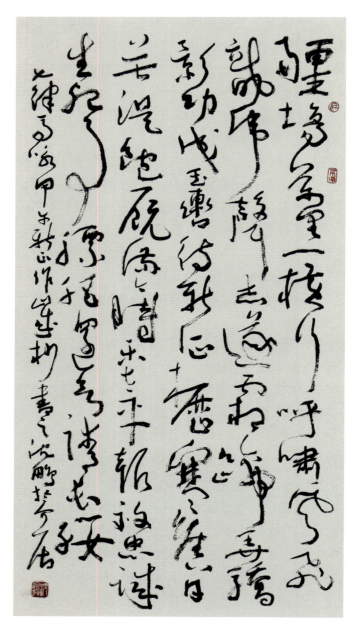

马　咏

疆场万里一横行，
呼啸风飞龙虎声。
志遂霜蹄弄骄影，
功成玉辔待新征。
槽寒旧日三餐少，
厩满今时四海宁。
报效忠诚生死事，
膘肥还欲请长缨。

与欣赏水平。"雅"和"俗"不能以人的社会地位分界,也不以艺术的品类区分。不能说文人的画都雅,或说民间年画便俗。从具体作品分析,有时适得其反。文人作画有时出现消极颓丧,玩世不恭,倘硬说是雅,至少不入真正的大雅之堂。艺术家首先应提高自己,提高自己的精神境界,如果一味陷于人情世故,考虑功名利禄,以为凡是群众喜欢的就好,那就失去了艺术本身。其实雅俗也是相对而言的,齐白石的画公认为雅俗共赏,雅俗共赏的意思之一就是大家都爱看,都能懂,齐白石也有迎合大众的一面,他的作品有时不够严肃,他有的时候绘画写字重复自己的劳动。有人把"可重复性"当作中国画的传统优点,实在是误解。难道中国画工具方便,粗糙的写意来得"快",就可随意复制吗?

再谈点书法。书法是中国汉字审美的一种形态,它是相对独立的。中国的汉字有意美、音美、形美。意美有关于心,音美来自听觉,形美来自视觉。音美、形美也都归于心。人的器官只有耳、眼与艺术发生关系,倘从嗅觉、味觉、触觉去找美感,或者故作惊人,肯定不会有好的结果。书法艺术取汉字的"形",相对独立。我有一次跟大家谈话,我拿了一份《快乐老人》报,那是我给他们题名的,题完以后我觉得挺快乐,这不是书法的作用吗?我们从书法美学来研究,不应该简单地这么看。因为当我看到"快乐老人"这四个字而高兴的时候,是这四个字的"意"在影响我。假如我写一个"悲哀老人",四个字也写得不错,我就笑不起来。当我们觉得快乐老人快乐、悲哀老人悲哀的时候,是取文字的意而非书法自身的美,书法的美来自汉字的形式。

美感与快感,前者属于心灵上的,后者归于生理因素。最近看到一个新名词,叫"心灵鸡汤",看了一场戏剧,读了一本小说,很感兴趣,以喝鸡汤赞美,可那是口感、味觉,绝非美感。纯粹的美感无功利,无物欲。

我少年时生活在上海,流行着一句话:"眼睛吃冰激凌",这与"喝鸡汤"也不相上下,还有"心灵大餐""艺术盛宴"等,没想到隔了两个时代,我们的人文意识还停留在原地。我想,"喝鸡汤""吃冰激凌"的人,他所喜欢的"艺术"也未必高明,欣赏水平使然。

远集坊第七讲嘉宾合影

昨天晚上看报，一个大标题，"学生未获竞赛一等奖，起诉培训公司"。说的是一个学生，花了3.8万块钱参加培训，要求培训公司保证他在竞赛中获得一等奖，结果没得到，要公司赔偿。我就很奇怪，花了3.8万块没有得到一等奖就要赔？这个奖是买来的？有的时候你劳动了半天不光拿不到钱，你还要得罪了谁呢！我很奇怪。现在有很多事情，我不太理解。我独处一隅，今年元旦作诗第一句便是"坐井观天划地牢"。

有一次我讲课，有位年轻人跟后面，说："我有钱，我要学到真本事。"说着拍拍身后的小皮包，我明白他说的"真本事"是要学到一手好字。既有钱，又有一手好字，多有面子！我告诉他："你的愿望可以理解，但是许多事不是只要有钱就能解决。学书法，包括任何一门学问，要真爱，勤奋刻苦，还要多读书，提高素质……好在你比我年轻得多。"

｜嘉宾讲坛

苏士澍

　　我与沈老认识40多年，从1976年成立北京书学研究会的时候，沈老就一直指导大家。沈老今天的演讲很精彩，使我们更深刻地理解了做人的标准，特别是理解了艺术界好坏之分、美丑之分是有标准的，我们今后一定按沈老说的，在书法界好好弘扬正能量。

　　书法界在沈老的引领下是大有前景的。新一届的书协领导班子做了很多工作，书风逐渐正起来，既要提倡个性，还要关照整体。沈老引用的《共产党宣言》中的那句，就是我们今后发展书法应该努力的方向。我们这一届书协班子做了不少努力，刚成立的时候就办了书法培训教育，想方设法地让书法进课堂。沈老还提议建立书法大学、书法学院，现在都在逐步落实。全国原来大概有1/3，现在大概有2/5的学校开设书法课，就连广西、青海相对偏僻的地区，只要大家对传统文化认识比较深也都开课了。在这一点上，中国文联和教育部关于书法发展的努力会开花结果，沈老所提的要求大家也在努力完成。即便如此，还有很多困难，还有很多不足之处，比如说师资力量的缺乏，到现在仍然没有完全解决，只能将书法爱好者和老师们绑在一起去做。真正由教育部门设立书法专业、授予专业文凭，这些都还没做到。我们这一届跟洪武书记想办法逐渐把问题解决。这个月月底将召开中国书协第七届理事会，针对当前的情况，还是要总结、提高，相信在沈老的指导下，中国书法事业会健康稳步地发展！

吴善璋

我今天看到沈老先生身体健朗，思路开阔，头脑灵活，还思考那么多问题，讲得非常好，我心里也非常高兴。我是受过沈先生帮助的一个书法家，20年前我出版第一本个人专集的时候，曾写信给沈先生，请他为我的专集题词。时间不长，沈先生就把题词寄给我，当时还写了一封信，在信里面对我说了非常鼓励的话。说实话，那一本集子可以说对我后来的发展起了非常关键的作用，这个事情我一直牢牢记在心里。

沈先生是一面旗帜，每次接触都给我留下很深的印象。从内心讲，我们对沈先生非常佩服，非常尊敬。吴东民字写得较好，沈先生就主动和他办联展，提携他发展。在中国的当代书法史上，沈先生在关键事情上代表了正确的方向。

后来我到中国书协任职的时候，沈先生已经退到二线当名誉主席了，但是还是时常关心中国书法界的发展。我们多次参加全国展的评审，沈先生都要到评审现场去，但是他从不干扰评审的进行，每回都是在评审将要结束的时候，他去了，看看大家，和大家在一起。从每一个细节上，都能看出沈先生是个有心的人，在我心目当中，沈老始终是榜样。

我们现在遇到一些问题，比如丑书之争，这个题目本身从学术上来讲没法讨论。每个人的理解不同，丑书是针对什么说的，美丑是什么概念，这些都不清晰，缺乏争论的基础。最后还是要拿作品来说话。

从历史上讲，书法的美丑都是不被提及的。书法的美感意义非常丰富。它包含不同类型的美，这个"美"可以是我们大家理解的那种优美的"美"，也有可能是一种冷峻的美、萧瑟的美、散淡的美……各种各样的美。不是每个人都对美有同样的理解，眼界狭小会造成对美的理解狭小。我们大家都努力继承古人，搞好创新，学习和最终的目的一定是清晰的。艺术要重视独创性，沈先生强调的原创性就是抓住了本质，艺术创作的本质就是艺术创作的独立性。我们应该非常清楚地把这个问题看到这个高度，才有可能在艺术创作上把好方向。

现在面临的问题，年轻的书法家应该怎么做？因为书法要为人民服务，但是普遍存在一个问题，就是大众对书法的欣赏能力不足。比如楷书，一般人都能看出来好坏，但行书就不一样了，至于草书，许多人连好坏都分不清了。真正懂得欣赏书法，是要学而知之的，不是天生的；真正比较难懂的，要真正有那种体验才知道好在哪里，实践出真知。认识要逐渐深入、逐步提高，真正的认识要有一个过程。我们讲"书法为人民服务"的时候，书法家就要懂得两手，其中一手是要有稳定的基本功，相对完整的作品，质量要高。你可以通过市场实现自己的价值，达到为人民服务的目的。

在这种情况下，一定要有探索的精神，继续往前走。只有先进的创作，才有引导作用，才有引领作用。所以要敢于去探索、敢于去攀登，在这方面，沈老确实是我们的榜样。

阎崇年

很高兴听沈老的演讲，我是民国生人，所以打小从五岁的时候家里就让学写毛笔字，当时是繁体字，非常难写。后来写钢笔字，用电脑打字，毛笔字就中断了。中国人做好中国人，写好毛笔字，我很赞成，也很遗憾。就说写字，王立平老师对我很有启发，他说他每天抄心经，我说我也试试看，这就是学着写字了。

我有一点想法。中国的汉字、书法，是我们中华优秀传统文化里面一个典型的符号，我们的书法跟汉字，至少有5个特点。

第一，原生性，不是外来的，是我们民族自身的、原创的。

第二，悠久性，从甲骨文算起，3 000多年，接近4 000年的历史。

第三，连续性，没有中断，古印度、埃及、巴比伦的文字都中断了。

第四，包容性，除了汉字之外，我们还有蒙古字、女真大字、女真小字、满洲字等，互相之间交融碰撞，不断发展。

第五，日新性，汉字不断地发展，书法不断地变化。

我觉得书法家太了不起了，五个基本元素演绎出来的书法，不再只是震惊中国而是震惊世界，我们的书法应该走出去，让全世界了解中国书法艺术的真谛。

陈洪武

我觉得沈先生今天的讲座就像这场久违的春雪一样，潇洒、清新，给我们带来了愉悦和深入的思考。

沈先生讲了很多深刻的人生大问题，也给我们提出一个如何解决书法当中面临的困境的方法，这里面包含着沈先生近80年的人生积淀，既宏阔又令人心生敬畏。我作为中国书协的工作人员，深觉我们应该好好扛着这个大旗，按照苏士澍主席刚才讲的，一步一个脚印，把书协面临的问题一个一个解决好。当代书法一方面取得了长足的发展，硕果累累，令人振奋，另一个方面的的确确也面临着诸多问题，需要我们去解决，比如说书法文化缺失的问题。刚才沈先生就剖析个案带给我们这方面的思考。书法，除了技法之外，背后积淀着深厚的文化。如何对接古人给我们留下的宝藏，并且在这个基础上不断提升，最后形成我们时代的书风，这个话题既沉重也深刻，而且我们必须要肩负这样的重任，为新时代做出新作为，不负人民对我们的期望。

一句话：我们将谨记前辈的教导，努力和广大的书家、专家、学者同心推动当代书法事业的发展。

王立平

我不是书法家，但我爱字，打小就爱。小时候我们家很穷，书很少，我不认识字，但是很喜欢。长大后，我真后悔小时候没有好好练字，可是来不及了，学习很忙，工作很忙，时间很少，所以我想有一天有时间了我再写字，可是都退休了，还写字干什么? 我就喜欢。作为一个文人，懂字的人，懂文化的人，字写不好丢人，我就是这么想的。一开始我练字的想法特别简单，就是不想丢人，我觉得字写得不好比人长得难看还丑，所以就想把字写好一点。结果一提笔这里边有感情就上瘾，总希望再好点。

今天来这之前我还写了好几篇，不过老有毛病，像小猫追尾巴一样，转多少圈也够不着，这就是书法的魅力。越写越上瘾。我今年77岁了。我写书法第一要快乐，一写字就快乐。第二要健康，写完字以后，就像我抄写心经，并不信它，我不是一个信教的人，但是我就觉得痛快。寒冬酷暑写完字以后，十有八九一身微汗，心里非常痛快。第三，我希望通过书法结交朋友。我原来并不认识阎崇年老师，我看了他的字以后，崇拜得不得了。怎么他的字写得这么好呢? 我就想跟阎崇年老师学习一下，我们现在成了朋友。通过书法可以交朋友，可以见人之长，补己之短。说来说去，又快乐，又健康，又有朋友，老了还要什么呢? 谢谢书法。

杨再春

我是通过远集坊认识了阎崇年先生和王立平先生，我们都是书友，都喜欢写字。我做了三次手术，现在还在化疗，在两次化疗之间我是一个快乐的人，化疗的时候我很痛苦，痛苦时的解决办法就是写字，一写起字来什么都忘记了，所以应该说谢谢书法。沈老刚才谈的问题，还有刚才吴主席谈的这些问题都是挺大的问题。我一直在做文化普及的工作，我们最早成立北京书协研究会，那时候一直在做普及工作，让大家喜欢书法，希望社会少点犯罪，没有什么争、名、利。那时候没有人说你写得好看还是丑。现在不同了，商品社会，一谈到书法就谈到了钱：沈先生是主席，字价值多少；苏主席是主席，价值多少；是商人把书界搞得不好了。我跟沈先生接触更多。沈先生当初写字，他就是秉承一种执着的精神。他想写字，他是搞美术评论的，是前辈。沈先生喜欢上书法之后就一发不可收拾了。他早年时候跟我说要开始写金文，我说好。他要从金文里面找一找中国传统书法的根。很多年前沈先生就立了这个信念，所以沈先生能有现在的成就，这和他当初的学习路数是分不开的。从我的角度来看，我特别感谢书法，感谢各位。

程大利

　　刚才沈老讲到雅俗的问题，我想说沈先生是大雅。1988年我们一起出差，在桂林的一个招待所里，沈先生把我喊去聊天，他说他昨天晚上两三点都没有睡着，我们就聊起来了。他说他从年轻的时候身体就不好，失眠长期困扰他。今天我们看到了他的精神状态，我在想这个精神状态怎么这么好？古人说读书养气，沈先生一直在读书思考，而且他以一个非常平静的心态读书思考，我就想到刚才说雅俗的问题，那么雅是什么？我想雅是喧嚣中的安静，是种"静"，是功利场中的淡泊，是大家奔跑途中的慢跑和散步，沈先生就是这个状态。

黄　君

　　我认为当下的中国书法在我们这个伟大的时代已经取得丰硕的成果。沈鹏先生是当下书法界一个典型的代表，他最重要的特点，我认为是中国传统文人的坚持，文人的这种执着，坚持文人对社会的关注以及付出的精神。而且他能够在两方面做到很多人做不到的：一方面是对文化的关注，对传统文人职业性的坚守；另外一方面就是对书法本身的研究和笔墨功力，他在这方面已经达到了很高的高度。

造房子

第八讲

黄强

出版人怎么办

扫描二维码
观看远集坊精彩视频

黄　强

　　人民教育出版社社长。从事出版业30年，历任甘肃教育出版社社长兼总编，读者出版集团党委副书记、副总经理、副总编辑，甘肃省新闻出版局党组成员、副局长，中国教育出版传媒集团有限公司党组成员、中国教育出版传媒股份有限公司副总经理。

　　曾获评第四届全国中青年优秀编辑，先后入选2016年全国新闻出版行业领军人物、2017年文化名家暨"四个一批"人才，出版论著有《编辑出版与先进文化建设》等。

主持嘉宾：

魏玉山　中国新闻出版研究院院长

特邀嘉宾：

朱永新　全国政协常务委员兼副秘书长、民进中央副主席
郝振省　中国编辑学会会长、北京印刷学院数字出版与传媒研究院院长
田慧生　中国教育科学研究院院长、教育部基础教育课程教材发展中
　　　　心主任
曾天山　中国教育科学研究院副院长
莫蕴慧　人民音乐出版社社长
马国仓　中国新闻出版传媒集团有限公司党委书记、董事长
张大伟　复旦大学新闻学院教授
李久军　黑龙江出版集团党委书记、董事长、总经理
郭元军　中原出版传媒投资控股集团有限公司党委书记、董事长
丁双平　湖南出版投资控股集团有限公司党委委员、董事
任志鸿　志鸿教育集团董事长
薛金星　金星国际教育集团董事长
张凌云　掌阅科技股份有限公司创始人
王明君　北京一百易科技有限责任公司董事长
钟文明　蜻蜓 FM 公司总裁
张　涛　歌华有线新媒体中心教育节目总顾问

出版人怎么办

我今天就新时代新教材这个题目跟各位进行交流，请大家批评指正。

2017年10月，举世瞩目的中国共产党第十九次全国代表大会隆重召开。这是在我国全面建成小康社会的决胜阶段召开的一次十分重要的大会。大会的召开，宣示中国特色社会主义进入了一个新时代。作为教育出版的从业者，必须深入探讨在我国发展新的历史方位中，我们的行业如何准确定位，我们自身如何把握机遇，牢记使命，勇于担当，为社会主义现代化强国建设和中华民族伟大复兴恪尽职守，奏出时代强音。

我汇报的内容主要有三个部分：第一部分，教材与教育出版的关系；第二部分，通过简单梳理新中国教材发展的历史，来说明当今教材建设进入了新时代；第三部分，谈谈新时代教材建设该如何作为。实际上是想以中小学教材为重点，对新时代教材建设有关理念和实践做一次梳理和讨论。

一、教材、教育与出版

教材既是教师的"教本"，也是学生的"学本"，是学校教育和课堂教学的基本要素和基本依据，是反映国家认知、体现国家意志、传承民族文明的重要载体。中国古代的教学材料主要是以"四书五经"为主的儒家经典和《三字经》《百家姓》《千字文》之类的蒙学读物，在封建社会的文化教育中发挥了重要作用。现代意义上的教科书是基于一定的学制、课程计划或课程标准编写的，系统反映不同教学科目学习内容的课堂教学用书。我国现代意义上的教科书出版，肇始于清末，在民国时期得到了较快的发展。商务印书馆、中华书局、世界书局、开明书店等一批私营出版机构就是以教科书出版而闻名于世的。

清末变法革新，引进西学、废科举、兴学校，商务印书馆随之编写出版了适应新式学校教育的教科书。其新特征主要是按学科分类、分课时编排，不仅讲授人文知识，也讲授科学知识。随着中华民国的建立，各大教科书出版机构纷纷推出了适合新共和政体的教科书。民国时期进一步使用白话文编写教科书，现代意义上的教科书出版一时蔚为大观。清末民初的教科书出版，在中国近代社会大变革的背景下展开，充分发挥了传授新学、开启民智、培养人才、推动社会现代化的积极作用。

教育的根本问题是培养什么人、怎样培养人，教科书是解决这一根本问题的重要载体。商务印书馆编译所所长，近代中国最早从事新式教科书编撰出版的先贤张元济说过："今欲教育普及，必须教科书籍日出不穷，方能达此目的。"中华书局的创始人陆费逵说："立国根本，在乎教育。教育根本，实在教科书。教育不革命，国基终无由巩固。教科书不革命，教育目的终不能达也。"还有学者将教科书的变迁称为"民族魂"。可见教科书在培养人才、提升民族素质、推动国家发展、促进社会进步方面的重要意义。

"建设教育强国是中华民族伟大复兴的基础工程"。当下的中国，有着两三亿渴求知识的青少年学生，教材在培养担当民族复兴大任的时代新人的过程中，更是肩负着举足轻重的历史使命。新时代教材建设事关党对教育工作的领导，事关中国特色社会主义事业兴旺发达、后继有人，事关党和国家的长治久安。中小学教材中的道德与法治（思想政治）、语文和历史，大学"马克思主义理论研究和建设工程"（简称"马工程"）等意识形态属性较强的教材，更是落实党的教育方针、体现国家意志、弘扬社会主义核心价值观、传承中华优秀传统文化的重要载体，对于加强青少年学生思想道德教育，帮他们扣好人生第一颗扣子，具有极其重要而特殊的作用。

狭义的教材专指教科书（也称"课本"），广义的教材除教科书外，还包括教师教学用书（教学参考书），以及与教科书配套编写和使用的电子音像产品和教学辅助材料等课堂教学材料。截至目前，教材的主要存在形式仍然是纸质媒体。现代印刷技术的普及以及交通运输的发达，使教材得以按需大量复制，在较短的时间、辽阔的地域广为传播。正如传播学者施拉姆所言："正当人们越来越渴求知识的时候，教科书使举办大规模公共教育成为可能。"教材的使用者主要是在校的青少年学生。教材受众面广，其内容和使用方式相对稳定，影响深远。美国出版家史密斯在《图书出版指南》中说："任何一个国家图书出版业发展的第一步，很可能是从学校用书开始。"商务印书馆、中华书局均以教科书出版起家，开创了中国教育出版的先河，中国的教育出版就是从这里开始的。可以说，教育出版是整个出版业的核心部分，而教材又是教育出版的核心产品。无论就出版传播知识、弘扬文化、传承文明的内涵而言，还是从出版产业的结构和规模上来说，教材出版都对出版业的发展起到极为重要的支撑作用。教材与教育事业、教材与出版业关系极为密切。胡适说："得着一个商务印书馆，比得着什么学校更重要。"叶圣陶说："出版工作也是教育工作。"张元济"昌明教育平生愿，故向书林努力来"，要以出版工作来实现自己的教育理想。陆费逵说："我们希望国家社会进步，不能不希望教育进步；我们希望教育进步，不能不希望书业进步。"

二、教材建设走进新时代

中华人民共和国成立近70年来，党和国家一直高度重视教材尤其是中小学教材建设事业。历史表明，每当一个重大历史时期到来，中小学教材必将引起党和国家以及社会各界的高度关注，教材建设必须进行与时俱进的调整，以适应新时代的需要。

(一) 中华人民共和国成立初期的统一

早在土地革命时期和延安时期，我党就组织编写过解放区教材。中华人民共和国成立伊始，千头万绪，百废待兴，但党中央、毛主席极为重视教材建设。他们清醒地认识到，要培养自己的接班人，就不能继续使用民国时期民营机构编写的教材了。

1948年底，全国解放的大形势基本明朗，中共中央派专人从上海将叶圣陶、周建人等一批爱国的教科书编写专家秘密接到华北解放区，组建了华北人民政府教科书编审委员会，着手筹划新政权的教科书事业。中华人民共和国成立伊始，党和人民政府对旧有的教育制度进行了方方面面的彻底变革，包括旧有的教科书编辑、出版和发行体制，首次明确教科书事业应由国家统一举办，各类民营、私营等出版和发行机构均不得私自进行。1950年9月15～25日，出版总署在北京召开第一届全国出版会议，会议提出中小学教材必须全国统一供应的方针。

教材编写出版的历史使命，催生了人民教育出版社 (以下简称"人教社")，使其在1950年12月1日光荣地成为中华人民共和国最早建立的出版机构。人教社系统总结解放区红色教科书的优良传统，认真汲取民国时期教科书的优点，积极借鉴苏联教科书的建设经验，探索建立符合社会主义建设需要的教科书体系。这个时期，党和国家领导人给予教材建设直接的关注与指导。一是毛泽东主席亲笔为人教社题写了社名，中共中央派叶圣陶以中央人民政府出版总署副署长身份 (后改任教育部副部长) 兼任人教社社长。二是对于语文、历史这两个意识形态影响力较大的学科，中共中央在1953

年专门成立中央语文教学问题委员会和中央历史教学问题委员会，分别由胡乔木和陈伯达牵头，对教科书编撰原则在内的重大问题进行专题研究。三是加强教科书编写力量。1953年5月，中央政治局会议讨论教育工作，毛泽东指示教育部，宁可把别的摊子缩小点，也必须抽调大批干部编出社会主义教材。在这一指示下，迅速从全国调集了近200位各个领域的专家，补充到人教社教材研究和编辑队伍之中。

截至1966年"文化大革命"爆发，人教社先后编写出版了四套全国通用的中小学教科书，并与全国各省出版单位共同探索建立了"租型代理"这一教科书供给合作模式，创造性地解决了在中国这样幅员辽阔、人口众多、发展落后的国度，如何保障近两亿中小学生同时"课前到书，人手一册"的难题。

二十世纪五六十年代国家在中小学教材建设上的一系列举措，有力促进了社会主义新型国民的塑造，并使党和政府的意志通过教材—学校—教育这

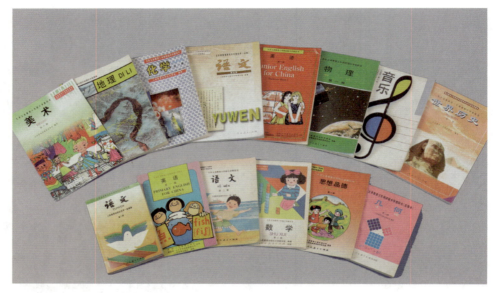

中小学教材

个特殊的渠道得到了有力贯彻。

　　(二) 改革开放以来的探索

　　"文化大革命"刚刚结束，邓小平肩负着党和人民的厚望复出。他高瞻远瞩地指出："不抓科学、教育，四个现代化就没有希望，就成为一句空话。"重新编写适应改革开放和四个现代化建设的大中小学教材，与恢复高校招生考试、落实知识分子政策，是他最先关注和着力的几件大事。

　　之前的十余年里，中小学教科书编写出版由各地革委会主导，各地分散出版，教材中充斥"极左"思想，教材质量良莠不齐。教材编写与使用总体上处于混乱状态。

　　1977年，邓小平指出："要组织一个很强的班子，编大中小学教材。""关键是教材。教材要反映出现代科学文化的先进水平，同时要符合我国的实际情况。""教材很重要，要统一教材。""教育部要管教材，不能设想我们国家可以没有统一的中学教材。"邓小平要求编印通用教材，同时引进外国教材。他亲自拨专款10万美元，责成有关使馆选购一批最新国外教科书，供教材编写人员研究参考。邓小平还说："教材非从中小学抓起不可，教科书非教最先进的内容不可。"

在邓小平的关心和亲自过问下，教育部召集包括人教社编辑在内的全国200多位专家，聚集在北京香山饭店召开教材编写工作会议。邓小平等党和国家领导人还在人民大会堂接见了参加全国中小学教材编写会议的代表并合影留念。从1978年秋季开始，一套新的统编中小学教材陆续在全国推广使用。这是一套体现教育战线拨乱反正、回归理性的教材，也是一套闪烁着改革开放思想光芒的教材，其中重点借鉴了西方发达国家教科书的内容和编撰模式。

改革开放以来，我国的教科书建设不断加强。一方面，加大基础教育课程、教材学术研究的力度，探索教材建设自身的规律性。1983年成立了课程教材研究所，邓小平亲笔题写所名，与人教社合署办公。在不同时期的国家五年重点科研课题规划中，课程、教材都是重点关注对象，涌现出大量学术成果。在科学研究的基础上，我国于20世纪80年代末、21世纪初启动了两次大规模的基础教育课程改革，教材建设也随之发生巨大的变革。

另一方面，在基础教育教科书管理体制上不断进行新的改革探索。20世纪80年代末实行教科书编审分开，由"国定制"转变为"审定制"，并针对不同地域、教育发展的不同水平规划出版了"八套半"教材，初步形成"一纲多本"的局面。到21世纪初，又进一步引入了教材出版发行的市场竞争机制，出现了全国80多家出版机构"群雄逐鹿"、共编教材的局面。基础教育教材编写、出版的市场化，一定程度上促进了教材的多样化，提高了教材的质量和水平，但也出现了无序竞争、重复建设和个别教材出现错误等问题。

（三）新时代的重大举措

十八大以来，以习近平同志为核心的党中央对教材建设给予了前所未有的重视。习总书记就中小学教材、少数民族文字教材、高校思想政治理论教材等做出一系列重要指示，要求从确保意识形态安全、培养中国特色社会主义合格建设者和可靠接班人的高度加强教材建设。习总书记明确指出："教材建设是育人育才的重要依托。建设什么样的教材体系，核心教材传授什么内容、倡导什么价值，体现国家意志，是国家事权。"更好地落实立德树人根本任务，培养担当民族复兴大任的时代新人，成为新时代教材建设的目标。党和国家关于教材建设的认识和采取的一系列重要措施，成为党中央治国理政新理念、新思想、新战略的一部分。

2016年10月，中央发布了《关于新形势下加强和改进大中小学教材建设的意见》（以下简称《意见》），从"培养什么人、怎样培养人"这一根本问题出发，站在事关党和国家长治久安的高度，提出了教材建设的指导思想和基本原则。特别强调强化教材的思想性，提出了编写、审查、修订、选用等方面的具体要求，从科学制定规划、提升教材质量、强化教材研究、健全国家教材制度等方面，为新时代教材建设指明了方向。《意见》指出，对意识形态属性较强的教材和涉及国家主权、安全以及民族、宗教等内容的教材，实行国家"统一编写、统一审查、统一使用"。

2017年3月，教育部成立专司指导管理教材建设的教材局。7月，国家教材委员会在北京成立，时任国务院副总理刘延东同志担任主任委员。国家教材委员会下设10个专家委员会，统筹协调全国教材工作，研究解决教材建设重大问题。这是我国首次成立的高规格教材管理机构，意义重大。

2017年9月，教育部统一组织编写，经国家教材委员会审定通过的义务教育统编道德与法治、语文、历史三科教材由人教社出版发行，在全国义务教育起始年级统一使用。义务教育三科教材的编写历时数年。通过严格的推荐和评审，教育部遴选出政治立场坚定、学术造诣精深、德高望重的一流专家担任总主编，以修订后的课程标准为依据进行编写。编写组在审查专家的指导下，边编边审边改，不断精雕细琢，保证了教材的内容质量。编辑出版人员严格把关，精编细校，多审多校，保证了教材的编校、设计和印装质量。经过教育部基础教育课程教材专家委员会等不同层次的多次审查，保证了义务教育三科教材的思想性、科学性和时代性。有关反馈情况显示，已经使用的义务教育三科教材得到了广大教师、学生和家长的充分肯定。义务教育三科教材将于2019年实现所有年级全覆盖。教育部领导表示，由国家层面统编三科教材，不是对原来教材编写出版方式的简单调整，而是着眼落实党的教育方针、办好中国特色义务教育、维护国家长治久安做出的重大部署，具有重大现实意义和深远的历史意义。"国家统编义务教育三科教材启用，2019年全国中小学所有年级全覆盖"被评为"2017年全国十大教育新闻"，"出版界平稳高效完成三科教材出版发行"被评为"2017年度中国出版业十件大事"。

目前，中小学教材的编写使用已形成了统一与多元相结合的管理格局。三科教材"一纲一本"，体现价值认同；其他教材"一纲多本"，支持编写创新和各地师生选用。与此同时，大学"马工程"教材的统一编写、修订、审查和使用工作也在大力推进之中。

教材建设的这一系列重大举措，是与习近平新时代中国特色社会主义思想相适应的。新时代的教材建设，就是要为建设富强民主文明和谐美丽的社会主义现代化强国、实现"两个一百年"奋斗目标、实现中华民族伟大复兴的中国梦培养合格建设者和可靠接班人。上述教材建设新理念的提出和新政策、新举措的实行，标志着中国教材建设步入了新时代。

三、新时代的教材建设

建设社会主义现代化强国，首先要建设教育强国，实现教育现代化。而建设教育强国，实现教育现代化，必须构建与之相匹配的具有中国特色、世界一流的教材体系，反映新时代中国教育的理念和智慧。

在党中央的坚强领导下，经过国家教材委员会、教育部教材局的高效工作,新时代教材建设顺利起航,取得了显著成绩:初步形成了具有中国特色、适应时代要求的课程教材体系,在不同学段、不同领域涌现出一批优秀教材;教材管理不断规范,编写、审查、修订、选用机制不断健全,教材质量不断提高,为提升立德树人提供了有力支撑。目前,义务教育三科教材统一编写工作接近尾声,高中三科教材统一编写工作已经启动,以"核心素养"为主线的普通高中课程标准修订工作已经完成,《全国大中小学教材建设五年发展规划》《中小学教材管理办法》《职业院校教材管理办法》《高等学校教材管理办法》《引进教材管理办法》正在制订当中。

新时代面临新挑战,新征程呼唤新作为,建设充分体现新时代特征的教材任重道远。作为教材出版人,我们要以习近平新时代中国特色社会主义思想为指导,以高度的担当精神和文化自觉,在继承中创新,不断提高新时代教材建设的质量和水平。

(一)坚持正确的政治方向和价值导向,加强教材的思想性

教材建设是立德树人的大事。教材体现国家意志,具有鲜明的意识形态属性。教材建设始终要坚持正确的政治方向和价值导向,坚守马克思主义在教材编写中的指导地位,培养青少年一代对党、对社会主义的感情,进而引导他们从理性层面认同中国共产党的领导和社会主义道路,树立远大理想,帮助他们从小植入红色基因,使中国特色社会主义事业后继有人。要把习近平新时代中国特色社会主义思想落实到教材中,加强革命传统、法治意识和国家安全、民族团结以及生态文明教育,全面推进社会主义核心价值观进教材,充分体现社会主义办学方向。

要把培育和弘扬社会主义核心价值观作为凝魂聚气、强基固本的基础工程,要从娃娃抓起、从学校抓起,使社会主义核心价值观进教材、进课堂、进头脑,入脑入心,润物无声。受市场经济中负面因素和多元文化的影响,青少年的价值观的养成面临前所未有的冲击和挑战。教材建设必须着力凸显主流价值观,提供更多正能量,下功夫搭配好精神食粮,让青少年健康成长。

在我国现代化建设进程中，意识形态风险和挑战始终存在，而且变得更加复杂。近二十年来"台独""港独"分子千方百计对青年学生进行"台独""港独"的教育。我国台湾地区的"太阳花学运"，我国香港特别行政区的"非法'占中'"，都反映出教育乃至教材的问题。日本总是在历史教科书上做文章，对本国学生进行否认侵略历史的教育。国际国内复杂的意识形态环境迫切需要我们理性面对，在教材建设中把好意识形态关。

（二）不忘本来，大力弘扬中华优秀传统文化

文化传承关系到一个国家和民族的根基，绝不可动摇。教材要坚定文化自信，要大力弘扬中华优秀传统文化，要体现中国特色和中国气魄，要体现中华文化的主体性，不能丢掉自己的话语权。

目前中华优秀传统文化的内容在教材中已经占到相当比例，下一步要着力体现优秀传统文化的系统性。中华五千年文明是一个有机系统，不能断断续续、零零碎碎呈现，要研究中华优秀传统文化在小学、中学、大学教材中的有序衔接。要体现中华优秀传统文化的丰富性，让学生认识、理解和体会中华优秀传统文化蕴含的思想观念、人文精神、道德规范。要深入挖掘和阐发中华优秀传统文化讲仁爱、重民本、守诚信、崇正义、尚和合、求大同的时代价值，深入做好"创造性转化、创新性发展"的工作，将其以恰当的形式在教材中呈现。要让广大青少年从小植根于中华民族的精神沃土，打好中国底色，将来做堂堂正正的中国人。

（三）吸收外来，面向未来，不断提升教材质量

随着义务教育全面普及、高中教育基本普及和高等教育大众化，我国教育已经由过去主要重硬件建设、集中力量推普及，转向了提高质量、发展内涵的新阶段。广大人民群众对"公平而有质量的教育"的需求日益迫切，也对教材建设提出了新的更高的要求。

教材建设集中体现社会主义先进文化，必须在不忘本来的基础上，吸收外来，面向未来。要在继承我国教材编写优良传统的基础上，借鉴国外教材研

远集坊第八讲嘉宾合影

发的先进经验，不断提高教材质量。要保证教材知识体系与知识结构的系统性、科学性和先进性。要立足国际学术前沿，反映人类文明的先进成果，及时体现国内外科学技术的最新进展。要始终遵循教育规律，遵循学生身心发展规律、人才成长规律和学科教学规律，建设门类齐全、学段衔接的教材体系。要循序渐进，贴近不同年龄段学生思想、学习、生活实际，将知识、能力、情感、价值观培养有机结合，增强教材的实效性和感染力。教材要有利于推进素质教育，培育学生的核心素养，激发学生的创新精神和实践能力，促进学生全面发展。

（四）适应信息化时代要求，加强教材的立体化和数字化建设

教材建设不仅是纸质教科书的编写出版，还需要进行立体化的资源建设。要以教科书为核心，开发多种教学资源，满足教师的教学需求和学生的学习需求，如教学参考书、工具书以及各种教辅图书和学生课外读物等。目前这方面的图书品种数量不少，但水平良莠不齐，许多教辅图书过于面向应试，搞题海战术。关键是要不断创新，提高质量，提高与教材的切合度，提高对学生素

质、能力培养的适切性。人教社在"十三五"期间实施"以中小学教材为核心的品牌拓展战略",就是要在这方面做出进一步的努力。

我们已置身于信息化时代,信息网络技术正在改变社会的运行方式以及我们的生活方式、学习方式。数字化教育如火如荼,影响和改善着教育教学的方法和效果。我国政府所倡导和推行的"三通两平台"(指宽带网络校校通、优质资源班班通、网络学习空间人人通、教育资源公共服务平台、教育管理公共服务平台),为教育信息化创造了基础硬件条件。随着数字技术的迅猛发展,传统教材的内涵和外延都应该与时俱进。教材建设必须顺应信息化的时代潮流,根据教学需求和教学场景,积极利用信息网络技术,探索教材及相关教学资源数字化的呈现方式。这既包括教材的内容,也包括供教师教学和学生学习使用的各种数字网络资源,还包括教学解决方案等多种形式,以适应信息化时代的人才培养模式。

(五)以人民为中心,真心诚意做好教材出版服务相关工作

教材建设必须贯彻以人民为中心的理念,以真心诚意服务教育为宗旨。教材工作关乎千家万户,必须照顾到教师、学生、家长等使用者的需求。教材出版必须坚持把社会效益放在首位,坚持社会效益和经济效益相统一。事实证明,教材工作是双效统一的文化教育工作,以社会效益带动经济效益则双效俱佳,以经济效益代替社会效益则双效俱损。义务教育教材免费供应,是我国教育惠民的一项重要制度,必须长期坚持并不断完善。教材经营中的限价原则、保本微利原则以及针对少数民族地区和特殊群体的优惠办法,都值得肯定并坚持实施。

出版人作为教材建设各种要素和资源的组织者,要总结、借鉴历年来教材编写、出版的经验,遵循教材编写、出版规律。以叶圣陶、吕叔湘、戴伯韬等为代表的老一代教材专家,以一片教育情怀终生致力于教材建设,至今堪为楷模。"编研一体,学术立社"是人教社的优良传统,科研创新永远是教材建设的基础和先导。由学科专家、一线教师和教研员、教材专职编写人员"三结

合"组成的编写队伍，较好地保证了教材的科学性和适用性。"工匠精神"是教材编写、出版者必须秉持的修养，要以精益求精的态度促进教材编校质量、设计水平和印制质量的不断提高。

经人教社与各地出版、发行单位之间几十年探索形成的教材"代理合作"模式，在市场经济环境下，依然有其不可替代的优越性。继续坚持以版权运营为纽带的合作共赢战略，维护这一成熟的教材发行体系，有利于协调调动全国力量，保证中小学教材在全国各地的及时供应，更好地服务于广大师生。

做好常态化、规模化、精准化、体系化的教师培训工作，帮助全国广大教师更好地理解教材、使用教材，重视教材使用者的信息反馈，不断修订、完善教材，不断提升教材出版相关服务的质量和水平，也都是做好新时代教材工作的重要方面。

"人才决定未来，教育成就梦想。"作为新时代的教育出版工作者，我们必须与时俱进，适应新时代新要求，推进教材建设理念、机制、方法的创新，既要使经典通过教材世代相传，又要在教材中及时反映思想文化建设，特别是马克思主义中国化、经济社会发展和科技进步最新成果，编写和出版无愧于新时代的优秀教材，真正使教材担当起培养德智体美劳全面发展的社会主义建设者和接班人的神圣使命。

嘉宾讲坛

朱永新

　　民进中央和人教社非常有缘分，跟中国的教材建设非常有缘分。叶圣陶先生是人教社的首任社长。过去三种教材编写过程中，我们组织提出了一千多条意见，对教材建设贡献了我们微薄的力量。教材，国家重视，但是民间不很重视，出版社重视，但是教材编写者并不很重视。在国外，教材的编写由一批人当作终身事业在做，一个大学教授可能一辈子就做一本教材，能够修订10次、20次，不断修订下去，而且他的学生还会继续修订下去。我们的作者写完了就不管了。尤其大学教材和国际教材的差距太大，不是5年、10年的差距，所以我在21世纪初专门做了一件事，我做了一个海外精品教材，当时的梦想就是教材编写者站在人家的肩膀上再编，要达到他或者超过他，但是很遗憾还是没有做到。引进很重要。中小学教材也是这样，国外的中小学与我们的体系不一样，更多元、更开放。我们特别呼吁在中国有一群人把编写教材作为一生的事业，无论是小学、中学还是大学的教材。过去叶圣陶先生就是一生做教材的，他从开明读本做起。在我们民进其实还有一位做教材的，就是林汉达先生。

我觉得教材真的很重要。教材是母乳，在一个人成长过程中是最基础的，营养最丰富、最安全、最容易消化和吸收，所以它对人一生的成长起着非常基础的作用。如果教材是母乳的话，经典读物就是食物，人越成长越需要食物。教材把我们带进门，你要真正成长，单靠教材是不够的。18年来我一直在做新教育实验，提出了未来课程体系设想。我认为人一生最重要的是生命，教育是为延续生命存在的。我将"生命"分成自然、社会、精神生命，对应人的生命的长、宽、高。教育拓展生命的长度、宽度和高度，自然生命解决安全和健康的问题；社会生命教会怎么与人和谐相处、交往和养生。我构建了一套这样的教材体系，但不是我们国家的教材。我们用读本的方式做一些尝试，我认为是有意义的。我希望相关部门要鼓励专家和民间去探索面向未来的国家课程体系、学科体系和教材体系，吸引更多的人参与国家的教材研发，这样我们才能够真正在未来的发展中，进一步为实现中华民族伟大复兴的中国梦做出我们的贡献。

田慧生

黄强社长做了一个非常好的报告，把教材建设的历史沿革和当前教材建设的前沿问题都讲清楚了。新时代新教材面临着一些新问题、新挑战。教材建设也进入新时代，从中央到全社会的关注程度前所未有，特别是中央对教材的高度关注。十八大以来，应该说教材的建设达到前所未有的高度，从教材的管理体制到教材的编审体制都在快速发生变化。从管理体制来看，刚才黄社长讲到，根据中央66号文以及国家教材委的要求，要组建新的高水平的国家级教材专业研究机构，这就是去年12月教育部正式发文成立教育部的教材研究所，专门划拨了编制。国家教材委、专家工作委员会、教材局、教材所，这是一个全新的教材管理体制。短短一年的时间里面，新的管理机构相继建立。从教材的编审体制来看，刚才黄社长对百年来我们的教材体制的演变做了一个非常好的描述和归纳。从改革开放初期的国定制，到90年代开始逐渐走向审定制，现在进入到国定制和审定制相结合的新阶段。未来有一批教材，特别是涉及意识形态、国家主权、民族宗教等方面的教材，将实行统一编写、统一审查、统一使用，"三统一"将来会涉及各级各类教育。

从面临的挑战来看，第一方面，中央高度重视，强调教材是国家事权，教材体现了国家的意志，对于教材管理工作的重视程度前所未有，不仅是对三科教材的要求，对其他出版机构各科教材要求会也更高。下一步其他非统编学科的要求也会更高。这是我们面临的挑战。

第二个方面，教材作为课程的载体，本身是课程改革中的重要组成部分。课程改革始终是基础教育改革最亮丽的风景线，从2001年课程改革到现在已经进入第三轮。下一步我们按照新时代的要求，同时着眼于未来，义务教育课程的全面修订已经在规划和部署中,今年启动义务教育全面修订的全面调研,课程方案、课标也会随之而来。所以,改革的步伐从未停止。

第三个方面,从着眼于未来人才培养来看,对教材本身提出了一系列新的要求。教材是载体也好,是母乳也好,是精神食粮的源头也好,总体上教材对于学校阶段受教育的学生来说,的确是他们成长的精神之源。所以要着眼于塑造面向未来的、适合社会发展的高质量人才,首先体现在教材上。朱主席刚才讲到阅读,一个人的阅读就是一个人的精神成长史。阅读的高度体现了精神的高度,教材的高度体现了人才的高度。

第四个方面,对教材产生重大挑战与影响的就是我们面临一个新的科技革命的时代,面临新技术的快速发展,特别是数字网络技术的快速发展。现在数字化时代已经在全方位改变我们,生活方式、思维方式、学习方式、吸收知识的传统方式正在面临重大挑战。教材作为传统教育中的关键要素之一,在科技革命时代面临着很大挑战。

我相信教材作为一种阅读载体,不管怎么变,最本质的规律是不会变的,它依然是人才成长的重要手段和载体。我也相信在教育界、出版界的共同努力下,中国的教材事业一定会越来越好。

莫蕴慧

教材是独特的产品,尤为强调深入浅出。民国时期第一套小学语文教材,第一课说"来,来,来上学",被很多人诟病。当时私塾和学堂在争夺学生,说这个是强制性的,把学生引到学堂里面去,得改。改了半年,变成了"去,去,去上学"。其实教材是很难改的,要深入浅出。

要有一批终身致力于教材研究工作的人,才能编写出好的教材。这次看到人教社三科教材出炉,我们都感到兴奋和感动。这次教材的编写,尤其是语文教材,充分体现了我们教材的新精神——培养什么人,为谁培养,怎么培养,另外就是弘扬优秀的传统文化,立德树人。我要讲讲艺术学科的问题,对这个问题的理解,大家可能存在一定偏颇。任何一门学科里面都讲究审美,比如数学,它的序列之美、逻辑之美。语文尤其存在这个问题。上一轮课改完全改成实用性了,这次人教社教材一出来,看到语文教材的封面我感到很震动,之前教材使用的封面是漫画或者卡通,这不是我们国家的特色。这一轮课改,我看到初中教材用的是名画、国画,小学教材用的是年画,既有传统性,又活泼。语文教材都具备了审美功能,我们的艺术学科怎么体现审美功能呢?这需要我们的专业队伍长期坐下来,安下心来用一种情怀和担当研究,才能够做好工作。我觉得很多课程,课标组研制也需要增加这样的人员,既要懂课程,也要懂学科,这两者一定要融合。

音乐教材以及很多其他教材被循环使用,这是对现在艺术学科不重视的表现。这次课标也好,课程也好,着重两个方面:一个是立德树人,另一个要体现学科的核心素养。这个理念大家都是赞成的,但是怎么做到这一点?人员的组织机构也好,政策的研究也好,都应该真正重视起来。作为艺术学科,美术有很多视觉艺术可以加强，音乐主要是听觉的艺术，但是教材只是书本教材，不使用音像。我觉得，在很多方面，艺术的感染力、艺术对人的培养都更重于其他学科。我们想到任何一个历史时刻，先涌现出来的都是画面或者音乐，很多学科需要大量专家去解读，但是音乐和美术不用，大家一听、一看就能够受到启发和感染。希望领导们更加重视艺术学科的教材建设，加强对艺术学科教材建设的管理。

李久军

第一点，教材是文化凝聚到现在、总结到现在最基础、最基本的应该掌握的知识。从小学教材开始，最应该学、最基础的东西都包含在教材里面。

第二点，做教材的人，包括编写和出版教材的人，都是非常伟大的，应该说使命光荣，这一点也不容置疑。中华文明传承五千年靠的是什么？大家都知道荀子的学生，也知道韩非子、李斯等等。过去这些人既是老师，又是编教材的人，中华文明是靠这些人传承到今天的。

第三点，新教材，新使命。我觉得新教材的编写与出版任重道远。比如说三科教材需要统一，意识形态属性、道德的引领、政治的引领，包括不忘初心，等等，这些都是自有之意。不限于三科，比如说音乐，音乐绝对是有导向的。

我想说的是，一纲一本不仅限于三科，编教材和出版教材太乱了不行。举个例子，数学、物理、化学教材的知识点是要科学分布的。数学还没讲到，物理、化学就用到了这个知识点，就是数学教材出自一个出版社，物理、化学出自其他出版社造成的。

总结一下，教材非常重要，编写教材、出版教材的人使命光荣，编写和出版教材任重道远。

丁双平

聆听了黄强社长关于教材发展的整体进程，我收获颇多，有几点想法。

一、我们总认为教材出版和其他出版是分割的，但是纵观国际出版，其实都是以教育出版为核心支柱的。我们要端正想法，在教育出版上要有更大的投入，更好地配合人教社做好教材的发行与出版。

二、教育是这么重要的领域，教育出版决定了人才高度，人才高度决定了国家未来。应该说教育也好，出版也好，是神圣高尚的职业，理应将教材出版提升到更高的高度，得到社会和全体人员的重视。教育出版应该发挥更大的作用。

三、出版一方面追随教育，受惠于教育，其实也要服务于教育。从目前状况来看，教材的出版、三科的统一走向了正轨，这体现了国家意志，我特别同意这种做法。现在确实也存在一些问题，目前的教学资源越来越向大的中心集中，从某种程度上说，配合教材出版的教辅材料的出版，弥补了教学资源的不均衡。现在面临着怎样协调，怎样分工。人教社一方面承担着国家意志这一重任，另一方面又带有企业的属性，人教社在全球就是一个大的教育集团。出版业也好，教育界也好，还是要呼吁最大限度地提升影响力，我特别希望有更多更好的教材出现。

郝振省

远集坊这个讲坛就是集大家的智慧，为我们国家的事业发展提供一些咨询和方案。今天所讲的内容又是一个重要的课题。我有三点看法。

第一，教育和出版的关系。简而言之，我们国家的现代出版业是由教育引发的。具体一点，当年说赚取印刷这个环节的费用是不够的，一定要向上游挺进，这就遇到了内容问题，中国现代出版业从商务印书馆开始起步，最初就是要发展大众教育、平民教育，所以可以看出教育和出版的关系：教育要发展，没有出版是不行的；出版行业是规模比较小的行业，但是它对国家和民族的贡献比任何行业都要大。

第二，教材和教育、出版的关系。我个人觉得，教材和教育比起来，教材是教育的核心板块，是现代出版业的策源地，它有"1+3"的功能：政治、文化、经济、人才功能。其一，不管是语文、历史教材，还是其他方面的教材，都脱离不了它的政治功能。我们培养什么样的价值观、人生观、世界观，这是一个核心问题，这是教材的政治功能。其二，文化功能。我小时候的课本还留着，书上画了东西，我觉得它是一种传递文化、传承文明的工具。如果完全将它作为一个工具，我觉得没有深刻考虑教材的文化功能。其三，经济功能。以教材作为出版社的主要经济板块是不容置疑的，是非常合理的。关键是教材质量怎么样。对于教材的经济功能，我们出版人没有必要讳言：就是靠出版好的教材和教辅，赚回应得的经济效益。其四，人才功能。这些功能落实到最后，涉及把我们国家的未来交给什么人的问题，最终落到人才的类型和素质上，他的政治素质，他的思想素质，他的文化素质，甚至他的经营素质都非常重要。

第三，教材这么重要，可是做教材的人缺乏长期的考虑，缺乏职业荣誉感。我要为教材编辑说句话：既然教材有这么强的功能，它对于我们培养新人，对于国家一代一代地把政权交给什么人非常重要。关于教材和编辑的关系，只有优秀的编辑才能够编出优秀的教材。邓小平同志讲三个面向：面向未来、面向世界、面向现代化。这对教材确实太重要了。一方面对编辑的培养要提到议事日程上来，要培养教材编辑，让他终生以这个事业为荣；另一方面在彰显、肯定、推广和树立优秀编辑典范方面做一些工作，这样就一致起来了。

马国仓

　　这个题目大家比较感兴趣，教材离大家很近，但是也离大家很远。很近是因为我们都是使用教材长大的，我们的孩子也是使用教材长大的；同时教材离我们很远，我们不是太了解教材背后的故事。特别感谢黄强社长，给我们很清晰地勾勒出一条教材发展的主线，让大家了解了教材背后的故事。

　　专家们对教材的思考丰富了我对教材的认知，我应人教社邀请参加过在西安举办的一个电子教材的展览会，发现人教社从那时候就开始研究电子教材了，现在叫数字教材。我看了很震撼，一个卡片可以把一个年级的教学内容放在那里，电子书成本越来越低，技术越来越成熟。新时代、新教材，数字教材肯定是教材里的重要组成部分，期待它的未来。

追寻永坊

第九讲

朱永新

阅读的力量

扫描二维码
观看远集坊精彩视频

朱永新

　　第十三届全国政协常务委员兼副秘书长，中国民主促进会第十四届中央委员会副主席，中国教育学会第八届理事会学术委员会顾问。曾任苏州大学教育科学部主任、教务处长、教授，民进中央常委、江苏省副主委、苏州市主委、苏州市人民政府副市长。第十届全国政协常务委员，第十一届全国人大常委员会委员、教科文卫委员会委员，兼任民进中央秘书长，第十二届全国政协常务委员兼副秘书长。

　　被评为"中国十大教育英才"、改革开放30年"中国教育风云人物"、"中华十大财智人物"、新闻出版总署"全民阅读形象代言人"、"为了公共利益"年度人物等。

主持嘉宾：

李 潘 原中央电视台主持人

特邀嘉宾：

吴尚之 全国政协委员、原国家新闻出版广电总局副局长
魏玉山 中国新闻出版研究院院长
郑渊洁 著名作家、慈善家
王 斌 中信出版集团股份有限公司董事长
吴文辉 阅文集团CEO、起点文学网创始人
张凌云 掌阅科技股份有限公司创始人
茅院生 新华书店总店总经理
蔡 宇 中国税务杂志社社长
向 阳 咪咕文化科技有限公司副总经理
蒋晞亮 北京开卷信息技术有限公司董事长
李春生 人民出版社副社长、新华文摘杂志社社长
敖 然 童趣出版有限公司总经理
欧 剑 辽宁出版集团拂石传媒有限公司总经理
陈黎明 北京精典博维文化发展有限公司董事长
许春宇 雨枫书馆创办人
王 旗 北京中视瑞德文化传媒股份公司副董事长、总裁
吴重生 浙江日报报业集团北京分社社长
李长春 金版国际文化传播（北京）有限公司总经理
李孟凌 北京诺听科技有限公司创始人兼CEO

阅读的力量

明天是世界读书日。

非常高兴在今天这样一个特殊的时刻，和大家一起分享我这些年来关于阅读的思考和实践。作为总局聘请的全民阅读形象代言人，我感到特别荣幸。这些年来，我也把这个身份看得很重，走到哪里都想到我是阅读形象代言人，为阅读奔走呼吁是我的使命和责任。

十九大报告提出中国特色社会主义进入了新时代。新时代面临的主要矛盾，是人民日益增长的美好生活需要和不平衡不充分的发展之间的矛盾。美好生活应该包括哪些内容呢？习总书记在2012年刚当选主席，会见中外记者时，曾经对美好生活做了一个描述："我们的人民热爱生活，期盼有更好的教育、更稳定的工作、更满意的收入、更可靠的社会保障、更高水平的医疗卫生服务、更舒适的居住条件、更优美的环境，期盼孩子们能够成长得更好、工作得更好、生活得更好。人民对美好生活的向往，就是我们的奋斗目标。"

可以看到，美好生活最重要的内容，排在第一位的是教育和孩子。教育和美好生活的关系到底是什么？我们说教育是美好生活的第一要务，排在第一，的确也是这样。从老百姓来说，宁愿自己苦一点、累一点，总希望孩子过得好一点，所以教育一直是第一民生，排在美好生活最重要的部分。同时，我觉得教育不仅是美好生活的组成部分，更重要的是教育本身是创造美好生活的一个重要前提，它跟医疗、住房等其他要素不太一样，因为教育是美好生活的重要内容，同时基于自身，它也在创造美好生活。

虽然这个论述里没有充分展开美好生活的精神成分，但是我理解的是，美好生活包含着人的精神生活，因为教育本身就包含着精神生活。美好生活包括物质生活和精神生活两个大方面。

教育跟阅读是什么关系？如果用两个圈来表示的话，我认为教育跟阅读是两个交叉度高度重合的圈，重合度80%到90%。我们甚至可以说，在一定程度上，阅读就是教育，教育就是阅读。阅读的问题解决了，教育的问题就解决了；阅读的基础打牢了，教育的问题也就迎刃而解了。所以说，阅读是整个教育大厦最重要的基石。

我发起的新教育实验已经有18年的时间。18年来，我们一直致力于推进阅读，先后在新教育研究院下面成立了两个机构，一个是新阅读研究所，一个是新父母研究所，现在后者已经更名为新家庭教育研究院。家庭和阅读，虽然不是对应的两个概念，但我认为是教育的两个重要的基石。阅读解决个人发展的智力问题，而家庭教育是解决整个人生发展、教育发展最重要的基础环节。在一定程度上，人的认知风格、行为习惯和个性特征，在儿童时期入学之前就已经初步形成了，当然也应该在这个阶段加强阅读。阅读是享受人的精神生活最重要的途径，这个问题一会儿详细展开谈。

总而言之，阅读和美好生活是紧密联系在一起的，没有阅读就谈不上美好生活，没有阅读，我们不可能享受到美好的教育生活，当然也就不可能拥有美好的精神生活。

刚刚主持人李潘已经提到了我在《我的阅读观》提出的基本观点。第一，对于个体来说，一个人的精神发育史就是他的阅读史；第二，对于民族来说，一个民族的精神境界取决于这个民族的阅读水平；第三，对于教育来说，一个缺少阅读的学校永远不可能有真正的教育；第四，对于一个城市、一个区域来说，一个书香充盈的城市才能成为美丽的精神家园；第五，从阅读的方式来说，共读、共写、共同生活才能拥有共同的语言、共同的密码、共同的价值和共同的愿景。

今天我想换一个角度谈谈阅读的意义，谈谈新教育实验的阅读理论。首先，从人类来说，阅读有什么意义？我们认为，阅读是生命本体的相互映照。人类最重要的知识、最伟大的智慧、最伟大的思想在哪里？深藏在那些最伟大的书里。那些书在图书馆里，在我们家的书架上，其实跟我们毫无关系。只有通过阅读，这些书才跟我们相关。在没有阅读之前，它其实就是一堆废纸，就像一个睡美人等待着我们通过阅读把她"吻"醒。

人类这些伟大的思想是没有办法遗传的。有人在考虑，未来科技发达了，有没有可能机器帮我们阅读？我想这难度恐怕也是很大的。机器可以帮助我们查询知识，帮助我们学习，因为未来的人是人机结合体，未来的学习也可能会有机器人服务外包，这是完全有可能的。但是，人的智慧的形成，恐怕还是离不开阅读的过程。过去讲知识就是力量，其实知识本身没有力量，知识只有被人掌握以后才能生出力量，也就是说，书籍只有在被人阅读以后，才会真正产生力量。

波普尔曾经讲过，"即便人类面临灭顶之灾，只要图书馆里的书籍保存完好，人类就可以重建自己的文明，自己的精神家园"。这就说明，对人类来说，阅读是文明得以传承发展的一个非常重要的路径，这种文明的传承其实是通过跨越时空的生命之间的映照实现的，是通过不同时代人与人之间的心灵对话实现的。正是书籍，在生命独自面对另外一种精神与情感的情境时，架设起了灵魂交流的场域，使阅读和人的精神的汇通变成可能，从而充盈了个体生命的精神世界，赋予了精神生命以更多意义，让人类不断实现高尚的人生价值。

这种映照是超越时空与跨越时代的,这是阅读对于人类本身的意义。也就是说,没有阅读,人类文明就没办法延续,没办法提升,没办法发展。

对教育来说,阅读是最基础的教学手段。教育最关键、最重要的基石就是阅读。所以,苏霍姆林斯基先生曾经说过:"一个学校可以什么都没有,只要有了为教师和学生精神成长而提供的图书,那就是学校了。"关于阅读他提出过大量理论,这些理论对我们改造教育是非常有指导意义的。现在,我们的教育在一定程度上是远离阅读的,以考试和分数作为三要目标。

为什么阅读很重要?有人说,我们上课与读教科书不也是阅读吗?上一次远集坊的活动邀请我来分享交流时,我曾经讲过一个概念,我说学校教育或者教科书的教育,其实就相当于人的母乳,母乳在人的生命初期很重要,营养丰富,安全,容易消化和吸收。但是,一般情况下只能维持六个月。母亲们都知道,六个月以后的母乳就不能满足孩子身体的发展了,只喝母乳恐怕会导致发育不良。随着孩子的成长,唯有大量自主进食才能满足身体的需要。没有丰富的营养,没法支撑身体生长发育的需要。只读教科书的孩子,就像只喝母乳的孩子一样,一定是精神发育不良的。

教科书把人类知识无限压缩,在这个过程中,营养要素流失是必然的。人的精神成长,不读教科书以外的其他经典图书是不可能的。阅读生活是学校教育的重要组成部分,一个孩子如果在十多年的教育历程中没有养成阅读的习惯、兴趣和能力,一旦离开校园,很可能把书永远丢弃在一边,这样的教育一定是失败的。我曾经在全国政协会议上提出过把"农家书屋"建在村小的建议。"农家书屋"怎样和孩子们结合起来?过去"农家书屋"主要是为农民配书,其实我主张"农家书屋"也应该考虑农民的孩子,因为他们养成了习惯和兴趣,不给他配书,他自己也会买书。关键是要培养未来的农民热爱阅读。

对社会来说,阅读是消弭社会不公的改良工具。人们对美好生活的向往和整个社会发展不均衡不充分的矛盾,其实在阅读上表现得比较明显、比较特殊,而阅读恰恰又是最容易填平社会差距、社会沟壑的一个最重要的桥梁。

我很喜欢下面这首狄金森的诗:

> 没有一艘船能像一本书,
> 也没有一匹骏马,
> 能像一页跳动的诗行那样,
> 把人带向远方。
> 这条路最穷的人也能走,不必为通行税伤神,
> 这是何等节俭的车,
> 承载着人的灵魂。

的确,阅读是消除社会差距,消灭社会不公最有效的途径。我刚参加了

北京大学图书馆

一个图书漂流的活动，准备今年漂流10 000个书包到全国各地。书包里的书不多，但是选的书很精美。我跟他们说，尽可能把这些好书漂到乡村去，尽可能漂到弱势人群家里去，因为这些书往往是中等家庭买的，是城市图书馆馆配的,"农家书屋"很难进去,一般老百姓很难买得起。但是,相对于其他生活必需品来说,大部分经典的书,还有很多更好的书,应该是很多人都能够享受的。

《阅读的力量》和《朗读手册》,都是我比较喜欢的书。斯蒂芬·克拉生在《阅读的力量》中说,"虽然贫穷家庭的孩子接触书籍的机会比较少是事实,但若是将贫穷孩子分成两组,被提供较多读书机会的那一组孩子将会发展出较高的语文能力",这是从语文能力来说的。同样是贫困的孩子,如果那个孩子读过书,那么他的能力的发展就会更强。吉姆·崔利斯在《朗读手册》中说,"阅读是消灭无知、贫穷与绝望的终极武器,我们要在它们消灭我们之前歼灭它们"。这句话很短但很有力量。一个社会的贫穷、无知、绝望,小到一个家庭大到一个国家,究竟是什么原因造成的?是因为缺少阅读。如果阅读的问题解决了,我们把阅读作为武器,就能够消灭贫穷、无知和绝望,我们要么消灭它们,要么被它们消灭。所以,阅读的确是解决社会公平问题的一个非常重要的路径。

对个体来说,阅读也是一种很重要的正能量,一种能够弥合人和人之间差距的向上的力量。其实,阅读对一个人的人生观、世界观、价值观的影响,对一个人生命状态的提升,具有非常重要的积极意义。

按照新教育实验生命叙事的理论,每个人的生命都是一个故事。有些人能够把自己的故事写成一部伟大的传奇,有些人的生命则是一个平庸的故事。每个人既是你自己故事的主人公,也是你自己故事的作者。你把自己的生命故事写成什么样,往往取决于你自己作为作者怎样书写。在书写自己的生命故事时,往往都会有原型。我们知道,所有作家在写小说、写故事时都有原型,所有人在生命成长过程中也会有原型(榜样),这些原型从哪里来?除了来源于生活的环境,就是从书籍里来。那些伟大人物的传记和伟大的思想形成的历史,其实都是给我们的生命提供一个一个的原型、一个一个的自我镜像和一个一个的人生榜样。所以,我们说,阅读是让一个人不断成长的最重要的力量源泉。

法国作家雨果曾经讲过，"阅读的需要好像一堆火药，一旦点燃起来，便再也不可收拾"。阅读对一个人的成长具有十分重要的意义，这种能量是我们难以想象的。我们看那些伟大的人，在他们的成长历程中，往往都会有一个偶然的机会，读了一本书，寻找到一个榜样，创造了自己生命的传奇。

对生命来说，阅读也是一条通向幸福的重要通道。新教育实验专门研发了一门课程——新生命教育课，把人的生命分为三重：一重是自然生命，那是生命的长度；一重是社会生命，那是生命的宽度；一重是精神生命，那是生命的高度。教育也好、阅读也好，很大程度上就是为了拓展人的生命的长度、宽度、高度。生命是教育最应该面对和解决的大问题。如果我们的教育远离生命，这样的教育其实是没有意义的。所以，教育最重要的工作就是应当为生命奠基，拓展生命的三种维度。

我们生活在这个世界上，看到的风景其实有三种：一种是自然风景，好山好水；一种是社会风景，人情世态，人本身也是一道风景；一种是精神风景，只有通过阅读才能领略。很多人一生做了规划，要游览多少自然风景，好山好水。但很少有人做人生的规划，要领略精神的风景。其实，精神的风景，它的奇妙、险峻绝不亚于任何自然风景。作为一个人，这也是人才能享受的风景，是其他生命无法享受的。所以对人来说，精神风景是非常重要的，而且更重要的是只有第三重生命和第三重风景，才能真正帮我们获得幸福。

人的幸福首先来源于物质生活和自然生活。毫无疑问，如果基本的温饱问题都不能解决，你不能够获得幸福感。但物质生活并不是我们人生幸福来源最重要的源泉，其实有时候钱多了烦恼会更多，而且我们会碰到很多物质的诱惑与陷阱。所以基本温饱解决以后，其实人的基本幸福的物质基础就可以奠定了。社会生活也是幸福感的重要来源。因为人是社会中的人，你生活在社会之中，毫无疑问要从中获得幸福感。如果你生活在一个群体中，别人都很讨厌你，你成为大家嫌弃的人，肯定过得不好。必须要大家喜欢你、要有尊严感。

所以，为什么我们要获得成就，拿各种奖，获得社会的承认？社会的认可带来幸福感，但这也不能代表真正的幸福，它同时也会带来很多烦恼。如果老是盯着名和利，肯定像老是盯着金钱一样，永远没有尽头，永远会感觉到不公，永远会感觉到烦恼。

所以，幸福最重要的来源就是内心的宁静。阅读恰恰是通向内心宁静的一条通道，除了解决生存问题之外，还会给我们带来心灵的宁静，让我们真正感到幸福。

我在《我的阅读观》这本书里讲过，阅读不可能改变生命的长度，但可能改变生命的宽度和高度。后来我讲，其实阅读也可以帮助我们改变生命的长度，内心宁静身体就好了，身体好就长寿了。阅读不可能改变人的容颜，但可以改变人的气质和品位。阅读在一定程度上会让人变得更美丽。

这些年来，我们新教育人在阅读理论上也做了很多探索，写了一些关于阅读的理论书籍，我个人著有《梦想因阅读而生》《我的阅读观》《书香，也醉人》等。我还主编了《阅读让城市更美丽》《阅读学习让城市更精彩》。另外我的一些博士生也就该问题做了一些研究，当然远远不止这些。

接下来，我重点给大家介绍一下这些年我们做的探索。"行动，就有收获；坚持，才有奇迹"——这是我们新教育人一个很重要的行动纲领。我们做任何事情，关键是要行动，行动就有收获，坚持才有奇迹。作为教育理论工作者，这些年来我一直在努力地推动阅读。

1993 年，也就是 25 年前，当时我在苏州大学做教务长，管理全校教学。为了推动阅读，我在苏州大学推出了一个大学生阅读书目，要求在大学期间读完推荐的 20 本书，不读不让你毕业。当时开设了阅读公共选修课，请专家来讲这 20 本书，进行了考核。现在看来，考核不一定是好办法，但没有找到比考核更好的办法敦促大学生读书。当时的做法虽然还不够成熟，但是方向应该是对的。现在很多大学生不读书，真正能够定下心来读书的也是凤毛麟角。

1995 年开始，为了给中小学生以及大学生和教师的阅读提供一个合理的书目，我组织了专家开始研究《新世纪教育文库》。

1999年，我读了一本书《管理大师德鲁克》，德鲁克的导师熊彼特对他说，"仅仅凭自己的著作流芳百世是不够的，除非你能够改变和影响人们的生活"。这句话对我有很大的刺激，当时我已经从苏州大学到苏州市政府担任分管文化教育的副市长，但心里还老是想着发表文章、写书，好像那是作为学者应有的生活。这句话让我意识到，书写得再多如果没有人看，就是一堆废纸；书写得再多，如果不能够变成教师的行动，不能够影响我们的教育，就毫无用处。所以我下决心走进学校，走到阅读推广第一线。

2000年，我出版了一本书《我的教育理想》。这本书现在还在印，大概印了30多次，有六七种版本。我在这本书里正式提出了"书香校园"的理念，"书香校园"当时还是很流行的概念，很多学校眼前一亮，但现在大家已经习以为常，变成众所皆知的概念。

2002年，我们在苏州昆山玉峰实验学校建立了第一所新教育实验学校，重点推进营造"书香校园"、师生共写随笔等六大行动。其中最重要的标志就是"书香校园"建设。现在，新教育实验学校在全国已经建有4 200多所分校，有146个教育局跟我们合作，全面推进新教育实验。

2003年，我当选全国政协委员。从那个时候开始，就利用"两会"的平台，与许多政协委员一起推动中国的阅读，不断鼓与呼。连续16年呼吁建立国家阅读节，同时提出把全民阅读作为国家战略，建设国家阅读基金，建设国家阅读委员会，包括建设社区图书馆等。

前不久，我的作品《见证十年——一个民主党派成员见证的中国民主政治进程》出版了。这套书是我担任全国人大代表和全国政协委员10年期间的一个真实的记录，其中大概有三十多个和阅读相关的建议和提案，这也是记录我为阅读、为教育鼓与呼的一套书。

2005年，经过多年研究，《新世纪教育文库》正式出版，我们公布了小学生、中学生、大学生、教师必读书目各100种。当时我请于光远、张中行、钱仲联等老前辈参加研讨会,于先生说:"编好这一套文库的价值,绝不亚于造一条高速公路。"

2007年,在一年一度的新教育大会上,我们正式提出了新教育的阅读理念——"共写、共读、共同生活"。

2010年,新教育研究院在北京正式成立了新阅读研究所,把阅读和推广作为我们的重要工作。其中最重要的工作就是书目研究。大家可以看到,我们已经研究推出了好几个重要的书目,幼儿、小学、初中、高中、企业家、教师、父母,今年会正式推出大学生和公务员书目,这九个书目一直得到总局的大力扶持。每个书目的研究时间都在3到5年,从几十万本书里一次次筛选。曹文轩先生说这是中国最好的书目,"虽然可能有遗珠之憾,但绝没有鱼目混珠"。

目前,我们正在组织力量研究中国中小学学科阅读书目。基础书目完成以后,下一步应该做什么?通过调研发现,学科阅读是目前中小学教育的一块短板。数学、物理、化学、生物、历史、地理等所有的学科,几乎都很少重视阅读,而学科阅读恰恰是走进学科本质最重要的路径。现在我们的阅读,中小学生绝大部分的阅读,都是以文学阅读、人文阅读为主体,科学阅读基本上还没有真正展开。其实,所有学科都应该关注学科阅读的问题。学数学应该读什么书?学化学应该读什么书?现在往往没有人提供书目,学科老师也面对着一笔糊涂账。我邀请访问学者、化学学科特级教师来做化学书目,一开始她也很惊讶,化学还要大量阅读?经过反复研究发现,不仅有大量的学科阅读书目,而且学科阅读对于学生的学习的确具有十分重要的意义。这项工作也是没有人做过的开创性工作,从来没有人做过真正意义上的学科阅读书目研究。我们计划用几年时间,正式推出中小学学科阅读书目。

在学科书目完成以后,我还想再做一个学科研究书目。高中生和大学生想要研究问题,如研究天文,研究哲学,研究气象等,也应该有一个指导性书目。我特别期待国家新闻出版部门能够支持这样的研究,也特别期待凝聚全社会的力量一起来做。

在推广阅读的过程中我们发现，家庭阅读是整个学校阅读的基础，在学前教育阶段养成阅读习惯，到了学校以后就容易接轨。2011年，新教育研究院在北京新阅读研究所成立了内设机构亲子阅读中心，后来把它更名为独立的新父母研究所、新家庭教育研究院。新父母研究所在全国40多个城市建立了以推广亲子共读为特点的萤火虫工作站，4万余名父母跟着我们做亲子阅读，在线上线下开展许多阅读活动。

2012年，《人民日报》发表了一篇我的长篇文章《改变，从阅读开始》。2013年，中央电视台举行《我的一本课外书》中小学生"阅读之星"评选。海选入围的30人中，来自新教育实验学校的就占了17名。决赛颁奖的那天，中央电视台编导李潘把一个来自新疆奎屯的哈萨克族的小伙子带到休息室。李潘问他是否认识我，小伙子看了我一会儿说："是不是朱永新老师？"我和李潘都很惊讶，因为我们两个从来没见过。小伙子揭开了谜底：他是我们新疆奎屯新教育实验区实验学校的学生，他们学校的墙上挂有我的照片，还写有我的一句话——一个人的精神发展史就是他的阅读史。他说，"我的阅读史就是改变我自己家庭和民族的历史"，言语之间很豪迈。他读小学时根本不会讲普通话，也不认识汉字，他父亲至今还是文盲。但在新教育实验学校，通过阅读，他成长起来。

2012年，《中国新闻出版报》评选"年度阅读机构"和"年度阅读人物"，那一年我们阅读研究所和我本人都有幸被提名，致敬词是这样说的：

"从央视'全民阅读'晚会现场到'全民阅读'形象代言人，到以一己之力推动新阅读的朱永新，怀着激情、循着理想，行走在新教育实验和阅读推广的道路上。通过倡导'晨诵、午读、暮省'的阅读生活方式，他使中国教育充满活力。毋庸置疑的是，在过去的10年里，朱永新一直站立在中国阅读推广的精神之巅。"

我们每年还做一个中国童书榜，从每年出版的儿童图书中选择12本书作为年度童书。我们编选了一套从幼儿园一直到高中阶段每天一首诗歌的《新教育晨诵》，用一首诗歌开启新的一天，成为中国许多新教育实验学校的美丽风景。这套《新教育晨诵》是我们根据新教育十余年的晨诵实践编辑出版的教材，为孩子精选了一套非常精彩的诗歌。低年级幼儿园用童谣、儿歌、儿童诗等，小学低年级、中年级，初中和高中，每个阶段都有不同主题。可以说，我们打造了一个永不落幕的中国诗词大会。

2017年，我们出版一套《新阅读译丛》，我们的梦想是把国内外关于阅读最精彩的著作陆续翻译过来，从阅读理论上做研究。其中的核心知识系列就引进了赫希教授的《造就美国人》等著作，《阅读力》系列也陆续正式出版。

2016年开始，我们在每年9月28日这天举行领读者大会。中国的阅读推广机构很多，但没有凝聚起来。我们就想办法搭一个桥，把大家凝聚起来，搭一个台让大家来唱戏，由此我们办了领读者大会。第一届的主题是"改变，从阅读开始"，第二届的主题是"阅读，从儿童开始"。2018年，我们准备专题讲儿童文学阅读。每一年选一个主题，全国阅读推广机构和推广人交流分享怎样做阅读推广工作。

刚刚从实践发展层面介绍了1993～2018年我们在阅读方面做的工作，下面再从横向的内容方面，简单汇报一下我们的工作。

一是"书香校园"建设。这是我们整个工作的重点。新教育实验从最初的"六大行动"到如今的"十大行动"，始终将"营造书香校园"作为各大行动之首。在许多新教育实验学校，图书馆是一道靓丽的风景。教室里、走廊里随处可见图书，同时开展各种各样的阅读活动，阅读节、主题日、跳蚤书市、童书电影课，等等。在新教育学校，每一个孩子每一个学期都要演一台戏，我们把它称为生命叙事剧。孩子们根据这一年他们阅读的最精彩的书，自己改写剧本，制作道具，竞选角色。全体同学都会参加演出，非常有意思。

二是开展共读活动。特别是亲子共读，我们有很多非常精彩的亲子共读的故事。我们一直认为家庭里的阅读非常重要。有人曾经说，"一个人日后会成为一个什么样的人，往往看他父亲的书架放了哪几本书"。这虽然有点绝对，但比较形象。父母本身是孩子的阅读榜样。通过有效的共读，最重要的语言密码和价值可以传递，父母与孩子、教师与学生，不再是生活在同一个屋檐下的陌生人，阅读让亲子之间有共同语言。

一个山东父亲给我们讲过一个故事。他是当地很著名的企业家，以前跟孩子之间几乎没有交流。学校参加了新教育实验以后，老师说父亲要和孩子一起读书，读书不能够只是妈妈的责任。没办法，女儿是父亲的掌上明珠，只好陪她读书。没有想到，读了一个多月以后，他发现读书比喝酒有意思得多，开始主动跟孩子一起读书。五年多时间，爸爸跟女儿一起读了180多本书。有一天，几家人聚会，女儿在餐桌上问爸爸："谁是你的夏洛？"其他人都不懂，只有爸爸心知肚明，非常得意，因为他们父女刚刚读完《夏洛的网》这本书。"夏洛"，就是他们共同的"密码"。

小到一个家庭，大到一个国家，何尝不是如此？如果一个国家的国民真正有共同滋养他们的伟大的书籍，我相信这个国家一定是不同凡响的。阅读为什么应该成为国家战略，道理就在此。

三是推进儿童阅读。我们把很大的精力用来做儿童阅读。我们知道，童年的阅读决定着人生的未来。让孩子亲近书，打通了他们走进更广阔的精神世界的通道。所以我们在新教育学校把"晨诵、午读、暮省"作为儿童的生活方式：每天早晨要用一首诗开启新的黎明，孩子们六年下来差不多有两千多首诗歌陪伴他们；每天中午则是午读，整本书共读；每天晚上暮省，反省自己一天的生活。

四是推进教师阅读。教师阅读非常重要，学生们是不是善于阅读、热爱阅读，很大程度上取决于教师喜欢不喜欢阅读，懂不懂阅读。新教育实验关于教师的成长提出了"三专"理论：专业阅读——站在大师的肩膀上前行，专业写作——站在自己的肩膀上攀升，专业交往——站在团队的肩膀上飞翔。其中，阅读是最基础、最关键的前提。

教育部的官方媒体《中国教育报》每年都会评选推动中国阅读的十大教

师。从2005年开始，每年评10个人。中国有1 500万老师，从2005年开始一直到2018年，每年至少有1～3名来自新教育学校的老师获奖，这说明我们新教育的老师是最善于阅读的。

一个美国的教授参加了我们十多次新教育会议，他惊讶地说：你们新教育真的非常了不起，把这么多教师培养得如此专业、如此热爱阅读，在美国也不多见。为了推动教师阅读，我们专门为教师推荐了基础阅读书目——教师成长地图，同时也为教师开设了网络师范学院，这个学院类似于读书会，要求一门课程必须精读一本书。

五是研究推荐书目。这是一种精神配餐式的事业。我们专门设立有新教育基金会，为农村边远地区学校中的孩子们选书、送书。我们筹资在农村地区和边远地区建立新教育童书馆和完美教室图书馆，为师生提供最适合阅读的图书。为了帮助他们更好地阅读，我们还开展了许多阅读培训等。

在全社会的共同努力下，这些年中国阅读生态发生了很大变化。中共十八大报告明确提出"开展全民阅读活动"，2014年以来，"倡导全民阅读"连续几年被写进政府工作报告。

2015年首次提出建设书香社会，同时在政府层面制定了"全民阅读"的"十三五"发展规划。2018年3月底，《全民阅读促进条例》开始征求意见，即将正式出台。

另外，地方政府的确也越来越重视阅读。全国大概700多个城市开展了"全民阅读"活动，400多个城市建立了区域性的阅读节、阅读月。如2006年苏州就正式建立了城市的阅读节，提出阅读节的口号是："阅读让苏州更美丽"。新教育实验学校把每年9月28日孔子诞辰日作为自己的阅读节。孔子不仅是伟大的教育家，也是中国历史上第一个伟大的阅读推广人。

我们非常欣慰地看到，前不久公布的国民阅读第五次调查结果表明，这十年我们国家的综合阅读力还是平稳上升的，超过了80%，这是非常了不起的进步。在各种媒体高度发达的情况下，在社会越来越浮躁的情况下还能呈

远集坊第九讲嘉宾合影

现这样的上升态势，的确非常不容易。

阅读对提升教育品质也发挥了重要的作用。湖北随县是随州市下面的一个农村县，2011年成为新教育实验区，以"书香校园"建设为抓手深入推进师生阅读，教育质量连续三年居随州市前列：中考文化课总分、优秀率和平均分，全市排名前10位的学校，随县均占据7～8所；排名前20位的学校，随县均占据16所，全县23所初中全部进入排名前30位。

新教育实验学校的孩子，不追求分数，也不害怕考试，因为有阅读做基础，所以说阅读的确不仅对教育有益，同时也是创造美好生活最重要的基础。

嘉宾讲坛

吴尚之

　　我跟朱永新主席因为阅读而相识。"全民阅读"在全国推广至今已有12年。12年来，阅读指数一直在提高，除了党和国家十分重视"全民阅读"与政府相关部门大力推动以外，更重要的是离不开一批坚定的阅读推广人。听了永新主席刚才的演讲，我第一次比较系统全面地理解了他的阅读理念和实践，受益匪浅。

　　他的阅读理念，我觉得是值得我们加以推广的。阅读是更好的教育、更宽的教育。在我们国家，谈到阅读，对理念、对观念的改变是很重要的。

　　从今年发布的全民阅读指数来看，2018年和2017年差不多。我们的全民阅读量是人均7.8本，纸质书4.66本，还有将近3.2本电子书。整体来说有进步，但人均读书量跟发达国家还是有明显差距，所以形成爱读书这种全民阅读的氛围依然非常重要。

人的三重生命，把阅读作为延长人的精神生命的一种方式，这一点也是值得我们思考的。除了永新主席的阅读理念对我们有启发以外，更重要的是知和行的统一、理论与实践的统一。跟他交往这么多年，看着他把阅读理念贯穿于阅读推广实践，这一点我感受很深。如何为中国的孩子们打下坚实的阅读基础，这涉及读什么和怎么读的问题。阅读实践，过程很重要，效果也很重要，在一定程度上，"全民阅读"提供了一个范例。我觉得我们国家的阅读到了一个新时代、新起点、新转型的阶段。

少年强则中国强。没有少年阅读，就没有"全民阅读"的发展。我国有3亿多名少年儿童，他们的阅读状况始终是阅读的重中之重。各出版单位、各媒体在这12年中做出了很大贡献，但是在边远地区、农村地区、少数民族地区，阅读还是一件很困难的事，阅读条件还不具备，有的甚至可以说是无书可读。针对少年阅读，我们抓住三点：第一，爱读书。把阅读的理念加以推广，通过阅读，点亮中国孩子的中国梦，指引中华民族伟大复兴的方向。第二，读好书。我们现在有4万种少年儿童读物，在诸多出版物中确实存在读好书的问题，我们要提供更多适合中国少年儿童读的好书，让孩子在有限时间里读到精品图书。第三，善读书。善读书就是要对孩子、对少年儿童进行阅读推广、阅读辅导、阅读引导，特别是要进一步加强家庭阅读、亲子阅读。所以在阅读推广方面，在座的各位，我们的媒体，要利用各种形式来教孩子们怎么读，倡导家长带动孩子阅读。

魏玉山

　　刚才听了朱永新主席的演讲，非常受启发。朱主席是新教育理念的提出者，也是新教育实践的践行者，同时是"全民阅读"理念的倡导者，"全民阅读"推广活动的亲历者，对教育也好，阅读也好，做出了巨大贡献。

　　我补充一组数据。我们在今年的阅读报告中发布了一组城乡数据，关于图书阅读率，城镇居民阅读率达67%，农村居民阅读率达49.5%。城镇居民图书阅读量年均9.3本，农村居民阅读量年均6本。城市居民家庭平均藏书量62册，农村家庭平均27册。城乡之间在阅读普及率与阅读数量上，差距还是十分巨大的。当然在数字阅读、儿童阅读方面，同样存在这样的差距。

　　在城市，特别是大城市，全民阅读设施也好、氛围也好、环境也好，应该是相当不错的，阅读率、阅读量和发达国家之间差距不大。现在的关键是，农村阅读还很成问题。朱主席开头就讲到阅读的不均衡和教育的不均衡，这是我们面临的最大软肋。如何提高农村的阅读环境、基础设施建设，如何在农村建立起可持续的阅读推广制度，包括阅读推广人制度，我想这应该是一个非常大的问题，应引起重视。

张凌云

朱永新主席的分享引起我非常强烈的共鸣。

第一是做阅读这件事情比别人更容易幸福，更容易有获得感，给我感受特别深。我们做阅读，与其说我们在改变阅读，不如说阅读也在改变我们。今天在座的基本上都在从事跟阅读相关的工作，那种开心、那种沉静，长时间从事阅读的人真的不一样。

第二点，我们这几年一直不断努力改变阅读。掌阅从一开始就确立了"让阅读无处不在"的使命。一个爱阅读的孩子长大以后绝对差不了，好到什么程度跟其他相关，但一定不会差。后来我们叫"引领品质阅读"，阅读无处不在，但在这个过程中一定是好的阅读，而不是没有用的阅读。这几年我们在推广过程中也做了一些长期来看对阅读很有帮助的事情，包括李潘老师提到的《中国好书》，掌阅第一年有机会参与时，真的把它当成公益做。结果这件事情给我们的反馈，包括人们对严肃阅读和对好书的渴望远超我们的想象。

《中国好书》之后，我们做了《中国传统文化经典》数字化内容传播，截至目前我们做了三年多时间。当时我们也犹豫，这些看起来曲高和寡的东西有多少人愿意读？我们做了半年左右就受到了极大的鼓励和激励。我们发现年轻人对传统文化经典的认知远超我们的想象，根本不是我们认为的年轻人不爱读经典，完全不是。而且年轻人有自己的想法，这给我们更大的启发和体悟。

还有今天大家提到的青少年阅读。我们一直不遗余力做青少年阅读推广。我们会发现，其实数字阅读是一种便捷方式，而手机、iPad，它们的屏幕对青少年眼睛不那么有利，我们不断做改进阅读器相关的事情。

今天遇到朱主席，我觉得以后可以更好地做这件事情。朱主席他们做内容，我们做数字传播，做传播的人其实没有能力把内容做好，内容这件事情本来就需要工匠精神,需要积累,需要沉淀,今后能够结合在一起就更加完美了。

向 阳

今天能听到朱永新主席的演讲真的受益匪浅。

我们咪咕文化是中国移动旗下全资从事阅读、游戏、音乐等文化领域的公司。中国移动在阅读领域也做了很多工作。中国移动下属的慈善基金会,十年来在中西部进行了十万名校长培训,把中西部校长请到东部发达地区的中小学,共同教学和学习两周或者一个月。我们还做了2 000座中西部纸质阅读书屋和2 000间电子多媒体教室。朱主席在做阅读理论研究,我特别钦佩的一点是推荐书目,第一次有人做这类的研究,这是非常有价值的。

阅读对青少年教育至关重要,给中华民族的下一代看什么样的书,怎样让他们爱上阅读,其实也是一个重大的课题。在现在这个社会,电子阅读、游戏、资讯爆炸式增长,如何给青少年推荐更多更好的书籍,同时把电子书和纸质书有机结合在一起,这也是未来大家一起学习、共同努力的课题。在新时代如何吸引他们,把他们从电子的、资讯的,或者说更加刺激的、追求短期刺激的内容拉回来,追求这种长远的、对长期发展有利的内容,同时把电子书这种新的技术和传统的纸质书籍更好地衔接起来,我们希望能够有机会和朱主席的新教育机构以及研究所共同努力。

王 斌

听了朱永新主席的讲话,我谈三点体会。

今天朱永新主席把主旨定为"阅读的美好生活",这个点非常好。因为大家知道生活水平可以用金钱衡量,但生活品质是不可以的。不能衡量的品质意味着什么? 可能阅读是非常重要的内容或者方法。我们做出版的应该有更多的体会。

另外,朱永新主席提到,教育知识不断在压缩,营养在流失。我们现在面临着游戏的冲击和互联网化,功利心比较重。过去我们将粮食做成大力丸或者营养素,这其实是对阅读的伤害。我们在推广阅读时,在有些方面还需要把声音放大,正本清源。

还有一点非常震撼,朱永新主席在做书目的研究。我们是做出版的,我自己的体会是,很多年不去库房,看到库房里都是书,都是卖不掉的书。我们去书店,很恢宏,像宫殿一样。我一直纳闷,那里面的书有我们出版的吗? 这样,一想就特别焦虑。如果有,意味着是卖不掉的书,只是像一张壁纸一样起到装饰的作用。这里涉及一个很深的话题,每年我们出版这么多本书,但卖不掉。朱永新主席组织专家团队做学术研究,做中小学书目的研究很有意义。对我来说,不仅要出书,还应该出好书、出精品书,这一点可能要改变过去的逻辑。

遠保示坊

第十讲

郝林海

葡萄酒的情与色

扫描二维码
观看远集坊精彩视频

郝林海

　　宁夏贺兰山东麓葡萄与葡萄酒国际联合会主席, 宁夏回族自治区政府原副主席、政府党组原副书记, 宁夏贺兰山东麓葡萄产业园区管理委员会原主任。出版有水彩画集《水彩与俳》、散文集《杂琐闲钞》。

　　2012 年至 2016 年出席世界葡萄与葡萄酒组织大会, 并介绍中国葡萄酒产业和宁夏葡萄酒产区。2015 年获法国弗龙萨克公爵葡萄酒荣誉骑士称号, 为弗龙萨克公爵骑士团来中国授勋第一人; 2016 年分别获中国葡萄酒年度人物和中国酒业风云榜十大年度人物; 2017 年获国际葡萄与葡萄酒组织 (OIV) 颁发的"杰出贡献奖"(OIV MERIT), 为全世界华人唯一获此荣誉者。

主持嘉宾：

李德美　中国酒业协会葡萄酒分会副秘书长

特邀嘉宾：

王文章　原文化部副部长、中国艺术研究院原院长

王秦丰　全国政协委员，国家税务总局党组原副书记、副局长

刘伯根　中国出版集团公司副总裁

任学安　中央电视台著名导演、广告经营管理中心主任

蒋迎春　保利文化集团股份有限公司党委书记、董事、总经理

葛　珂　北京金山办公软件股份有限公司 CEO

梁志祥　百度管理层成员、副总裁

徐　红　北京中坤投资集团副总裁

蔡　宇　中国税务杂志社社长

王　强　人民教育出版社副社长

王晓晖　北京爱奇艺科技有限公司首席内容官

张明亮　中央广播电视总台环球奇观频道总编辑、总监

许丹丹　拼多多高级副总裁

张文晓　清华大学五道口金融学院战略合作与发展办公室合作发展总监

苏东平　济南大学泉城学院蓬莱葡萄酒学院院长

王珍芳　中国农业大学生物学院教授

文　蔚　著名书画家

陆长征　金枪鱼集团董事长

叶美琳　宁夏梅爱林陶瓷文化科技有限公司总经理

邵青松　宁夏立兰酒庄总经理

丁　健　宁夏嘉地酒园执行董事

孙园园　宁夏和誉新秦中国际葡萄酒庄总经理

刘雨涵　美夏国际贸易（上海）有限公司北京分公司销售主管

葡萄酒的情与色

我把有关葡萄酒的一些感受和大家交流一下。

我在宁夏政府工作了三届，一直负责管理葡萄酒这个事。现在宁夏葡萄酒在世界葡萄酒界有了较大的影响，也使得中国葡萄酒在世界上有了一定地位。

做葡萄酒事业必须坚持下来才能形成气候。葡萄藤长得很慢，葡萄酒产区的形成需要时间，中国有很多地方都是老产区，比宁夏产区发展得早，但现在名气似乎没有宁夏大，就是因为政府思路换得快，没有按照一个思路坚持干下去。有些大的省区，要干的大事多，思路变化多，领导变化快，今天种葡萄，明天种向日葵，后天又去搞别的了。恰好宁夏是个小省，我在宁夏政府工作了三届，一直在管这个事，专注且坚持，所以能连续下来。

我是1953年生人，今年65岁，实际上我之前一点也不懂葡萄酒。年轻时喝中国白酒，酒量还可以。我接触葡萄酒大概是在20多年前，法国一个代表团到宁夏去，偶然走进葡萄园，其中一位法国记者说这是酿酒的葡萄，非常棒。我说酿酒需要专门的葡萄吗? 我那时候还不懂, 他说是, 我才知道酿酒需要专门的酿酒葡萄。他说:"你这个地方太好了, 法国(种植葡萄)的条件不如你这里。"宁夏居然有这么好的条件! 后来我就对这个事情比较上心, 也逐渐喜欢上了葡萄酒。

2017年6月2日, 国际葡萄与葡萄酒组织(OIV)授予我"杰出贡献奖"OIV MERIT, 不少人问我, "到底是什么吸引你喜欢葡萄酒? "我想有两点: 一个是自然的东西, 一个是人文的东西。这也正是我今天演讲的题目"葡萄酒的情与色"。色者, 光热水土、本色、自然的东西、风土……; 情者, 爱恨情仇、趣味、喜好、人文的东西、思想……

一、自然的东西

葡萄酒是用酿酒葡萄酿造的。地球上适合种葡萄的地方很多, 葡萄的生命力虽顽强, 但是要种出高品质的葡萄却是有条件的, 并不是所有地方都能种出高质量的酿酒葡萄。比如大家常说的: 北纬、南纬38度较适合种葡萄, 主要是指地理条件和气候环境。在葡萄酒行业内有一个口头禅:"好葡萄酒是种出来的。"当然, 一杯好酒耗费很多酿酒师的劳动, 但是葡萄酒主要看葡萄好不好, 如果没有好的原料是做不出好酒的。葡萄的成熟度, 糖酸及其比例, 单宁和酚类物质的含量等都决定了葡萄酒的品质。以我国为例, 倘若某人说在江苏、广东、上海横空出世一片好葡萄酒产区, 有一座好的葡萄园, 有一个好酒庄, 酿出了一款好葡萄酒, 你大可以不必相信, 因为这些地方不可能在现有的自然环境条件下, 较大面积种出好的酿酒葡萄。这就像在我国西北沙漠种不出香蕉, 在江南水乡长不出冰山雪莲一样, 不同作物生长受不同环境地理气候因素制约, 大自然的法则是上天的安排。更为重要的是, 酿制好的葡萄酒需适时采收葡萄, 及时发酵, 就地陈酿, 不宜长途运输储存果实和汁液; 需依葡萄园风土和当年不同田块葡萄状态分罐细化处理, 以酿造不同风格特色的葡萄酒。

我从事葡萄酒这个工作后, 研究了世界上所有的葡萄酒产区的资料, 也实地调研了不少产区, 国内从新疆到东北, 我基本上都去看过, 有的地方还去过多次。我们国家真正具备形成大面积葡萄种植产区的并不多，适合种植酿酒葡萄的绝大部分是埋土区。中国很多地区并不适合种植以酿制干型酒为主的欧亚、欧美葡萄品种。

中国适合种植酿酒葡萄的地方有宁夏贺兰山东麓、甘肃河西走廊、新疆部分地区，还有西南部分地区，比如云南、四川部分区域。有些地方虽然整体气候不适合，但可能某一海拔、某一块地方适合，比如说云南香格里拉某些地方，小的区域可以种，但是形不成大产区。

葡萄产区是受自然条件限制的，所以葡萄酒的产区不是一个行政区划，它需要一个气候地理环境，大体上相似，当然会有一些差异，可以集中、成片种植葡萄藤。我国对葡萄种植面积的统计比较乱，综合国际葡萄与葡萄酒组织和中国酒业协会的数据，我估计目前全国种植酿酒葡萄面积在150万亩左右，其中宁夏占55万亩，这应该是中国最大的集中连片酿酒葡萄园了。

宁夏贺兰山东麓这个区域非常特殊。贺兰山实际上像沙漠海洋当中的一座绿岛，周边都是沙漠，只有东面一个大缓坡延伸至黄河，这个大缓坡就是我们说的贺兰山东麓葡萄酒产区。造物主使贺兰山与黄河配合得很好，都是南北走向，合围了一块土地，这一块地方是最适合种葡萄的——一座山，一条黄河，中间种葡萄，四周是沙漠。

葡萄酒爱好者会有他喜欢的产区和酒庄。他会注意某一年这个产区气候怎么样，通过气候的变化来了解当年的葡萄怎么样。大体上应该是降雨量比较少、光照比较多的年份，这样葡萄的成熟度会好一些。不同产区、不同年份的品质是不一样的。宁夏贺兰山东麓产区年年都是好年份，因为这里的降雨不超过300毫米，这里有黄河，它是可控水，保证了葡萄和酒的品质，这是多少葡萄酒专家非常羡慕的。很多知名产区不具备这些条件，往往降雨量很多，光照不够，或光照够了，但没有可控水，没办法。

宁夏降雨量很少，需要水的时候有黄河，一座挡风的山，一条可控的河，三面环绕的沙土，形成了这样一个特殊的产区。这个条件是自然安排好的。这个条件早就在那里了，但是我们之前不懂这些，所以它没有成为历史悠久的产区。现在虽然做得很不错了，但还是年轻的产区，只有将近20年历史，不过之前也零零散散的有种植、有酒厂，但还没形成产区。

酿造葡萄酒要种葡萄藤，要有葡萄园，要具备土地等自然条件才能保障。特别在看过一些历史悠久的国外著名产区以后，就知道中国的葡萄酒产区建设还是很落后的，没有形成真正的产区，也还没有形成产区文化。

但是你要了解中国情况以后，就知道中国具有潜在的发展优势。我对宁夏产区了解更多，所以还是以贺兰山东麓为例来讲。我们去过世界上那么多地方，很多地方做陈酿型干酒的条件不如宁夏，差远了，勃艮第、波尔多、门多萨等等，它们的基本条件都不如宁夏。除了我刚才讲的这样一个大的气候地理环境以外，宁夏的优势具体还有这么几点。一是昼夜温差刚好，我国西北有些地区的葡萄很甜，瓜果很甜，但是过甜的葡萄做不出好葡萄酒，因为酸度上不去，不匹配。而宁夏贺兰山东麓的昼夜温差恰到好处。二是降雨少，阳光充足，但是又有黄河水，它是人可以控制的，从而使葡萄的糖酸适度，酚类物质丰富。最主要的是，相对湿度比较小，干燥，但是又不能太干燥，太干燥葡萄还没熟就变成葡萄干了。宁夏贺兰山东麓这个相对湿度刚刚好，这是人为控制不了的，是大自然形成的一个优势。再一个就是土壤，葡萄藤不种在肥沃的农田里边，葡萄藤比较偏好相对贫瘠的透气的砾石与灰钙土，沙土交融的土壤有利于根的伸展，形成葡萄酒丰富的风味特色。

中国绝大部分地方种植葡萄要埋土，就地用土埋起来，看起来是增加了成本，实际上形成了埋土区葡萄特殊的风土特色。宁夏产区发展起来以后，国内外的专家和爱好者都在琢磨这个问题，到底为什么宁夏的酒就好？有各种各样的原因，除前面说的光照、湿度、土壤、可控水外，其中就和是否埋土以及埋土的深浅有很大的关系。葡萄藤有六个月休眠期，宁夏、甘肃、新疆的葡萄藤冬眠了，来年再挖出来。这与世界上许多产区形成鲜明的环境差异，导致葡萄和葡萄酒品质的差异。的确，睡觉的葡萄藤与不睡觉的葡萄藤不一样，冬眠的葡萄藤与不冬眠的葡萄藤不一样。

由于自然条件这样的特色,再加上走了一条"小酒庄,大产区""酒庄酒"的正确道路,宁夏贺兰山东麓产区创造了很多葡萄酒业界奇迹。

我们具备做世界一流葡萄酒的基础条件。虽然葡萄酒是个洋玩意儿,但恰恰是自然的东西吸引了我,恰恰是它的"土气"吸引了我。太阳、土地、刮风下雨、霜冻……

我经常被问,这款酒怎么样?那款酒好吗?我想,既然自然条件对葡萄酒如此重要,那么首先要尽可能地知道你说的这款酒的来源,才能大体上知道这款酒到底怎么样。沿着产区、酒庄、品种、年份的蛛丝马迹可以找到判断这款酒好坏的路径。主要是要知道这款酒的背景,它的产区是哪里?它有没有产区?是否在葡萄园内酿造?倘若是一款进口酒,则需要了解进口商及其信誉。

这件事看似很简单,但是在中国做很难,因为商业化太厉害了,我们的信息不对称,说的是一款什么酒,包装那么精致,但是很有可能就是一款伪酒。有一次我参加国内一个规模很大的展销活动,走到一个展位,对方看你像业内人,就会问你到底要什么?他告诉你,80元的"拉菲"也有,8万元的也有。拉开抽屉,可以看到各种酒标。仅从外观很难判断葡萄酒真假优劣,如果不品尝就判断不出来。我经常讲,马桶盖、奶粉这些东西,大家一定要跑到日本去买吗?它们有可能就是中国制造的。但是也别忘了,你是因为日本的信用体系觉得买着放心,才造成了非要到日本去买。

说到这里,有必要讲讲中国的"三瓶葡萄酒"。中国的市场上大概有22亿瓶葡萄酒。"第一瓶"是国产的工业化酒,就是工厂生产的,大体上有13亿瓶;"第二瓶"是进口的酒,有7亿至8亿瓶;"第三瓶"是国产的酒庄酒,大体上有2亿瓶,其中在宁夏生产的约为1.2亿瓶。

第一种,工厂酒。主要是没有满足规模需要的自己的葡萄园,其原料要在全世界买,哪里便宜到哪里买,才能满足大规模的生产要求,小的几万吨,大的十几万吨。它是工业化生产的葡萄酒,糖不够加糖,酸不够加酸。这也是葡萄酒，但由于规模大，无法根据不同田块葡萄当年状态细化精酿，是偏低档的葡萄酒。

第二种，进口酒。如果你在法国、欧洲、澳大利亚、美洲买一瓶葡萄酒，品质不错且价格不高，可能几欧元就能买到很棒的酒，但是你很难在国内买到这样的酒。如何鉴别选择出正规、守法、有信誉的渠道是关键。一般的消费者日常购两瓶酒，很难操作。2015年时我们的葡萄酒进口商有4 000多家，现在有5 000多家。

第三种，酒庄酒。酒庄酒的主要特征就是酒庄设在葡萄园里，葡萄来自自己的葡萄产区，每款酒都能看到与它对应的葡萄藤。以宁夏产区为例，大体上一亩地种200至300棵葡萄藤，产量限制在一亩地产500公斤，大概一棵葡萄藤生产一瓶酒，每瓶酒从藤出土到启瓶倒入消费者杯中，至少需要两年时间。在中国酒庄酒还是太少了，全中国估计不过几百家，而法国仅波尔多一个产区就有9 000多家。

涉及"自然的东西"，还有一个比较流行的小概念，就是葡萄酒的"风土"。这个"风土"比产区的概念更小。风土条件是地块的概念，法国人认为，在同一产区里，这块地和那块地都有不同，葡萄的成长结果也有差异，这个概念在法国勃艮第产区已有千年的历史了，"勃艮第风土概念"得到了联合国世界文化遗产的认可。这块地坡度怎么样、渗水怎么样、土壤怎么样、微量矿物质元素怎么样、更适宜哪些品种的葡萄等。虽然投资人可以把葡萄园买来买去，但是田块自然状态没有变。勃艮第的酒现在是最贵的。风土观念认为，主要是自然环境决定了葡萄的不同，从而影响了葡萄酒的品质特色，"风土"里也有人的作用，比如说，人对葡萄园的管理、架型怎么架、肥水怎么用等，但这不是主要的，主要还是自然的。

酒庄酒有风土，是说有葡萄园才有风土，没有自己的葡萄园就没有风土。酒庄酒是要和葡萄园对应的，与产区对应的，与大自然对应的。

意大利托斯卡纳葡萄酒庄

二、人文的东西

葡萄酒第二个吸引我的地方——葡萄酒承载着文化，它的背后有文化。葡萄酒是无国界的语言，也是和西方交流的平台，我本人既不懂英语也不懂法语，但是我可以和同行交流。这个怎么理解？觥筹交错间，浅啜轻尝时能体会到不同文化、不同文明的碰撞融合。

葡萄酒是含酒精的饮料，是商品。但是葡萄酒不仅仅是饮料。这好比汉字，当汉字作为书法出现的时候它是艺术。汉字人人能写，但使它成为"书法"那是高层次的事了，不仅仅是字。葡萄酒文化亦如此理。

葡萄酒承载了太多的西方文化：宗教（《圣经》）、生活方式、行为方式、价值观、思维方式。这类似于中国人的茶与茶文化，汉字与书法艺术。我对西方葡萄酒文化的理解：自然的果实、传统的工艺、工匠的执着、品鉴的细腻、多

远集坊第十讲嘉宾合影

元的追求、独特的个性、情趣的浪漫、美好的企盼、微醺的感觉。

对中国而言，葡萄酒是舶来品。它较多地承载了西方的文化价值。文化是要相互欣赏的，所以中国人想了解葡萄酒需要以欣赏的眼光来看它，多一些好奇心。

追求特色和个性是葡萄酒重要的文化价值观。每一款葡萄酒都是不同的，源于品种、产区、酒庄、风土和酿酒师的不同。如音乐的七个音符，不同的曲作者犹如不同的酿酒师，可创作不同之妙曲，葡萄酒没有异口同声、同声高唱的"国际歌"。葡萄酒没有统一的国际标准口味，葡萄酒无神祇。

葡萄酒是洋人的东西，舶来品，但是在圈子里面个别中国的专家也有不同意见，认为葡萄酒就是源于中国的，说我们在九千年前的河南舞阳考古遗址中发现了葡萄酒。我觉得这有些牵强。

不管怎样，葡萄酒是文化的产物，除了能直接调动人的情绪之外，在西方它还承载了文化的内容，它和宗教、建筑、艺术、哲学、天文等都有关。《圣经》里面多处提到葡萄酒，说葡萄酒是上帝的血液。马克思的著作里面引用了大量的案例，是关于葡萄酒的，他也是葡萄酒的爱好者，恩格斯资助他时给他送过不少葡萄酒。

对待文化要有一颗谦卑的心，要用一种欣赏的眼光看人家，发现人家的好，学习人家的好，同时知道自己的好，坚持自己的好，这样才是一种好的心态。

我最欣赏葡萄酒文化的多元与个性，这是葡萄酒传递给我们的重要文化价值观。懂得葡萄酒是多元的、个性化的，才能形成对葡萄酒的好坏判断。

过去，我出国考察一般不进教堂，但前不久国际葡萄与葡萄酒组织给我授奖的时候，我路过西班牙的科尔多瓦内胆大教堂。看后使我感触很深，使我想到了葡萄酒多元与个性的文化来源。那里现在是大清真寺，过去是罗马教堂，为什么叫"内胆"？一层套一层，文化是交织在一块的。你中有我我中有你，看完这个教堂我深有感触，我在我的散文里写道：世界是多元的，文化是融合的，战争是残酷的，宗教是相通的，语言是借鉴的，文明是反复的，建筑是混搭的，葡萄酒是要多喝的。

坐在街头喝葡萄酒，看着来来往往的漂亮、真诚的人，看到树枝上的麻雀。实际上每个地方的麻雀外形都不一样，有的羽毛颜色深浅不一，有的头顶深色，有的胸前深色，嘴巴周围是红色、黑色和黄色。从围在一起吃东西的表现来看，状况也不一样。如人之不一，性情不一，习惯不一，文化不一，基因不一，人种不一，从中我看到葡萄酒的多元化和个性化。

"中午吃饭的小饭馆表演弗拉明戈，吃饭的人随性地呼应，或唱或跳，自然本性。塞维利亚大教堂，恢宏而精细。人类的进化，得益于文化、宗教、建筑、语言的继承，交流和借鉴。我们自豪中华文明自成一脉，几千年来没有中断过。没有中断就好吗？自成一脉就好吗？"葡萄酒让我这个老头生出这么多感慨。

吃鸡蛋也体现个性化特点，拿一堆生鸡蛋，放个锅，用一支笔做记号，啊哈，一枚自己煮。水永远开着，鸡蛋的软与硬对一个人的喜好来说太重要了。每个人都有自我，社会与文化承认和尊重这个自我，各个自我又形成多元且个性的社会文化。每一枚鸡蛋的软与硬，每一杯葡萄酒的好与坏，逻辑是相通的。

这就是西方文化价值的"硬道理"。了解葡萄酒产区，了解酒庄，了解某款酒，犹如了解一门艺术，了解一个艺术家，了解一件艺术品。爱好各由人，如歌词"人世间有百媚千红，我独爱，爱你那一种"。

葡萄酒，一言以蔽之，"情与色"。"色"就是自然赋予的，自然的就是本色的，葡萄藤、阳光、风雨、泥土、砾石、果实，这是它的本色，客观的。"情"就是人文的，态度、情绪、趣味，趣味对人太重要了。一个人倘若无趣味，空活百年又何如？

最后，用我的一首诗《葡萄藤说》结尾：

Ladies and Gentlemen
葡萄藤说，

当蔓芽在砾土中萌动
一杯葡萄酒就开始酝酿
它伸伸懒腰
等待果农掀开它的棉被
冬眠醒来

我知道
你想喝一杯葡萄酒
你犹豫
面前摆着三瓶葡萄酒
一瓶气势规模宏大，工厂制造，哈哈……
一瓶浑身洋文字码，据说名庄进口，嘿嘿？
一瓶源自中国酒庄，从葡萄藤上摘下，噢！

当枝叶与阳光风雨缠绵
一杯葡萄酒就开始酝酿
厮磨每夜每天
孕育单宁酚类糖与酸
储蓄积攒

我知道
你想喝一杯葡萄酒
你纠结
有人给它披上奢侈的外衣
它当然奢侈
风霜雨露打磨的金贵
春夏秋冬滋润的儒雅

当果实被风土包裹
一杯葡萄酒就开始酝酿
山川田地土壤
种出香气结出平衡长出味道
丰腴又骨感

我知道
你想喝一杯葡萄酒
你困惑
赤霞珠黑比诺西拉马尔贝克
葡萄酒没有国际标准口味
喜欢的就是最好的

道理如此简单

当窖醇弥漫暗香
我斟一樽美酒与你对望
你喝得快我酿得慢
你变得快我长得慢
葡萄藤说

我知道
你想喝一杯葡萄酒
我当然知道
你想喝一杯好葡萄酒

Ladies and Gentlemen
葡萄藤说,

趁我微醺的时候
先告诉你一个秘密
懂得了我就懂得了葡萄酒
因为葡萄酒是种出来的
喜欢你自己就喜欢葡萄酒
因为你优雅你复杂你挑剔你个性

嘉宾讲坛

王文章

　　刚才听了郝先生讲解葡萄酒，我不喝酒，但是葡萄酒作为一种文化令我非常向往，所以看到爱葡萄酒的人，我常有仰视之姿。郝先生对葡萄酒做了一个深度的分析，不仅讲了"情与色"，还讲了葡萄酒内在的文化价值，我听了觉得很清晰，对葡萄酒文化的理解加深了。我的一点感受是，葡萄酒实际上是大自然的气息跟人性的一种融合，这种融合有高下之分。现在有很多细分的葡萄酒品牌，我虽然不喝酒，但是听过一些西方的酒品牌。一说葡萄酒我们就想到西方的品牌。刚才郝先生讲中国有很好的自然条件，可以生产一流的葡萄，但是我们现在提起葡萄酒就想不到中国的品牌。当然这需要时间，我相信若干年之后，一定会有世界性的宁夏葡萄酒品牌。

葛 珂

一进葡萄酒店，就能看到非常多品种。葡萄酒文化追求个性化。但是我们的习惯是，时间很紧张，追求高效率，想在最短的时间内体验到葡萄酒的内涵。所以在过去，大家推荐好的酒我就直接买，比如说拉菲、拉图等。今天听了郝主席的讲解，我感觉，喝葡萄酒的重点不是喝下那杯酒，而是体验品酒的过程，体验那种美好的享受。

苏东平

我去过宁夏，也去过非常多的酒庄，三级、四级的都去过。在酒庄的葡萄园看他们的葡萄园林和酿酒车间，看他们的酿酒流程，以及到他们的酒窖里面品尝。我们中国人真的是非常具有工匠精神。今天在这个文化沙龙当中，郝主席讲得非常清楚，葡萄酒本身就含有自然属性和社会属性。自然属性包括气候、土壤和坡度，这一切都是为了让葡萄快速成熟，好的葡萄才能酿出好的葡萄酒。然后就是社会属性，包含着酿酒师、工人、农民。果农在葡萄园采摘，是精选颗粒还是用其他什么方法，这都是与人相关的。今天讲座题目起得特别好，就是"情与色"，我们用眼睛欣赏葡萄酒的颜色，非常美丽；我们通过味觉品尝它的口感给我们带来的愉悦。实际上葡萄酒给我们带来快乐，喜欢喝葡萄酒的人都是热爱生活的人，品尝葡萄酒是了解葡萄酒的最好方式，尝到以后才能给你带来感受。

我们要用中国人的语言和文化讲述中国的葡萄酒，品尝中国的葡萄酒。我们很多人某种程度上还存在文化不自信，总觉得国外的酒好。法国拉菲品牌在亚洲只选择了山东蓬莱建酒庄，今年8月8号开庄，非常谨慎，条件苛刻，正常的话，5年之后才能酿出来稍微好一点品质的葡萄酒，需要精心培育和呵护，但是最后能给你带来一个非常好的身心享受。

大家喝葡萄酒的时候，要平衡，你觉得舒服那就是最佳，适合的就是最好的，你觉得不过酸，也不过涩；再一个就是香气和口感，复杂、富有层次，值得回味；最后就是有个性，这款酒能被你记住，这就是给你带来的愉悦。

李德美

葡萄酒是一种舶来品，欧洲盛行葡萄酒文化。我们中国葡萄酒人现在正在他们的传统领域里找回我们的自信。十几年前我们还在质疑本土酿的酒获了奖，现在本土葡萄酒获奖已经不再是新闻了。

我们的传统酒主要靠消耗粮食酿造酒，酿酒原料占用耕地。但是种植葡萄不占用耕地，它利用的是传统农耕用地以外的荒滩地、荒漠地。当今社会科学技术发展了，机械水平和成本承受能力提高了，所以那些土地也可以加以利用，种不了小麦的土地，我们可以种葡萄酿酒，同样能够产生经济效益，满足我们对社会、对酒精饮料的需求，还可以精准扶贫。

刘伯根

刚才听郝先生跟我们分享的精彩内容，很有收获，一是增加了自豪感，我们不仅可以酿出葡萄酒，宁夏这些产区还可以酿出世界一流的葡萄酒。

二是，咱们纪念马克思诞辰二百周年，马克思讲世界是物质的，存在决定意识，物质决定精神。酒恰恰是这样一个产物，酒本身是物质的，喝下去却影响了我们的精神，这是很神奇的一点。

此外，我们平时做出版，我们提供产品，最底层的就是一种信息，比如新闻类的信息、社会上热点的新闻。第二层次就是知识，将来会有用。第三层次是文化。这三个层次，葡萄酒文化都有涉及。

蒋迎春

今天收获确实很大。我接触红酒还算比较多，我们主要销售的就是法国酒，做了9年，销量还可以。我们的兄弟单位保利国际也做进口酒。今天第一次了解到宁夏有这么好的条件，"情与色"这个主题妙，我确实没想到"色"这一点，因为以前对宁夏酒的了解仅限于"宁夏红"。在"情"的推广部分，我们非常乐意，我们公司本身就致力于推广中国品牌。关于文化这个部分，我觉得葡萄酒文化是从西方传来的，我们先扎实学好，然后再创新。

王　强

我接触更多的是国外红酒，对国内酿酒方面的环境、地区、品种的了解很少。今天听了郝先生精彩的讲解以后，才知道中国土地上能够有这么好的地方，能酿出这么好的酒，对国产红酒，特别是宁夏红酒有一个更深的认识。好葡萄离不开好的风土，好酒是种出来的，怎么能够让大家更好地了解宁夏葡萄酒，这是一个很大的课题。

王珍芳

我们国家的酒为什么贵，因为劳动成本高。在法国不需要埋土，它是自然条件赋予的；以我们现在的劳动力，必须要挖土、埋土，然后还要起土，大家算一下劳动成本。这种情况下，国产的酒怎样发展？跟大家讲一个笑话。有一次我带着自己的酒去法国，到波尔多葡萄与葡萄酒研究中心，我们有一位副所长去做讲坛。很多业内人士、酒庄庄主喝了我们的酒，说："你们都做出这么好的酒了，我的酒卖给谁去？"法国人的酒为什么好？这里有历史原因。他们在小孩子还小的时候，用筷子蘸点酒放到孩子嘴里说："这是好酒。"小孩大脑深层就记住了"这是好酒"。所以，我们要发展自己的酒，改革中国的酒。我从小培养我的孩子，让他尝尝我的酒就是好酒。什么叫好酒？自己喝起来适合自己，感觉好，"我喝了很爽"，这就是好酒。

远察坊

第十一讲

郑渊洁

作家最好的理财方式是维护版权

郑渊洁

著名作家、慈善家。坚持一个人写《童话大王》月刊 33 年，创作文字超过两千万。创作了皮皮鲁、鲁西西、舒克和贝塔等多个经典文学角色。

在保护知识产权方面，郑渊洁与侵犯著作权的行为进行全面斗争并取得了良好的效果。2018 年 2 月 28 日，经郑渊洁 14 年艰苦维权，国家商标评审委员会（正文称"国家商评委"）宣告"郑州皮皮鲁西餐厅"恶意抢注并已使用 14 年的皮皮鲁商标无效，此案在商标领域被称为里程碑式的事件。

2008 年 7 月，获得中国青少年发展基金会希望工程颁发的"特别贡献奖"；2008 年 12 月，时任国家主席胡锦涛向郑渊洁颁发"中华慈善楷模奖"；2011 年 3 月，获选国务院中国扶贫基金会"爱心使者"称号；同年，被国家新闻出版总署授予"反盗版形象大使"称号。

主持嘉宾：

肖丽媛　人民文学出版社副总编辑

特邀嘉宾：

于友先　原国家新闻出版署署长

诸敏刚　知识产权出版社有限责任公司董事长兼总经理

汪　忠　浙江少年儿童出版社社长

高世屹　中国美术出版总社副社长

于　青　人民出版社原副总编辑

毛文凤　江苏可一文化产业集团董事长

商婷婷　江西金太阳教育研究有限公司董事长

吴晨光　北京一点网聚科技有限公司总编辑

庞大智　网易公司企业发展副总裁

贺　亮　北京企鹅童话科技有限公司 CEO

肖　盾　北京一起科技有限公司联合创始人

靳　鑫　北京小鸡磕技文化创意有限公司 CEO

高仲滨　盛大游戏有限公司 CEO 特别助理

崔宏智　爱阅读（北京）科技股份有限公司总经理

杨　涤　爱丽丝绘本馆创始人

陈瑞福　上海瑛麒动漫科技有限公司董事长

史　妍　童趣有限出版公司副总经理

高　山　锐拓传媒 CEO

作家最好的理财方式是维护版权

　　1978年的时候我23岁。我上小学四年级的时候"文化大革命"开始了，之后我就再没上学。我15岁就当兵了，维修歼击机，在座的浙江少年儿童出版社的社长（现在我的书主要是在浙江少年儿童出版社出版）就是歼6战斗机的飞行员。我维修的是歼6战斗机，我是军械员，维修歼击机上的导弹、瞄准具、机关炮。那时候我们是很羡慕飞行员的，因为他们每天是3块钱的伙食，我们地勤人员是1块钱。五年以后我复员了，在北京当工人。

　　当工人时，我交了一个女朋友，我很爱她，准备娶妻生子。结果我的"恶运"就来了，因为1977年国家恢复高考了。为什么说恢复高考后我的"恶运"就来了呢？我女朋友的爸爸妈妈本来对我很满意，我是北京户口，是二级工，每个月41.75元的工资，这是什么概念？当时吃全聚德的烤鸭，5块钱两个人吃还吃不完。恢复高考以后，他们跟女儿说："你要让郑渊洁参加高考。"为什么？他们说："我们不想让工人给我们当女婿，我们要让干部给我们当女婿。"我觉得我可以参加高考。我虽然只上过四年小学，但是修飞机要先进行培训，数理化我都要学。但是，高考这种事，我要自己想考可以，别人跟我说"你必须怎么着，然后才能怎么着"，我的性格是不接受的。

但是她爸爸妈妈很聪明，他们知道如果父母干涉女儿的婚事的话，等于"抽刀断水水更流"，她爸爸妈妈让儿子——我女朋友的哥哥出面。她哥哥就说要面试我一下，我们约好了在师范大学的南门见面，当时推着自行车，面试7分钟就结束了。他回去就跟他妹妹说："郑渊洁是个笨蛋，你千万不要跟他。"他妹妹问为什么。她哥哥说："你放心，哥哥看男的特准。"他妹妹就屈服了。我也不明白为什么她哥哥看男的特别准。后来我看了一部电影才恍然大悟，那个电影叫《断背山》。

当时我很受打击。我一周没吃饭，躺在工厂集体宿舍的双层床上，迅速消瘦，掉了十多斤肉。但是我也不能想不开。我想，我就不上大学了，我要走一条不上大学、让她爸爸妈妈以后打开电视就能看到我、打开报纸就能看到我的路，我要出人头地，要有出息，做一个对国家和社会有贡献的人，让他们后悔。《圣经》里面有一句话：灾难里面有黄金。我很感谢她的父母，非常感谢，如果没有他们这个决定的话，我绝对不会有今天这样的成就。现在我应该就是一个下岗工人，在筒子楼里一直住到现在。

我撕了一张挂历，在挂历背面把所有我可以从事的职业都写下来，一个一个排除。最后留下了两个，一个是学外语，一个是写作。我知道文章写得好就可能被调到出版社去，那个时候不看文凭，有很多这样的事例。外语学得好也行。我就开始写作、写诗，从1977年开始发表作品。但是写了一年以后，我感觉我写诗写不过别人。我跟那些诗人在一起吃饭的时候，他们随便打一个嗝儿都是千古绝句，我却一辈子也写不出来。我喜欢毛主席的一句话：打得赢就打，打不赢就走。不要拿自己的短处和别人的长处做竞争。

我想那就换一个题材试试，不写诗了。有一天，我到北京一家新华书店，买书的时候看到一个小孩问：有没有儿童故事书？服务员说没有。我记得我小时候看过很多儿童作品，1978年那个时候却很少。那时我订了《人民日报》，有一天，我打开《人民日报》，看到里面有一篇豆腐块文章，说中国可能要实行计划生育政策了，以后可能只让生一个孩子。这篇文章给了我启发：一家有三个孩子，可能爸爸妈妈只会买一本书给孩子们轮流看，但是如果只有一个孩子，家长就会给他买30本书，因为家长不知道怎么着好了，输不起了。那我就给孩子写作吧。

我们工厂有阅览室。我不知道有哪种儿童期刊可以投稿。我在阅览室的书架上看到一本24开的双色印刷杂志《向阳花》，我翻开它的版权页，看到是河南人民出版社出版。我写了生平第一首童话诗《壁虎和蝙蝠》。我把那本杂志的版权页抄下来。我们这个岁数的人都知道，当时寄稿子不用花钱，信封右上角铰一个口写上"邮资总付"，按现在的话说叫"到付"，然后就寄出去了。

第一次是很重要的。如果这个稿子被退回来，我有可能马上转向，因为我当时列了很多要尝试的行业——写长篇小说、报告文学等，最后一个我记得是说相声。但是我会用这种排除法，一个一个打叉。我第一次尝试的是儿童文学，如果这个稿子被退回来，估计我接下来就不会写了。

大家来看看我的运气。河南人民出版社在郑州，当时没有少年儿童出版社，而是叫少年读物编辑室，这个编辑室有一位编辑。当时他妈妈患病住在医院，他每天陪床照顾母亲。每天早上，他到编辑部将来稿拿到医院。他一边照顾母亲一边看稿。有一天，他拆开一件自然来稿，就是我的投稿。他一看，觉得写得很好，然后就给我手写了一封采用通知信。之前我发表诗歌的时候，收到出版社编辑的采用通知或者退稿信都是铅印的。空着的地方填写作者名字，比如说退稿就写"郑渊洁同志来稿收到，经研究不拟采用，现将原稿退还。此致。革命敬礼"。但是这封信是手写的，A4纸都写满了，除了盖章还署了他的名字，信中不仅夸道"你这个作品写得好"，他还跟我交流说，"为孩子写作是件很了不起的事情，也是大有作为的事情，希望你能坚持下去，因为我们中国的孩子有2亿多，我们需要给孩子写作的人，而你有这个潜质"。我一看就有自信了。这封信是1978年5月30日收到的，今年是我童话创作40周年，这个作品刊登在《向阳花》1978年第四期上。这给了我巨大的自信，后来我就一直写童话，写到今天，已经写了两千万字，我的作品书刊总印数已经超过3亿册。当年这位编辑叫于友先。后来于友先从郑州那家少儿期刊的编辑成长为新闻出版总署署长。现在于友先署长也在现场，我要向他表示感谢。

2001年2月10日，皮皮鲁和鲁西西30岁生日庆典的时候，于署长参加了皮皮鲁和鲁西西的生日庆典，他和我在台上拥抱，他说："郑渊洁，咱俩这个经历是中国改革开放30年出版文学界的一个缩影。"当年，他是一个编辑，我是一个工人，经过我们的努力，现在我成为作家，他成长为国家新闻出版总署的署长。这真是一个完美励志的中国梦。

我不太看重文学奖，尤其是花钱运作出来的文学奖，比如花400万元运作的国际童话奖。只要是花钱运作的，在我眼中都一钱不值。但我看重2008年世界知识产权组织颁给我的"国际版权创意金奖"。当时给我颁奖的是新闻出版总署阎晓宏副署长，我之前和阎署长不认识，当时我在外边参加一个签售活动，我的助理接到电话，说有这么一个奖，我本能地说不要。助理说不是文学奖，是版权创意金奖，是版权方面的奖项。此后，我觉得获这个奖非常荣幸。还有2008年国家新闻出版总署和版权局、扫黄打非办颁发给我的国家"反盗版形象大使"称号，我如获至宝，到现在证书还挂在我家的墙上。

现在一些机构让我去演讲，我讲得最多的不是家庭教育，不是写作，而是理财。作家最好的理财方式就是维护知识产权。

没有文化实力的国家，不可能成为真正意义上的强国。要想让国家有文化实力，必须要尊重知识产权。

我到知识产权局去演讲的时候说了一句话："在我眼里，政府机构最重要的就是三个：国防部、知识产权局、版权局。"国防代表硬实力，知识产权和版权代表软实力。如果知识产权得不到保护，就会打击创作的积极性。如果你知道你写的东西不属于你了，所有人都可以拿去营利，这会让你很烦恼，你就不会有创作激情。

我一开始遇到被盗版的事情，采用的方式就是积极维权。我1985年创办了一本只刊登我一个人作品的《童话大王》杂志。这个杂志创办的时候，我想把它写30年，现在已经写了33年，印数超过2亿册。我每天必须写6 000字，开始我是上午写作，因为白天总是有事。后来我改为早晨写作，因为4点半到6点半这段时间任何地方都不可能搞活动。我天天早晨4点半开始写作，雷打不动，到现在已经写了32年，一天没有间断过。所以我白天就是全世界最闲的人。有人问我白天干什么。我白天就维权。

我的感受是，国家保护知识产权的力度确实越来越大。开始的时候，我还是单枪匹马，叫天天不应，叫地地不灵，多次发声明说要罢笔不写了，因为我写出来的东西不属于我。后来情况越来越好了，政府出台了各种法规。《童话大王》杂志每期刊登律师声明，我的读者都成了我的卧底，他们会向我举报。2011年3月4日半夜，我接到线报，北京通州张家湾的一家正规印刷厂正在盗印皮皮鲁系列图书，我带上助理在半夜去了北京通州张家湾的那家印刷厂，他们是有营业执照的。我进去以后就看见他们在印我的书，我就说："这是我的书。"旁边那个小伙子说："什么你的书？这是张老板的书。"张老板应该就是盗版书商。我就把封面前勒口的照片让他看。他愣了一下就走了。过了几分钟，我的身边出现了十多个膀大腰圆、拎着铁棍子的人，他们把我和助理围住了。这时候我才知道，英雄真的不好当。但是我的助理是值得嘉奖的。她就发了一条微博，艾特（@）了"平安北京"微博，说郑渊洁现在抓盗版被限制住了，在张家湾一家印刷厂。十几分钟以后，十几辆警车就把印刷厂包围了。当荷枪实弹的警察出现在我面前的时候，我就想，还有什么理由不好好写作呢？

这个事情让我很受鼓舞：只是发了一条微博，艾特了一下"平安北京"，十几分钟之后就来了这么多警察。我们版权执法机构、版权保护机构保护知识产权的力度越来越大。

还有一种侵权的行为，就是出版社隐瞒印数。什么叫隐瞒印数？他们同作者签版税，根据定价按比例抽成。如果他们不告诉作者实际的印数，比方说告诉作者印了1万册，实际却印10万册，那9万册的版税就没有了，这也是一种侵权。我怎么知道这些信息的呢？我有一套书，20世纪80年代在南方一家出版社出版，当时他们让我签售的时候，创造了一个纪录，在长沙签了整整一天，签出去12 000本书。签完这本书，过了一段时间，我收到一封读者来信，写信者是个小女孩，她说："郑叔叔，你的书版权页上的印数不是实际印数。"我问什么意思。她说她爸爸是印制科科长。她就把实际印数复制下来寄给我了。我就给社长打电话反映情况，当我把实际印数透露到个位数的时候，他就不说话了，他说他查一下，他真不知道这个事。几个小时以后他给我打电话，他说是真的，是副社长干的。他说把隐瞒的版税补给我。我说合同里好像有一条就是瞒数要有赔偿吧？他说要是赔偿的话我们社就垮了，这个数太大了。后来只补发了版税。

这种情况后来还不断遇到。我怎么知道的这些隐瞒印数的信息？总会有知情人给我提供信息，大都是出版社内部的人。

我觉得出版社应该是维护版权的标兵、模范，不应该向作者隐瞒印数。有一句话叫"纸里包不住火"。

1988年，我授权上海美术电影制片厂拍摄我的作品《舒克和贝塔》的动画片，拍摄完以后就播出。过了大概一年时间，市场上开始出现《舒克和贝塔》的连环画图书，根据动画片改编的连环画铺天盖地。现在的年轻人小时候看的是白皮、精装的书。我跟制片厂签订的合同里没有约定衍生品的权利。根据《中华人民共和国著作权法》规定，我理解演绎作品的著作权归演绎者所有，但是根据演绎作品再派生其他形态的作品，比如说图书、舞台剧等，要获得原著作者的授权，原著作者有获得经济报酬的权利和署名权。

当时，这本书盗版情况很严重，我多次维权效果都不好。这件事给了我一个教训，永远不要授权别人拍摄我的作品。有人说你写了这么多童话故事，怎么只拍了《舒克和贝塔》《魔方大厦》？我说，不敢再授权了。

但有一件事终于让我扬眉吐气！《舒克和贝塔》连环画在前些年又被出版了，而且印量比较大。这次我想尝试一下是否可以低成本维权。我这次维权得到了国家版权局的支持，而且国家版权局专门开了专家研讨会，最终认定对方侵权，根据法律规定的演绎作品再演绎，要经过原著作者的授权。当时判决对方侵权成立，销毁侵权出版物，赔偿25万元。有了这次成功，我就开始大规模授权拍摄影视作品了，现在有六七部影视作品都开拍了。

知识产权保护可以极大地促进国家文化实力的形成，让原创作者越来越有自信和创作的激情。

还有一个领域维权比较难。1992年时，我想图书中的这些形象主要是皮皮鲁、鲁西西、舒克、贝塔和大灰狼罗克，它们已经有商品化的著作权了，具备商业价值，我要注册商标。可是我不懂，就找了一家商标代理公司，他们说："3 000块钱一个，您注册几个？"我说五个，他们说："那您的事情我都给代理了。"后来就注册完了。

过几天代理公司告诉我说："郑老师，有人恶意抢注了您的皮皮鲁商标。"我说不是已经注册了吗？他说："商标是45个门类，您只注册了一个，您注册的这一类受保护了，但别人还可以注册其他类。"我问该怎么办？他说"必须全注册"。我说："皮皮鲁再注册44个？"他说是的。我说那需要多少钱？他说用3 000块钱乘以44啊。我当时还付得起钱，说可以。他提醒我说："您不是还有4个人物吗？还有鲁西西、舒克、贝塔和大灰狼罗克，这个注册费用就是天文数字了。"我问全注册了就一劳永逸了？他说十年后要重新交费。我问有没有别的办法？他说："您申请驰名商标，只注册一个，就全都受保护了。"我问申请一个驰名商标需要多少钱，他说60万元。我问这钱是国家商标局收吗？他说："不是，是代理公司留三十万元，另外三十万元您懂的。"我说不懂，应该国家反贪局懂。我又问如果申请了驰名商标就一劳永逸了吗？他说："不是，十年以后重新续费。"我想了想，说豁出去了，注册吧。

他说："郑老师，还有个事我得提醒您，您申请的这些商标必须使用，如果三年内不使用，国家商标局就要撤回。行话叫'撤三'。"我傻眼了。咱们设想一下，我要一边写作，一边经营药品，我还要生产沥青，我还要生产袜子，但是有一件事我是无论如何做不成的，就是第13类商标是枪支弹药，不是玩具枪，是真枪真炮，我要生产皮皮鲁牌真枪真炮。你说我怎么做这件事？我只能放弃啊。

代理公司说，郑老师，您放弃的话后果非常严重。他说："以您书刊的巨大销量，我给您勾勒一下大概情况，您要放弃商标注册的话，等着您的是什么？就是别人铺天盖地恶意抢注您的商标，您走到哪里都会看到皮皮鲁餐厅、皮皮鲁诊所、皮皮鲁商店等。"我说"不会吧？"。

他说得没错。果然，我笔下的这五个人物，一共被恶意抢注了218个商标！全国以皮皮鲁、鲁西西、舒克、贝塔等注册的公司商号有300多个。不管我走到哪，都有人问我，西藏皮皮鲁投资有限公司是您开的吗？厦门皮皮鲁宠物店是您开的吗？呼伦贝尔舒克通用航空有限公司是您的企业？南京舒克贝塔宠物用品有限公司是您的吗？

最困扰我的一个案例就是郑州皮皮鲁西餐厅，他们开西餐厅，未经授权，恶意使用我的"皮皮鲁"商标。1997年开始就有读者向我举报。我跟侵权者交涉，没有结果。到了2003年，他们就恶意抢注商标，而且成功了，他们就受法律保护了。

后来读者在餐厅吃东西，遇到不愉快的事，找我投诉。我说："这跟我没关系，不是我开的。"那些年总有读者向我投诉。我决定维权。但是这个维权难度非常大。因为商标法规定，注册成功的商标，你有五年时间来置疑他、投诉他，向国家商评委提出无效宣告申请。但是过了五年，任何人就都不能提异议了。这个皮皮鲁商标被抢注已经14年了，2017年我决定要维权，虽然已经有这条法律了，但是有时候法律也是可以改变的，有些条款有改进空间，而我们可以通过自己的努力和影响改变它们。

在郑州皮皮鲁西餐厅恶意抢注商标14年后，我提出了无效宣告，我就想尝试一下。2017年2月，我去国家商评委递交了无效宣告的申请，我认为国家对知识产权保护的力度越来越大，可能出现奇迹。递交申请以后我有了一个机会，这个机会就是每年国务院有一个知识产权保护高峰论坛，这个论坛邀请我演讲。我在2017知识产权高峰论坛上发表了名为《原创七宗罪》的演讲。下面坐着与知识产权有关的国务院有关部门的负责人。《原创七宗罪》影响比较大，后来被称为中国原创者维权宣言。

我的演讲起到了作用。2018年2月28日，国家商评委宣布郑州皮皮鲁西餐厅商标无效，这是史无前例的：它被注册了14年，现在被宣告无效了。国家商评委动用了一个条款：商标法第10条第1款第8项。这个条款的主旨是，如果你违反了社会主义道德风尚，那么不管你注册使用了多少年，国家都可以宣告你无效，因为你违反了公序良俗。

那天，我拿到裁决书的时候热泪盈眶，其实我不是为自己，这个事情对其他作家也是利好。接下去，我会看到国家商评委宣示侵犯我知识产权的一系列恶意抢注商标无效。现在我还有199个被恶意抢注的商标。由于无效宣告的周期是一年一个，我一定要看着侵犯我的知识产权恶意抢注的199个商标全部被宣告无效，我要活到255岁。

现在我开始在商号领域维权。商号就是企业名称。《中华人民共和国反不正当竞争法》相关条款规定，企业名称不能侵犯他人在先权益。企业不能使用足以引人误认为是他人商品或者与他人存在特定联系的混淆行为的名称。现在全国有数百家企业名称是未经我授权的"皮皮鲁""鲁西西""舒克和贝塔"等。

刚才说的都是被动维权，其实作家也会侵犯别人的权益。需要抨击一下的就是重复出版，作家把一部作品交给了某家出版社，他拿出其中一部分来到另一个出版社出。刚才只说了出版社隐瞒印数侵犯作者权益的情况，其实侵权也是双向的，在上述案例中，作家就侵犯了出版社的合法权益——专有出版权。不管合同上有没有涉及专有出版权，你将作品授予出版社出版了，就不能再拿出一部分给另一家出版社，这对读者也是不负责任的，因为读者买你的书，买来的书可能他大部分看过，再有，出版社没有办法运作你图书的营销。出版社花钱到一个地方搞签售，结果作者拿来的书都是另一家出版社的，这

远集坊第十一讲嘉宾合影

对出版社不公平。其实作者有的时候也是在侵害出版社的权益，当然抄袭就更是侵权行为了。

我在这里呼吁中国所有的作家，不要重复出书，那是欺负人，能这样做的人大都是有点名气的人，出版社也是因为这个人有名气就姑息他了，但其实不应该姑息他。

童书作家打着讲课的幌子进小学卖书也是侵犯他人权益。《中华人民共和国义务教育法》第二十五条规定，学校不得违反国家规定收取费用，不得以向学生推销或变相推销商品、服务等方式谋利。我在国外与外国童书作家交流时，问他们有没有到中小学推销自己的童书，他们表示很惊讶，说从来没有。他们认为童书作家到学校推销自己的图书是卑劣行为。应该把选择图书的权利交给孩子。童书作家打着讲课的幌子到中小学推销自己的童书，是侵权和违法行为。有一个童书作家，他的书80%是到学校违法推销出去的。

作家在维权的同时，也不能侵犯他人权益。只有这样，维权之路才能充满阳光。

嘉宾讲坛

陈瑞福

今天非常荣幸能听郑渊洁老师的讲座，我从小就看舒克和贝塔。我现在从事的是中国网络漫画行业，我们公司主要做漫画平台运营、漫画IP创作以及孵化。我们旗下的漫画人平台有200万日活，平均每个用户每天停留在我们平台上50分钟时间，我们60% ～ 70%的用户是海外华人。我们也跟国内几十家漫画公司合作，帮助他们在漫画平台发行了500多部漫画作品，使中国的漫画以及中国文化实现了内容出海。在这个过程中我们跟中国香港、中国台湾、马来西亚、菲律宾等地的漫画家合作，帮他们的作品进入中国大陆市场，共同创作漫画作品。在这个过程中融入了中国传统文化的元素，也帮助他们作品从传统的纸质书行业发行转变成互联网发行。我们接下来要放大IP，需要跟其他影视、动画等公司跨界合作。

诸敏刚

远集坊办得特别好，能这么近距离听作者演讲很难得。这个方式独具匠心。

今天郑老师讲的信息非常多，从维权、保健到生活。郑老师也谈到出版商在印书上的一些猫腻和做法。现在我们知识产权出版社也跟郑老师有很紧密的合作，我想在这里给郑老师一个保证，印数绝对会实事求是，肯定不会有水分。我们自己策划了一本图书，面向少年儿童，主要培养少年儿童的创新力、创造力和想象力，已经在4月26日发行了，这本书得到了郑老师的大力支持，他认为对孩子的想象力的培养非常重要。郑老师还给这本书写了序，发行当天到现场给我们做了大力宣传，目前5000册已经售罄。

杨　涤

做这行快20年了，我得到过各位领导和专家的支持。我在国企和外企都工作过，现在在上海成立了一个出版品牌——爱丽丝绘本馆。刚才郑老师有一句话我非常认同：给孩子的第一本书非常重要。我去过全国大部分省份，最远到新疆的阿勒泰，去推广绘本亲子阅读。现在我的绘本馆也在上海承办很多阅读推广活动，欢迎在座的各位领导和嘉宾有机会到我的爱丽丝绘本馆看一看，希望我们原创的中国绘本能够蓬勃发展，我也愿意在这个蓬勃发展过程中贡献自己的绵薄之力。

靳　鑫

我上小学时看了《舒克和贝塔》后，就一直想买坦克玩具和飞机模型，可惜我妈一直没给我买到。现在我们公司主要和诸多艺术家合作运营IP，把他们的IP做成老百姓需要的消费品。其实郑老师通过他的写作，把这些小孩子的梦想还原成了一个文学作品，我们则是通过全产业链还原出来产品。郑老师今天交流的是如何展示一个文创、文化的IP，这需要更长的产业链来配合，更多元化地展示给消费者。

汪 忠

从2015年开始，郑渊洁先生的主要作品都在浙江少儿出版社出版，这其中有很多故事和插曲。郑老师是非常有个性的作家。刚才大家都听到了他的一些传奇故事，也知道他在书稿上的要求非常高。我们配合得很好，我们也在尽最大的努力对中国优秀的原创儿童文学做好推广、出版和销售服务。

我们出版社也在做海外市场开拓业务，2015年我们在澳大利亚收购了一家童书出版社，2017年在英国设立了一家全资图书出版社，我们想打造一个走出去、国际化、一条龙服务、能够实现国际同步出版的国际出版平台。这几年浙江少儿出版社也有长足发展，特别是在版权维护方面。我想，作为出版人的基本出版功底就是版权运营和推广。我们把优秀的文化、思想、创新、创造、知识通过出版这种形式进行传播，使全社会共同欣赏或者提升各方面的知识层次和文化素养。浙江少儿出版社还保留了一个好的传统。我们现在的书上仍然保留了每一次的印数、印次，哪怕《皮皮鲁传》超过100万册，我们也是如实汇报，一点儿也不隐瞒。而且现在社长没有权利调整这个系统，我们的程序，任何一个环节、任何一个人都不能调整，由电脑自动生成。我们出版方会规规矩矩、老老实实尊重版权，而且要做好版权保护，使全社会共同尊重知识产权、保护知识产权、推广知识产权。

于友先

郑渊洁把本来应该由编辑做的事情演绎成一个故事，我做一点注释。首先我是从"文革"之后正式做出版工作的，在那之前我一直在大学当教师。再之前，1961年我本科毕业之后读了三年研究生，研究生毕业后教书。我在大学教书十多年，1974年因为我母亲脑出血，昏迷成为植物人，我父亲又得了癌症，我千方百计想调回去，照顾躺在病床上的母亲。回去后，我进入一个能够照顾我母亲的单位去工作，那就是出版社。我可以在我母亲病床旁边看稿子。如果直接调到学校去，只得上课。所以我到出版社去了，当时领导说，"你做过什么？"我说，"教过文艺理论。""你还教过什么？""我还教过外国文学，带过外国文学专业的研究生。""还能干点什么？"文艺编辑室有一个儿童刊物叫《向阳花》，不定期发行，哪天想起来就编一本，我二话没说就选择到那儿了。那时候没有少儿编辑室，只是在文艺编辑室里面出了那么一本刊物。为什么我愿意接受呢？只有孩子的心灵是最纯洁的，如果能给孩子做点工作，那我心安理得，所以我特别愿意去那里给孩子们做点工作。《向阳花》这本刊物就交给我一个人编，我不断地调整版本，增加各种栏目，比如小儿歌、小诗歌、小散文、小寓言、小连环画、歌曲等。每期印1000册，后来发行了42万册。一年以后领导看到了，觉得我还是在做事的，就说，那就配两个人成立《向阳花》编辑小组吧。

我的感慨是什么呢？我认为作为一个编辑，要记住一句话：作者是编辑的衣食父母。要尊重作者。现在我们有的编辑不这样，有的编辑简直是"老爷"。要找他出书难着呢。再就是对作者的稿子爱答不理的，接到作者的稿件用不用也不回复。给作者回复这是最基本的事情，是编辑的本职工作。没想到

郑渊洁和他的作品人物

郑渊洁先生做了那么多, 所以我很感动的就是这样一件事情。

各位出版界的同侪要教育我们的编辑, 一定要尊重作者, 尽好自己做编辑的基本责任, 履行好基本义务。

远景坊

第十二讲

黄书元

世上苍生架上书

扫描二维码
观看远集坊精彩视频

黄书元

　　人民出版社党委书记、社长。历任安徽教育出版社社长、安徽省出版局副局长；2002 年调任至人民出版社至今；第十一届、十二届全国政协委员。2014 年获全国新闻出版工作者最高奖——韬奋奖；2017 年，获得中国版权卓越成就者奖。

　　在其带领下，人民出版社现已成为中国主题出版的领军者和学术出版的重镇，创立了中共思想理论数据库、视频书、党员小书包、读书会、中国理论网等一系列数字化产品及数字化平台；并通过版权输出出色地向世界介绍了新时代的中国，使人民出版社充分发挥出了党社和国家出版社的示范作用。

主持嘉宾：

陈　晋　中央党史和文献研究院院务委员、研究员

特邀嘉宾：

孙寿山　中国音像与数字出版协会理事长、原国家新闻出版广电总局
　　　　副局长
李洪峰　原中央纪委驻文化部纪检组组长
刘　建　解放军装备学院原副院长、朱德元帅外孙
刘会远　深圳大学教授、国务院原副总理谷牧之子
殷忠民　中国教育出版传媒集团有限公司总经理
马国仓　中国新闻出版传媒集团有限公司党委书记、董事长
李湛军　北京发行集团党委书记、董事长
张凌云　掌阅科技股份有限公司创始人
傅伟中　香港联合出版（集团）有限公司副董事长、总裁
茅院生　新华书店总店总经理
汪晓军　中共党史出版社社长兼总编辑
杨茂荣　中央文献出版社总编辑
黄金山　华夏出版社党委书记、社长、总编辑
朴永日　民族出版社党委书记、社长
袁亚平　中国版本图书馆党委书记、馆长
王　玮　《中华读书报》总编辑
黄如军　中央党史研究室科研管理部原主任、研究员
向　阳　咪咕文化科技有限公司副总经理
陈洪涛　四川省成都市高新区党工委委员、管委会副主任
刘国新　当代中国研究所研究员
王　旗　北京中视瑞德文化传媒股份有限公司副董事长、总裁
吴冠勇　上海冠勇信息科技有限公司创始人、CEO
艾　源　阅文集团政府事务部总监

世上苍生架上书

我今天讲的题目是《肩担天下，笔底春秋——党和国家领导人著作出版纪略》。

中共中央办公厅、中共中央宣传部多次发文指出，涉及党和国家领导人工作和生活的所有作品的出版，是一项十分严肃的工作，政治性、政策性很强，必须严格执行有关规定，必须征得领导同志本人同意。

1993年2月15日，中共中央宣传部、新闻出版总署颁布《关于发表和出版有关党和国家主要领导人工作和生活情况作品的补充规定》指出，"本规定所称的党和国家主要领导人包括：现任或曾任党中央政治局常委，国家主席、副主席，国务院总理，中央军委主席，全国人大常务委员会委员长，全国政协主席。"对规定中所称的党和国家主要领导人，我后面一律简称领导人。因资料和统计方面的原因，有些已出版的主要领导人著作未涉及，未能全面谈到。

一、领导人著作出版概况——虽经五风十雨，终获万紫千红

领导人著作出版历来是我党一件十分严肃的政治大事。人民出版社从一诞生即把出版领导人的著作视为自己的一项崇高的历史使命。我今天主要谈粉碎"四人帮"以后人民出版社出的此类图书，大体梳理如下：

（1）"文革"后，老一辈无产阶级革命家的文稿，全部由中央文献研究室整理后，交给人民出版社出版。

第一代领导人的著作除《毛泽东选集》外，还有《周恩来选集》上下卷，《刘少奇选集》上下卷，《朱德选集》《任弼时选集》各一卷等。

第二代领导人的著作有《邓小平文选》三卷，《陈云文选》三卷，《叶剑英选集》《彭真文选》《李先念文选》等各一卷。以上我们总共出版了22种选集、文选。这里值得注意的是：叶剑英的作品是最后一个称"选集"，而邓小平的作品是第一个称"文选"，后面都改成文选或者是"文集"，如《毛泽东文集》《邓小平文集》。有一些领导人除了出版文选外，还出了其他专题著作，如薄一波出了一本《文选》，还另外出版了《若干重大决策与事件的回顾》等五种专题著作。

（2）以江泽民为代表的第三代领导人著作的出版，呈现了多样性、开放性，李鹏、乔石等九位常委都出版了自己的著作，多为工作文集。

（3）除了专题工作文集以外，还有一些领导人出了非工作性专著如江泽民的译著《机械制造厂电能的合理使用》，李岚清的《我为大师画素描——李岚清素描作品集》，吴官正的《闲来笔潭》是退下来后写的随笔，相当于文艺创作，还插有部分自己画的彩铅画。这些都展示了领导人不同的才华。

（4）作为党和国家主要领导人的作品，除《毛泽东选集》是四卷外，其余几位的都是三卷，如《邓小平文选》《江泽民文选》《胡锦涛文选》，而且都是由中共中央文献编辑委员会编选的重要文章和讲话结集，这是最庄重、最严谨的工作，也都交给人民出版社出版。

（5）从出版单位来看，"文革"前，领导人的著作只由人民出版社一家出

版;"文革"后,特别是到第三代领导人出书时,在多家出版社出版,如李鹏的著作就在新华、电力、文献、三峡等多家出版社出版,李瑞环的著作在人大出版社出版,李岚清的多在高教出版社出版,等等。当然,党的十九大后,依照中办新的文件精神,退休领导人著作又将统一由人民出版社出版。

(6) 领导人著作中的单行本出版。新中国成立后,只有主要领导人的讲话、文章出版单行本,其他领导署名的只有国务院总理的《政府工作报告》出单行本。十八大前,胡锦涛总书记第一天发表讲话,第二天人民日报全文发表,晚上即在中央电视台新闻联播转播,宣告总书记讲话单行本出版,向全国发行。十八大之后,中央专门就单行本出版问题发了一个文件,即总书记作的专项工作讲话,即针对特定部门、特定地方和人民团体以及外事活动的讲话需另行报批,其他重要讲话还是和以前一样可以即时出版。这是十八大以后的一点变化。

(7) 从题材看,第一代、第二代领导人的著作均只收录工作文章、讲话稿等职务作品。而到了第三代领导人,著作内容就涉及方方面面,有哲学、社会科学、文化艺术、军事、经济、教育、自然科学等。而体裁也大不一样,有政论文集、艺术作品集、专题日记、回忆录、答问录、讲话实录、访谈录以及专著等,很多内容包括书法、绘画、艺术等,这都是以前没有的,呈现了多样性和个性化,反映了领导人的文化素质和修养。这么多领导人的著作得以出版,成为中国社会政治文化中一抹独特亮丽的风景。

二、我们如何编辑出版领导人著作——百炼刚化为绕指柔

我们是如何为领导人著作进行编辑出版的?"文革"以后,人民出版社总共出了大约27位领导人的40种著作,不包括改革开放前的著作。对于党和国家领导人著作的编辑出版,中央曾多次发文件,从立项到编辑、出版、发行,每一个环节都有严格要求。我们将其作为一项重要的政治任务来完成,不敢有丝毫懈怠,也绝不允许有半点文字上的差错。下面我从几个环节说一下。

（1）关于选题立项。

有两种情况。一种情况是中央统一安排，一般是主要领导人的著作，如邓小平、江泽民、胡锦涛、胡耀邦以及老一辈开国元勋的作品，都由中央统一安排，由中共中央文献编辑委员会编辑，然后由我们出版，全国各省人民出版社租型印制，出版后中央会发文，号召全党组织学习。

另一种情况是我们策划、联系作者，如朱镕基、乔石、吴邦国、吴官正等领导，这些领导人的著作一般是由作者向中办报告，办理立项手续，自己组织编选书稿，然后交给人民出版社编辑出版。

（2）关于书稿送审。

如果是由中共中央文献编辑委员会或者中央文献研究室编辑的文稿则不需要送审，因为他们编得很专业、很严谨。需要送审的稿件是作者自己组织编选的书稿，作者一般会先送给一些部旧下属或者朋友，征求他们的意见，请他们帮助修改；再由我们编辑校对后正式做出样书，报给中办，由中办分送书稿涉及的有关单位进行审读，审读大体包含以下几方面：一是有没有不适宜目前出版的，或与当前形势、政策有不同意见等；二是有无涉密内容，或暂时还不宜公开的内容；三是有无时间、地点、人名、事件等事实差错。

这么多年来，前两种情况极少，主要存在第三种情况。因为书稿在此前已经文稿编辑组反复打磨，从收集资料、选择文稿，然后到编辑加工、确定注释、拟定标题等等，再经领导人本人审定，经过这么多次反复审读，一般政治和涉密问题早就处理过了，而且领导人也不会选择明显与当前方针政策相左的文章。只是史实有可能因为时间久远、记忆不清楚或者注释不准确而出现一些误差，需要进行修订，这方面情况是有的。

（3）出版社编辑加工。

我们要求零差错，绝对不能出现任何问题。我们出版社内部一般会成立一个项目组，内含四个分组。

第一是编辑组。由几位或者十几位资深编辑组成，分工合作，进行多轮编辑加工，算起来往往有几遍甚至几十遍。对书稿涉及的所有引文、人名、时间、地点等都要核对原文，统一规格要求，对所发现的差错和疑点，我们汇总后，退原书稿编辑组逐一核实、确定，再对书稿进行正式改动。

第二是校对组。由几位甚至十几位校对人员分头对书稿进行折校或者读校等。

第三是印制组。负责安排印刷厂、采购纸张等一系列工作，安排出版和组织全国人民出版社租型印刷。

第四是发行和宣传组，重点在宣传。我社有一个专门的宣传推广部，要先做出宣传方案交给作者审定后实施。大多是发行的当天会开一个隆重的新书发布会，《人民日报》会用重要版面介绍新书的内容，随后我社接受一些重要媒体的专访，解答一些读者关注的内容和编辑出版方面的有关情况等。一般全国各大媒体都会转载相关文章，这样就会逐步掀起一个热潮。过一段时间后，我们还会请一些专家召开座谈会，或者到领导曾经工作过的地方去开读书会等。

发行和宣传一般会选择一个中央没有重大活动的时间段展开，以免我们的宣传与中央的活动交叉，这主要是考虑要给中央活动让路，不要影响大局。

(4) 领导人出书在公开发行前的编辑、校对工作一般都是在保密状态下进行，这是因为正式出版要经过中央批准，主要是怕境外媒体过度解读，或者是被网上的一些舆论干扰，给中央添麻烦。

有个情况值得特别关注，就是《毛泽东选集》四卷，这套书多年来一直都有销路，2014年、2015年平均发行8万套左右，2016年发行了15.6万套，2017年发行25万套，属于历年最高。我们出版的所有关于毛泽东的书，包括研究专著等，在读者中反响都不错。

另外，我们还出版了一套20种、46卷《中国共产党先驱领袖文库》，包括陈独秀、李大钊、瞿秋白、恽代英等没有见到新中国的领袖们的著作，以及一套

远集坊第十二讲嘉宾合影

《改革开放元勋画传丛书》等，这里就不一一介绍了。

三、领导人著作编辑出版的价值和意义——经国之大业、不朽之盛事

领导人出书，一不为名，二也不为利。领导人无一例外，把所有的版税全部捐献给了社会，有的公开成立了基金，比如说朱镕基、李鹏、李瑞环等都设立了助学基金，有的委托有关机构代为理财发放，有的刻意低调，基本上不公开（如乔石、吴官正、李长春、贺国强等），没有一位领导人把钱留给家人或者用在自己身上，全部都捐出去了，这个是确确实实的。

那么，领导人为什么要出书？古人说：文章合为时而著。自古以来当政者出书就是一件大事。我想起南怀瑾先生写的两句诗："知君两件关心事，世上苍生架上书。"领导人出书一定与苍生有关，国家前途和民族命运始终是领导人内心牵挂思考的焦点，他们曾是走在时代前列的奋进者、开拓者，现在编辑出版他们过去的讲话和发表的文章，无不与现在和未来有关。

领导人著作内容大体包含以下几个方面：一是指导一个时期工作的纲领

性文献；二是讲述历史，记录了在任时参与的一些重大决策、重要文件出台的过程；三是相当于述职，向人民报告在领导岗位上做了哪些事；四是对于时政的思考；五是生活感悟、怡情逸志；等等。这些内容都有其相应的价值和意义，这些就不再一一展开谈了。

四、以朱镕基著作出版为例——只留清白在人间

我们为领导人出书，虽然与每个领导都有所接触，但是有多有少，大多时间还是与领导身边的工作人员接触，时间长了，耳濡目染，也就了解一些情况。总的感受是每位领导虽然性格、风格不同，但每个人都有自己的过人的杰出之处、不同凡响之处，也有许多可圈可点的故事。因为时间关系，下面谈一谈朱镕基总理出书的情况。

记得我们写信给朱总理办公室想出版他的著作，很快就接到总理办公室打来的电话，约我们去谈这件事。第一次和他身边工作人员谈时，我们看到资料很多，有1 000多万字，但是怎么出版心中没数。从资料数量上看，可以出十卷，如果出文集，有一些资料就埋没了，后来也想过出专题文集，比如论经济、论外交、论宏观调控等等，但是要从讲话稿、记录稿中把这些列出也不合适，因为他的讲话稿涉及很多方面，只谈一件事的不多。

最终我们觉得总理当年"两会"后"答记者问"很精彩，当时很多人都特别期待。我们就考虑能不能出一本"答记者问"的书，作为投石问路。但是这个工作量很大，总理在国内外有过多场新闻发布会，都有"答记者问"，而这些资料再回头找也很难。

后来组建了一个班子，抽了几个人，人民出版社也有两人参加，分头在国内外的报纸、杂志、电视台、电台以及中国纪录片电影制片厂，查找了很多材料，然后进行记录和文字整理。

《朱镕基答记者问》投放市场后，出现非常火爆的销售局面。从体裁上看，以前从来没有过就"答记者问"专门出一本书的情况；从内容上看，有很多

225

内容都是读者没有听过看过的，加上朱总理语言风格直率、大胆、犀利，直指要害，看了很过瘾，所以很受读者欢迎。在北京市发行10天以内就发现了4个盗版版本，淘宝网上有60多家店卖盗版书。

受到《朱镕基答记者问》成功的鼓励，编辑组又一鼓作气编好了《朱镕基讲话实录》四卷本。我曾经说过，《朱镕基讲话实录》是他讲出来的，不是写出来的。因为朱镕基开会，秘书班子大多备有讲话稿，但是朱总理一般不用，只是让与会者带回去传达，他一般是自己直接讲，这些内容、数据都在他脑子里，我们出书用的就是他讲话时的记录稿，秘书班子起草的正式讲话稿一律不收到书里。朱总理明确表示："即使当时讲的现在看来不对，但那是我当时的真心话，可以不收，但不必改。"所以在收集整理这些讲话稿时有几个原则：一是不收秘书班子写的文稿，只收录音、录像记录稿；二是只做减法、不做加法，就是可以删一部分，但是不能改，更不能增写任何内容；三是与当前形势不符的内容一般不收，怕干扰政策；四是当时点名批评了一些人的，或有争议的内容也不收；五是收了少量的批复、照片，主要是为了使书更好看，更有现实感。他所有的书都保留了他自己的语言风格和文风，所以散发着特有的魅力。总的看，说"实录"是准确的。

朱总理要求他的书定价不能高，纸不要求特别好，要降低成本，让读者买得起。我们总共出了《朱镕基答记者问》、《朱镕基讲话实录》（一套四本），还有《朱镕基上海讲话实录》，计三种六本，每一本都发行了100多万册，总共发行了800多万册。每种书出版以后都好评如潮，出现供不应求的局面，多次在各地上了各种畅销书的排行榜。

嘉宾讲坛

陈 晋

我听了黄书元同志的介绍，确实感触很深，第一个感触就是编辑出版党和国家领导人的著作，意义非同小可。我回顾了一下我们党的编辑文献出版事业，在延安整风以前，我们党在编辑出版领导人或者党的重要文献方面还不算太系统。一直到延安出于整风学习的需要，毛泽东亲自主持编了一套书，叫作《六大以来》，收了280多篇文献，然后他又将其精简并正式出版。这是中国共产党第一次编辑自己领导人的或者党中央发出的文件，这就是出版自觉，出版自觉的背后是文化自觉，文化自觉的背后是思想教育，思想教育的背后就是要通过延安整风，统一大家的思想，最后确立毛泽东思想。这就是我们党的文献编辑事业和出版事业的来由。

新中国成立以后，毛泽东自己主持自己的选集的编辑出版，人民出版社立了大功。所以毛泽东说，编辑《六大以来》以前，我们党的高级干部的思想是懵懵懂懂，"党书"（他把六大以来正式出版的文件集、领导人讲话叫作"党书"）一出，同志们读了之后恍然大悟。我们今天出版的国家领导人的著作也是要发挥这个作用。

第二个体会，编辑出版党和国家领导人的著作很神圣，对编辑者和出版者来说是个政治性要求。在政治性要求面前，如何体现你的重要性？前提是要科学，对出版家来说就是一丝不苟、认认真真、严严谨谨。我举一下我经历的和我前辈经历的两个例子，一个例子就是《毛泽东选集》，1991年出版第二版，文献室编的。在编的过程当中就发现51年毛泽东主持编辑的《毛泽东选集》的第一卷收的那篇文章叫《井冈山的斗争》，里边有一句话，他说"井冈山这个地区盛产油茶"，如果一般编辑会说这是1951年毛泽东自己主持编辑的，所以不会再查证的。但是编领导人著作一定要把他的原始版本找来对，我们的前辈找到《井冈山的斗争》最早油印版，发现是"油、茶"。到底是井冈山上盛产油、茶，还是盛产油茶？为此他们专门派一个调研组到井冈山去调研。因为当初杨开慧的哥哥杨开民上了一次井冈山，是他把毛泽东的手稿带下山去印的，所以我们又从杨开民的文物当中把手稿找出来再对照，这就是我们的前辈经历的一个编辑的事。

我自己的经历就是2002年编辑《毛泽东文艺论集》，要收录毛泽东1938年在延安鲁迅艺术学院的演讲。为纪念鲁迅逝世两周年，他发表一个长篇讲话，那个是延安文艺座谈会讲话之前的很重要的系统阐述他的文艺观点的一篇讲话。然后编辑做注。因为主席在讲话当中引用了一句话，他说，诗歌到底是什么？古往今来很多人给诗歌下定义。比如说徐志摩就讲："诗犹如银针之响入幽谷"。我们做编辑工作的就要找徐志摩是在哪篇文章中给诗歌下这个定义的，因为要做注释。我们首先把所有徐志摩的文章集都找来，一篇一篇地翻，没有发现这句话。徐志摩在谈到鲁迅的时候，说"鲁迅对他的诗歌的观念有误解"，我们就又查鲁迅的文章，鲁迅在1924年的时候在"北京晨报"上发过一篇文章，说陈西滢妹妹的笑声"犹如银针之响入幽谷"，再一查，陈西滢自己在写家庭回忆的文章当中说，"我从小听我妹妹的笑声就犹如银针之响入幽谷"。查来查去跟徐志摩那个诗歌观没有什么关系。所以我们花半个月工夫查证这个事情，后来也没有做注。

李洪峰

在我的印象里，人民出版社是我国出版业的重镇，第一重镇，应该说从新中国到新时期、到新时代，为我们国家的出版事业的发展做出了不可替代的重大贡献。特别是在出版领袖人物、领导人的著作方面，人民出版社应该说是做了非常卓越的工作。

刚才陈晋同志讲的我非常赞同，这件事意义非常之大，对我们国家来说，对我们民族来说，对中国共产党来说，这就是血脉的赓续，这就是历史的传承，这就是文化的积累。总书记1995年讲话提出了"不忘初心"这样一个重大的提法，到了十九大，这个提法上升为大会的主题"不忘初心，牢记使命"。"不忘初心，牢记使命"不是一个一般的提法，是我们党的新时代重大理论，也是我们党迎接新时代、面临新的风险挑战的一次重要的思想政治准备。

我和人民出版社有一点渊源，在人民出版社出版了四本书，一本是1991年《毛泽东、邓小平论党的民主集中制》，一本《共产党员系列谈》，还有一本《论思想建党与理论武装》。还有为纪念周恩来总理诞辰120周年，人民出版社隆重推出的《周恩来：永远的榜样》，这本书人民出版社是高度重视，宋平老人家在百岁高龄题写了书名。我充分感受了人民出版社的同志们的认真精神、负责精神、敬业精神。

我认为写"党书"这个事业是一项前途无量的事业，是一项功德无量的事业。第一点就是，中国共产党是伟大光荣正确的党，不仅因为这个党能够制定正确的理论路线方针政策，而且还因为这个党能够在各个时期造就自己的领袖人物、伟大人物、英雄人物，这就为领袖文化研究、领袖文化出版提供了最重要的物质基础。第二点，我一直讲这样一个观点，就是世界上有两种矿藏，一种是物质矿藏，是可以穷尽的；另一种矿藏就是精神文化矿藏，这个是不可穷尽的。体现在毛泽东、周恩来、刘少奇、朱德、邓小平、陈云等领袖身上的领袖文化，那就是不可穷尽的精神矿藏，这种矿藏同我们民族的所有珍品一样，越久远越珍贵。第三点想法是，现在是网络时代，我们的领袖文化研究、领袖文化出版、领袖文化宣传如何能同网络接轨。现在我们讲要增加正能量，怎么把这些领袖人物的著作、领袖人物的回忆、领袖人物的研究通过当代方式传播出去，这是一个还没有解决的问题。

总之我对人民出版社，对我们今天来的这么多出版人，对你们的工作表示深深的敬意。

刘会远

我是人民出版社的一位作者，人民出版社出了很多领导人的书。我父亲是谷牧，当过副总理。人民出版社有一个比较重大的选题，当时是"十二五"期间，《改革开放元勋画传丛书》，第一批出了五个人的画传，其中有我父亲的画传，而且这五本书只有《谷牧画传》是由儿子写父亲的。因为我也是一个大学老师，这些方面也有一些基础，另外我还参与过文献出版社出版的《谷牧回忆录》，他的不同时期的秘书分别起草了一些片段，最后统稿阶段是我协助我父亲做的。这样一来，关于领导人的书我参与了两部，我也有些体会要跟大家交流一下。

关于改革开放这一段历史，其中有一个问题就是中央曾经计划过发行特区币。十一届三中全会之前，我父亲带队考察欧洲几个国家，回来做了一些报告，推动了十一届三中全会做出改革开放这个决定，然后我父亲立刻跟邓小平同志建议，说这个现代化怎么搞我们没有经验，是否能请一些有分量的外国政治家、著名学者来做顾问，小平同志非常支持。

关于发行特区币的问题，我父亲的回忆录里就提到了，他认为中国已经有人民币、外汇券，外汇券是为了解决外汇问题，如果再发行第三种货币肯定造成混乱。所以有一句话，"细节是魔鬼"或者说"细节决定一切"，这个细节他坚持保留。

一开始我们单纯从文学角度来讲，后来又有一种防范性，原因是认为势必有人会来研究这段历史。我父亲留下了一些细节，以便以后可以做出一个比较客观的评价。

黄金山

　　我在人民出版社工作12年,听了书元社长谈党和国家领导人著作出版纪略,非常感慨。我在人民社图书编辑室、《中国历史学年鉴》编辑部、社长总编办公室工作过,耳濡目染,有些事亲身经历。作为党和国家的政治书籍出版社,在对待党和国家领导人著作出版上,是非常严肃认真的。从责任编辑、编辑部室、分管领导到校对部门、印制部门都不敢懈怠,每个环节都有详细计划。单就编校质量来说,普通图书是执行"三审三校",而这方面的图书就要经过四校、五校,尤其是最后一校,由资深校对专家把关,不错一个字、一个标点符号,充分体现了人民出版社作为新中国出版事业神圣殿堂的高质量、高水平。当年一大批老编审、老领导严谨的作风与业务水平,对我影响很大,受益很多。所以,我要感谢人民出版社对我的培养。黄书元社长掌舵人民出版社15年,取得了辉煌成就,表示祝贺与敬意。

远集坊

第十三讲

郑欣淼

中华诗词的魅力与复兴

扫描二维码
观看远集坊精彩视频

郑欣淼

　　中华诗词学会会长，中国紫禁城学会名誉会长，中国鲁迅研究学会名誉会长，中华诗词研究院顾问，浙江大学故宫学研究中心名誉主任、特聘教授，南开大学博士生导师，中国作家协会会员。历任中共陕西省委副秘书长、陕西省委研究室主任，中共中央政策研究室文化组组长，青海省副省长，国家文物局党组副书记、副局长，文化部副部长，故宫博物院院长，政协第十一届全国委员会委员、文史和学习委员会副主任。

　　多年来从事政策科学研究、文化理论研究、鲁迅思想研究；2000 年以来，着力于文物、博物馆研究。2003 年首倡"故宫学"。先后出版各类著作 25 部。从 20 世纪 60 年代中期以来学习写作旧体诗词，先后出版《雪泥集》《陟高集》《郑欣淼诗词稿》《诗心纪程》等。

主持嘉宾：

　　王利明　线装书局总经理兼总编辑

特邀嘉宾：

　　王智钧　中国残疾人联合会原副理事长
　　范诗银　中华诗词学会常务副会长
　　刘庆霖　中华诗词学会副会长兼秘书长
　　杨再春　书法家、摄影家、北京体育大学教授，
　　赵国英　故宫博物院研究室主任兼故宫研究院副院长、秘书长
　　黄　君　书法家、评论家、诗人
　　高　昌　中华诗词学会副会长兼《中华诗词》主编
　　王　玮　《中华读书报》总编辑
　　吴重生　浙江日报报业集团北京分社社长
　　文　蔚　知名书画家
　　陈高潮　北京工艺美术出版社社长
　　刘　阳　国文经信（北京）文化发展有限公司总经理

中华诗词的魅力与复兴

我小时候就喜欢读诗词，高中时学着写，那时用的是上海出版的《诗韵新编》。今年春节，我的一位老同学把我1965年给他信里附寄的几页诗稿给了我，这些诗现在看很不成样子，但我很高兴，因为它们值得回味。这几年，在全国，随着传统文化的复兴，中华诗词也引起更多的关注。

我今天讲的题目是《中华诗词的魅力与复兴》。前半部分谈"中华诗词的魅力"，后半部分是我从自己的工作出发，认为需要给大家讲的：借这个机会介绍一下中华诗词学会。去年是学会成立30周年，当今诗词事业的复兴发展，与诗词学会有很大的关系。

我这里说的中华诗词是个大概念，指诗、词、曲等所有的传统诗歌形式，这一点已约定俗成。

中华诗词是汉语中最美丽的花朵、最灿烂的明珠，也是最温暖、最劲健、最有营养的文化力量。中华诗词的浩荡长河一直流到今天，伴随着中华民族的伟大事业而复兴并不断发展。今天我讲三个问题。

一、中国诗歌的悠久传统与中华诗词的魅力

中国是一个诗的国度,这不但是指中国诗歌传统源远流长,诗歌遗产相当丰厚,而且诗歌已成为中华传统文化的鲜明象征;也可以认为,诗歌已成为中国人生活的一种方式,是中国文化的一种特殊表现形式。

中国为什么能形成如此源远流长的诗歌传统?为什么说中国是诗的国度?其实有好多人都在研究这个问题。有的人从中华民族生存的地理环境和文明起源类型方面去研究,认为:第一,中国是一个农业社会,农业社会培养了中国人"天人合一"的哲学观,这是中国文化很重要的传统。第二,它培养了中国人的"诗性"思维。"诗性"这个词是18世纪意大利学者维柯在《新科学》一书中提出的概念。"诗性"思维又称原始思维,指人类儿童时期所具有的特殊的思考方式,不是我们说的逻辑思维,也不是一般的形象思维,是人类特定发展阶段具有的特殊思考方式。它的特征是什么?主客不分,运用想象力将主观情感过渡到客观事物,使客观事物成为主观情感的载体,从而创作出一个心物合融的主体境界。

农业社会培养了中国人"天人合一"的哲学观,进而培养了中国人的"诗性"思维。其"感物而动"的创作模式及其实践,验证了中国人"天人合一"的宇宙观与认识论;以"比兴"为基础而发展起来的写作手法与艺术境界的营造,体现了中国人以"人化自然"为特征的审美理想追求。中国诗歌不仅是生活的记录、情感的抒发,还包括了中国人对于宇宙和人生的诗意的审美式把握,具有深刻的哲学内涵。

另外,也有人从汉语言文字特征探寻中国诗歌的魅力与特点。有人认为,在汉语诗歌中,我们的方块字,不管笔画有多少,字的大小都是一致的。大小一致的方块字决定了汉语诗歌在视觉上的整齐美。另外汉语具有单音节特点。学过外语的人都知道,外文里有时候一个单词就需要用很多字母来拼写,往往很长;汉语是单音节,这个字也可能有多种读音,但在特定的诗歌语境里就一个读音,这就决定了其在听觉上的"整齐美"。汉语具有的四声现象构成了

最基本的音调声律,汉字没有以辅音收尾的现象决定了汉语适合作诗。这些都充分反映在诗词创作具有严格的体例和规范上,例如:押韵是中华诗词的一个重要特点,因此就有音韵回环、铿锵悦耳的感染力;对仗是语言形式整齐美的最集中体现,因此具有体例严谨、对仗工稳的创造力;其声调讲究平仄交替、四声相间,从而产生语言的错综美和顿挫美,进而穿透人心,感人肺腑,因此具有平仄交替、抑扬顿挫的穿透力。近体诗的平仄格律是前人根据汉语的特点发现的艺术规律。李汝伦先生把旧体诗的声韵美、整齐美、对称美、参差美比作"四大美人"。

2017年是中华诗词学会成立30周年,国务院副总理马凯同志专门写了一篇《美哉,中华诗词》的文章以为祝贺,这篇文章对中华诗词的"美"作了极为深刻、全面、准确也是十分精彩的论述。他说,以格律诗为代表的中华诗词,从起源看,它与舞蹈、音乐同源;从功能看,它是心灵的"窗口",诗言志、诗缘情,大凡好诗好词,无论是婉约还是豪放,都能给人以内心深处的触动;从形式看,它以汉字为载体,把汉字"独体、方块、单音、四声"的独特优势发挥得淋漓尽致,历经数千年先贤的千锤百炼,成为同时兼有"五美"的诗体,即其不仅具有其他诗体共有的"节奏美""音乐美",而且具有其他诗体中只有个别诗作可以做到的"简洁美",还具有以拼音文字为载体的诗体难以具备的"均齐美""对称美";从内容看,大凡好诗好词,都是真情的流淌,并记录着中华文明的历史足迹,承载着中华文化的根和魂,它如乐,天籁悦耳;它如画,璀璨夺目;它如酒,沁人心脾;它如友,灵犀相通。格律诗是中华民族诗歌百花园中经古常新的一枝,在人类总是要追求美的规律作用下,只要汉字不灭,格律诗这一大美诗体就不会亡。

二、丰富的诗歌遗产与顽强的生命力

中国有着丰富的古代诗歌遗产。3 000多年前的第一部诗歌总集《诗经》和战国时期的《楚辞》是中国古典诗歌的两大源头。这是大家公认的,再往后

发展经过两汉魏晋南北朝，最有代表性的唐诗、宋词、元曲是中国诗歌艺术成就的三座高峰。我想把唐诗、宋词和元曲简单说一下，因为它们成就这么大，在中国诗歌史上有着特殊的意义。

（一）唐代是中国诗歌创作高度繁荣的时期，也是中国诗歌艺术成就的高峰

强大的国力、兼收并蓄的文化精神与丰厚的文化积累，为唐诗的繁荣提供了优越的文化环境。大诗人众多，佳作如林，清康熙年间奉敕编校的《全唐诗》，收录唐代诗人2 200多人，诗作48 000多首。该书是在明代胡震亨《唐音统签》和清代季振宜《唐诗》的基础上编纂的。《唐音统签》原本及抄补之足本现藏故宫博物院。现在陕西人民出版社正在出版《全唐五代诗》，这是继清代《全唐诗》面世之后一部新编唐、五代之诗歌总集，新增补诗近万首。

唐代诗坛构成了中国诗歌史上罕见的壮观景象。唐诗的发展大致经历了初唐的诗歌变革准备，盛唐的全面繁荣，中唐的二次繁荣和晚唐注重形式而气势衰落4个阶段。有人将"四唐"的分期比作一年四季的变化：初唐如春水，清澈而明丽；盛唐像暑雨，充沛而壮观；中唐若秋草，茂密而摇曳；晚唐似冬雪，含蓄而凄凉。这也符合唐诗的状况。唐朝将近300年诗歌的普及和繁荣，更加诗化了中国人的思维方式，为中华文化增添了诗的意兴和诗的美。

唐代在诗歌体式上的最大成就是律诗。五律全首八句，每句五字，以首句押韵与否分为四韵或五韵，首句不入韵的四韵诗为正格，首句入韵的五韵诗为变格，中间两联必须对仗。唐人五律一般以首句不入韵最常见。七律全首八句，每句七字，以首句入韵的五韵诗为正格，首句不入韵的四韵诗为变格。七律在五律的基础上形成，声律、句法、结构都与五言律诗相似。七律在杜甫的笔下走向成熟，特别是他晚期的作品。唐诗的又一重要体式是绝句。绝句源于乐府，体式则有古绝和律绝。古绝、律绝都分五、七言。唐人绝句数量超过万首，且佳作如林。贺知章、李白、王维、王昌龄、杜牧、李商隐的绝句都有很高的成就。绝句体制小而容量大，精工锤炼而机神自然，始见功力。唐代的绝句是可

用于合乐歌唱的, 在唐诗诸体中, 它与音乐关系最为密切。

（二）词是"曲子词"的简称, 萌于唐而大盛于宋

词源于民间, 长于言情, 在宋代很快成为文人析醒解愠、娱宾遣兴的工具。在宋代, 上自皇帝下至庶民都普遍喜欢这种新兴歌词, 新创了很多词调。清代王奕清等编纂《钦定词谱》所收词调826个。宋词以其高度的繁荣与唐诗并称。唐圭璋所编《全宋词》, 共收录词人1 330多家, 词作19 900多首。许多著名的诗人都有词的创作, 例如, 欧阳修、王安石、苏轼、黄庭坚、陆游都是词作之大家。还有一些著名的政治家, 本不以文学著称的却有很好的词作, 如范仲淹。当然还有更多主要以词名世的, 如柳永、周邦彦、李清照、姜夔等。参与词之创作的人如此广泛, 也足以说明词之盛况。宋词以其高度的繁荣与唐诗并称。经过宋代300多年上自朝廷下至市井的歌唱, 中国文学有了更为细腻的感觉和表现, 中国文化也呈现出更加丰富多彩的面貌。

（三）元曲原本来自所谓的"蕃曲""胡乐", 首先在民间流传, 被称为"街市小令"或"村坊小调"

随着元灭宋入主中原, 它先后在大都（今北京）和临安（今杭州）为中心的南北广袤地区流传开来。元曲有严密的格律定式, 每一曲牌的句式、字数、平仄等都有固定的格式要求。虽有定格, 但并不死板, 允许在定格中加衬字, 部分曲牌还可增句, 押韵上允许平仄通押, 与律诗绝句和宋词相比, 有较大的灵活性。元代是元曲的鼎盛时期。一般来说, 元杂剧和散曲合称为元曲, 杂剧是戏曲, 散曲是诗歌, 属于不同的文学体裁。但也有相同之处。两者都采用北曲为演唱形式。因此, 散曲、剧曲又被称为乐府。散曲是元代文学主体。作为一代文学的代表, 元散曲在思想内容、语言艺术、文学风格等方面, 既继承了传统诗歌的优良传统, 又表现出与诗词不同的审美取向, 从而形成了独特的美学特征。关于元散曲审美特征, 从元人强调"文而不文, 俗而不俗", 有"蛤蜊"之味, 到近人元曲之佳处在"自然而已矣"之说, 都是认为元曲重要的美学特征是自然通俗, 而且"有雅有俗, 雅非诗余之雅……俗则非一味但俗已也, 俗

中尤须带雅";"夫曲之所以为曲,乃在以语易文"。可以说,相较于诗词等传统诗歌形式,本色之美、通俗之美是元散曲突出的美学特征,而其又以俗为雅,大俗之中有大雅。

元曲在文学史上的地位原来并不是很高。隋树森编的《全元散曲》,收入213位散曲作家以及这一时代无名氏的散曲作品,共辑录小令3 853首,套数457套;元代可能是杂剧的影响更大,元杂剧剧本,现存世150种左右。谢伯阳所编《全明散曲》(增补版),收录明散曲作家471人,小令12 306首,套数2 202套。清代散曲创作有所下降,凌景埏、谢伯阳编的《全清散曲》,共收作者342家,计小令3 214首,套数1 166套。二十世纪二三十年代,散曲的地位才得以确定。王国维写出了《宋元戏剧史》,另外也包括其他一些曲学大家的共同努力,奠定了元散曲的地位。"五四新文化运动"时,胡适认为元杂剧里的语言都带口语话的特点,所以也很推崇元散曲。现在我们也很重视散曲,中华诗词学会成立了散曲工作委员会,全国有十多个省都成立了散曲组织。我到山西的原平市考察,原平的一个乡里,有上百人写散曲,他们也多有不符合格律的地方,但总体上还是把散曲的基本特点掌握了。

值得注意的是,中国诗歌在长期发展过程中形成了诸多的诗体,如四言诗、五言诗、七言诗、乐府诗、楚辞体诗以及词、曲等等。但有意思的是,新的诗体产生了,以往的诗体却并没有消失。我们说唐诗、宋词、元曲,不是说唐代过了就没有诗,宋代过了就没有词,元代过了就没有曲了,各种体式不仅仍然存留了下来,而且继续发展,不断丰富了诗歌的形式。这就出现了中国诗歌体式独特的运行方式,即各种诗体同时存在于某一时代。因此,一个诗人,他可能既写诗填词,又会写曲,或者尝试其他不同的体式;这也为诗人创作提供了更多的表现方式。

中华诗词以其美妙难以言说的诗词境界,营造了人们心灵的栖息之所。正如习近平总书记所说"学诗可以情飞扬、志高昂、人灵秀",叶嘉莹先生也说诗词"可以使人心不死"。庄子说过"哀莫大于心死",而叶先生说诗词可以使人的心不死,可见中华诗词的力量是巨大的。

正因为如此,中华诗词有着强大的生命力。从清末、民国到中华人民共和国的20世纪是中国历史上天翻地覆的剧变时期。从"五四新文化运动"以来,作为传统文化精华的旧体诗词,虽然遭受厄运,但不同于任何一种古典文学样式的是,它仍然在坚守中有所发展,表现出惊人的生命力,在承担现代使命方面发挥着重要作用。旧体诗创作十一届三中全会以来得到复苏,现在正逐步复兴,并出现了发展的热潮。这首先与十一届三中全会以来的思想解放运动有关,它使人们理智地回顾过去,其中包括长期以来对旧体诗人为的简单、粗暴的否定。思想解放了,禁区打破了,人们可以自由地、理直气壮地去创作。"诗为心声"。许多诗人为了在新的社会环境下表达心声而选择了旧体诗。

几十年来的创作实践,证明这一文学体裁也可随历史前进获得新的生机,它不是凝固的、僵化的,仍然活在中国人的心里,而且能够表达新的社会内容,适应读者的新需要。在信息爆炸的当代,它又伴随着短信、飞信、微信、微博、QQ等现代传播方式,有了更多的知音和用武之地。这也是中华传统文化的力量。也充分表明中华诗词所具有的穿越时空、凤凰涅槃的生命力。

三、中华诗词学会与由复兴走向繁荣的中华诗词事业

中华诗词的复兴和繁荣是全国广大诗词爱好者努力的结果,也与党和政府的支持分不开,在这个过程中出现了中华诗词学会。中华诗词学会就是在中华诗词复兴中应运而生的。它产生以后,对中华诗词当代的发展,又起了重要的作用。

(一)中华诗词学会及全国诗词组织简况

1987年5月31日,农历丁卯年:端午节,经过四年多的酝酿筹备,中华诗词学会在北京成立。老一辈无产阶级革命家习仲勋同志代表党中央国务院出席会议并讲话。他说,今天在这里成立中华诗词学会,我觉得这是一件大好事。过去,我们从来没有这样一个全国性的诗词组织。现在,把这个空白补起来了。

中华诗词学会首任会长是著名诗人、全国政协原副主席钱昌照。第二任会长是著名历史学家教育家和诗人、全国人大原副委员长周谷城。第三任会长是著名诗词家和书法家、全国政协原副秘书长孙轶青。30年来，在党和国家大政方针的正确指引和高度重视下，经过社会各界的大力支持和各地诗词组织、广大诗人词家的共同努力，中华诗词事业总体形势越来越好。中华诗词学会个人会员已有32 000多名，是全国人数最多的文学团体。团体会员260个，涵盖了各省、市、自治区和港澳地区，大多数市、县都有诗词组织。各级诗词组织编辑出版和内部交流诗词刊物600多种，每年刊登诗词几十万首。中华诗词学会月刊《中华诗词》发行3万册，在全国所有诗词刊物中是最多的。2010年，中华诗词学会被国家民政部表彰为"全国先进社会组织"。

根据搜韵网点击率的分析，全国诗人和诗词爱好者约有300万之多。其中，老、中年诗友居多。但近年来青年诗词爱好者数量增长较快，尤其大学生中喜欢诗词的在大幅增加，不少大学都有了诗社，如北大、清华、北航、地质大学等。

（二）诗词创作情况

我们一直把出好诗、出精品，作为诗词工作的着力点。中华诗词学会每年的工作部署，所举办的各项重大活动，都突出强调精品意识并提出明确要求，鼓励诗人们向着艺术高峰努力迈进。学会已经连续举办了七届两年一度的"华夏诗词奖"，推出了不少好诗词、好诗人。中华诗词学会与一些省、市、自治区诗词组织合作，数十次组织全国著名诗人赴延安、唐山、兰考、汶川等地采风，出版了一批接地气、高质量的弘扬主旋律的诗词作品集，受到社会好评。中华诗词学会每年都联合各地诗词组织以及一些市县级政府，举办大量的不同主题、不同形式的诗词大赛，在扩大诗词影响、传播诗词知识、提高诗词创作水平等方面发挥了积极作用。作为弘扬主旋律的主流方阵之一的军旅诗词，其创作和研究也有了长足发展。《中华诗词》杂志的"时代风云"栏目、青春诗会、金秋笔会等，已形成品牌效应，推出了一批新人和高质量的诗词作品。

（三）诗词普及教育情况

自1995年在全国开展诗词之乡创建活动以来，截至去年年底，全国共有"诗词之市（州）"24个（其中"诗词之市"22个，"诗词之州"2个），"诗词之乡"238个（其中县、县级市、区89个，乡镇149个），"诗教先进单位"269个（其中大学6所、中学61所、小学109所，机关和其他单位93个）。这些先进典型产生了很好的示范和带动作用，推动了诗词事业的普及和繁荣昌盛。认真贯彻中宣部等六部委文件精神，积极指导开展诗词朗诵、演唱等活动，诗词入乐（音乐）也取得积极进展，推动了中华诗词的普及传播。网络诗词成为诗词创作传播的新领域，网络诗人增长迅速，且以中青年为主。为培养人们对诗词的兴趣，为提高会员和诗词爱好者的水平，中华诗词学会和各地诗词组织采取办班培训，请专家授课；书面辅导，用通信的方式修改作业；举行集会，大家相互切磋交流等形式，都收到了良好的效果。

（四）诗词理论研究和内外交流情况

《中华诗词》《中华诗词学会通讯》和中华诗词学会网，除发表诗作外，还发表了大量理论、评论文章，在诗词界和思想文化界产生了一定影响。每年举办一次学术研讨会，至今已连续举办了阿届。每年还与各地联合举行一些专题研讨会，发挥了诗词理论对诗词创作的引领和指导作用。编撰出版了《中华诗综》《中华词综》《中华曲综》《当代中华诗词集》等。《中华诗词文库》精选近现代诗词作品、理论评论、文献，涵盖了近现代诗词名家个人作品专辑和各省市区、港澳特区及台湾地区诗家及会员作品合集，目前已接近100卷。各地诗词组织和许多诗友都先后出版了大量的诗词作品集和诗词理论读物，为诗词事业的繁荣做出了贡献。

积极主动与辞赋、新诗、书法、绘画、戏剧、音乐、楹联等姐妹艺术形式进行交流与合作，成功组织了多次大型诗书画大赛和当代诗词作品吟唱会，让诗词插上翅膀，传播得更远，赢得更多的受众。2010年成立了中华诗词学会书画委员会、音乐委员会，编辑出版了《中华诗词歌曲集》。2016年成立了散曲工

远集坊第十三讲嘉宾合影

作委员会，以期推动诗词曲的全面发展。积极推动海峡两岸以及海内外华人之间的诗词文化交流活动。先后多次与香港、澳门诗词界举办诗词学术活动。2006年和2009年，中华诗词学会与福建省龙岩市联合举办了两届"海峡两岸诗词笔会"，与台湾近百名诗友共同采风。2011年12月，中华诗词学会参访团赴台湾访问交流，获得圆满成功。在武汉连续举办了两届海峡两岸中华诗词论坛暨聂绀弩诗词奖颁奖大会，来自祖国内地及港澳台诗词界的专家学者300余人参加交流探讨，在海内外反响热烈。2006年和2008年，中华诗词学会与日本汉诗学会吟诵团两次在北京举办诗词吟唱会。2014年5月，中华诗词学会在广东省惠东县举办了"海内外中华诗词高峰论坛"，来自世界五大洲的近百位诗人、学者和社会各界人士参加。在充分酝酿讨论的基础上，海内外中华诗词高峰论坛通过了《海王子宣言》，扩大了中华诗词在海内外的声誉。2018年端午节，我们与中华诗词研究院共同发起倡议并在荆州试办了首届中华诗人节，发表了《首届中华诗人节致海内外诗人书》，并确定下届中华诗人节由重庆市奉节县举办。

嘉宾讲坛

范诗银

《中华通韵》是受教育部委托制定的，经过两年多认证。在这期间，课题组开了六次专题会议，中华诗词会长会议开了12次研究有关问题，确定《中华通韵(16韵)》的方案。这个方案经过了教育部的项目鉴定，现在进入实验阶段，在全国选了20个学校搞教学实验。这个阶段以后，教育部专家委员会还要进行再审定，审定后才能够在全国试行，试行之后，经过修改调整才能正式颁发。希望明年能作为建国70周年的献礼。

下面向大家汇报三个情况，第一个情况是《中华通韵》方案是由历史韵书进化来的。在南北朝之前是没有韵书的，那时候诗人写诗，一是根据当时的口语，二是根据约定俗成，从隋唐开始真正有韵书。隋唐时期，诗歌创作是科举考试的重要内容，这就必须要有韵书，大家好按照统一标准作诗。新中国成立已经几十年了我们确实应该有自己的韵书。

第二个情况，中华诗词学会批注的《中华通韵》制定的依据是什么？主要有三个。第一个是法律依据，我们当前制定的韵书声韵应该是普通话声韵，因为《中华通韵》应该以《中华人民共和国国家通用语言文字法》为依据，还应该以《汉语拼音方案》为依据。韵部划分和各个韵部韵字内容应该服从《汉语拼音方案》，作为国家通用文字语言的拼写和工具，这是法律确定的。中华诗词学会提出的通韵，法律依据就是国家语言法。第二个是理论依据，这是在学界争论最多的问题。经过长期的研究和反复，我们才确立这么一个理念。中华诗词学会制定的通韵，韵理依据就是现代拼音方案的韵理依据，所以要根据韵母表确定。所以说中华诗词学会的通韵韵理依据就是普通话和汉语拼音的韵理学依据。第三个是实践经验，中华诗词学会有3万多个人会员，有200多团体会员、上百万的诗友，怎样押韵使一首诗更美好、更有生命力，确实是写诗的人更能体验得到的。

第三个情况，《中华通韵》实行后的原则。前段时间搞实验教学以后在社会上引起了很大反响，大家也关注新的《中华通韵》实行以后如何处理旧韵的问题。中华诗词学会倡导两句话，"倡今知古，新旧并行"。只有汉语拼音才是真正具有革命性的新举措，汉语拼音出现以后，实行两三千年的以字注字彻底不被采用了，这就是"今"。"古"就是旧的韵书被新的韵书取代，这不是靠行政命令来推行的，因为它和生活连在一起，和地域连在一起，和地方的语音结构连在一起。所以分两个层面来看。作为诗词爱好者，你愿意用什么韵就用什么韵，实际情况也是如此，有些老先生愿意用平舌音就用平舌音。另外，诗词从业者、诗词工作者，应该是新旧共用，旧韵确实体现了地域特点和语言的现实，过去从旧韵学起的人应该学新韵，过去学新韵的人应该找机会好好学旧韵。

白居易《琵琶行》局部

所以《中华通韵》试行以后，还有相当长的路要走。《汉语拼音方案》从1950年开始着手，1952年确定方案，然后试验，四年之后才向社会推出，之后又试行两年，到1958年在全国正式推出，从提出到正式推出用了八年时间。如果按照这一节奏来推行《中华通韵》，还要很多时间。当然，我们现在的手段比过去先进，我们相信通韵会在比较短的时间内推出。

刘庆霖

我把中华诗词学会、中国诗坛旧体诗创作群体的情况说一下。总体来说是非常繁荣的，用郑欣淼会长在2017年中华诗词学会成立30周年讲话当中的两句话说，就是"九天时雨诗中落，万里春风掌上来"。为什么这么说？

第一是数量。我列举几个数字：第一个，现在有诗词作者和爱好者大约300万；第二个，中华诗词学会在全国创建了238个"诗词之乡"；第三个，中华诗词学会会员现在是32 000人，而且现在每年以10%的速度增长；第四个，我们作品的发表平台有"三个800"，省级学会和县以上的注册学会大约800家，诗词刊物有800个，网络论坛超过800家。

第二是素质。诗词作者和爱好者年龄结构逐渐趋于年轻化。在30年前中华诗词学会刚刚成立时，他们常说"两个七八十"，百分之七八十的人七八十岁，基本是这个状况。这30年我们做了哪些工作？每年开青春诗会，组织大学生诗词竞赛，逐渐多吸收新会员。中华诗词学会设立了青年部专门抓这个事情，现在我们估计50%是60岁以下的作者。300万人当中大约10%能够严守格律，创作作品达到发表水平，还有大部分是自娱自乐的水平。还有就是我们的创作数量，每一天5万首，相当于一部《全唐诗》。作品质量在最近五到十年有了很大的提高。《中华诗词》每个月一期，发行量接近3万册，我们能感觉到诗词创作水平的提高。我认为现在普及诗词教育不成问题，我国的人口基数很大，关键在于我们的历史高度。

接下来说一下中华诗词行业面临的一些问题。问题分两方面，一方面是比较合理的问题，即在发展过程中必然会存在的一些问题。还有一些问题，不是特别合理的，如新诗主体论没有完全消除，旧体诗词的地位不高，从业者没有国家编制，没有一家有国家编制；诗词入史问题一直没有解决等。

王智钧

我是郑会长的朋友、老乡，也是他的"粉丝"。平时虽有很多交往，但面对面听他讲课的机会不多。他说中华诗词爱好者有300万，我就是那300万分之一，只是诗词爱好者，还不是中华诗词学会的会员。

关于诗歌我想说几句，我自己开始业余写诗都64岁了。2010年出了第一本诗集《世博诗草》，那年我64岁。如果早年就接受诗词教育，岂不更好？比如夏完淳，15岁时他已经是相当著名的诗人，要从娃娃抓起。和从我这个64岁的老头子抓起，那完全不一样。所以我认为古典诗词是我们中华文化的瑰宝，小学讲一下，初中再讲一下，高中再讲一下。如果诗词真正要复兴，还是要从娃娃抓起，要从教育上抓起。

我有两点建议：读读《诗经》，读读《楚辞》，想想《诗经》和《楚辞》到底有什么联系。

还有一个建议，涉及平水韵的问题。范会长的观点，我很赞同。千万别推广新韵以后旧韵就不用了。虽然没有看到相关的诗论，但既然科举制度设计了官韵，在小韵上分得那么细，背后一定有原因的。对此我们的研究人员要想清楚，这对我们古典诗词的复兴和繁荣也是非常重要的。

新韵对我来讲不存在问题，但平水韵千万别毁掉，和音乐上12平均律一样，它有非常奥妙的东西。

黄　君

　　我是一位作者,也是这个时代的亲历者。这个时代需要推出时代的精品和大家,这能起到一种重要的引领作用。我这些年来一直有追星的心理,对当今的诗词大家,我一直怀着仰慕之心。

　　郑会长在十年前送给我一本诗集《丑牛集》,当时他是故宫博物院院长,那一年两岸故宫博物院有交流活动,郑会长写了相关诗词有四五首,其中有写给台北故宫博物院周院长的四首律诗,我个人认为这是当今诗词的典范性的作品,也是可以称为"史诗"的作品。我认为郑会长的诗有这样的价值,缘于特殊的历史、特殊的题材以及郑会长高屋建瓴,具有远见的胸怀。

远见栏坊

第十四讲

刘珺

解读新经济的『非典型』视角

扫描二维码
观看远集坊精彩视频

刘　珺

　　中国投资有限责任公司副总经理。历任中国光大银行股份有限公司副行长，光大永明人寿保险有限公司董事长，中国光大集团股份有限公司副总经理，中国光大集团有限公司副董事长，中国光大实业（集团）有限责任公司董事长，中国光大国际有限公司执行董事兼副主席，中国光大控股有限公司执行董事兼副主席及中国光大银行股份有限公司董事。曾于 2012 年出版《金融论衡》，2016 年出版《新金融论衡》。

主持嘉宾：

  阎晓宏 第十三届全国政协文化文史和学习委员会副主任、中国版权协会理事长、原国家新闻出版广电总局副局长、国家版权局原副局长

特邀嘉宾：

  于 迅 第十三届全国政协港澳台侨委员会副主任、海南省政协原主席、党组书记

  王随莲 山东省人大常委会副主任、山东省工商联主席

  郭宁宁 中国农业银行党委委员、执行董事、副行长

  李云泽 中国工商银行党委委员、副行长

  蒋迎春 保利文化集团股份有限公司董事、总经理

  任志鸿 志鸿教育集团董事长

  陈 彦 中国文化产业发展集团党委书记、总经理

  张云帆 纵横文学 CEO，完美世界控股集团董事

  王丽娟 北京伟恩资产管理有限公司合伙人

  刘广和 北京东方海高投资有限公司董事长

  石 敏 中传投资有限责任公司总经理

  姜 东 中诚信发投资基金管理（北京）集团有限公司董事长

  刘 强 北京三维投资基金管理有限公司执行总裁

  陈高潮 北京工艺美术出版社社长

  靳 鑫 北京小鸡磕技文化创意有限公司 CEO

  王 旗 北京中视瑞德文化传媒股份有限公司副董事长、总裁

  秦 博 雅昌文化集团法务总监

解读新经济的"非典型"视角

我个人的观点比较"非典型",今天我用三个"非典型"视角来解读一下新经济。

第一个"非典型"视角:比较优势理论再认识

理论的适用性是有边界的,其成立亦有严格定义的前提条件。理论本身不是目的,重在指导实践,解读和运用理论的"锚"只能是人类的实践活动,因此,就字面理解理论,就原意诠释理论,结果便是患上认识论的"幼稚病"。另外,不可否认,理论有一定的时代性,而社会科学理论往往又兼具利益表达的功能,不同的利益导向驱动不同的理论解读和运用。现以比较优势(comparative advantage)理论为例。

(一)国家至上的"嫁衣"

从历史观和时代性方面进行分析,比较优势理论是英国重商主义之后,另一种"国家至上"的阐述。

重商主义。产生于西欧封建制度解体和资本主义生产方式发展的初期,其核心思想是通过国家的力量维护本国在贸易上的优势，极大化贸易顺差、财富净流入，它本质上是带有"原罪"的国家保护主义，更是贸易保护主义的渊薮。

亚当·斯密的绝对优势理论。其核心思想是在国际贸易中，一国应生产成本绝对低的产品，出口换取生产成本不占绝对优势的产品，从而使各国资源均得到最有效利用，并从相互贸易中获益。该理论在行动上推动了英国工业产品的霸权主义。

大卫·李嘉图的比较优势理论。该理论在绝对优势理论的基础上，提出了比较成本贸易的概念，认为一国应生产机会成本低的产品，以生产率的差异确立比较优势并在贸易中获利。在绝对优势理论下，先进国家不会与落后国家贸易，而在比较优势理论下却可以相互贸易，其实质仍然是推行早期集体工业霸权，并促使落后国家打开大门，保证英国的国际贸易利益最大化。

18世纪—19世纪是英国工业革命强盛时期，英国的利益关系广布海外乃至全球，为长远维护国家利益，客观上需要"思想的武装"，比较优势理论应运而生。那么，在形而上的华丽嫁衣下隐藏着哪些"真实的谎言"呢？

（二）理论祛魅

比较优势理论不仅是英国工业资产阶级的发展指南，也是其国际贸易理论的一块奠基石。对先进国家的意义不言自明，对落后国家是否裨益有加呢？国际贸易实践表明，比较优势战略的实施并不能改变发展中国家的落后局面。

1.比较优势理论中并无"竞争"一词

若将比较优势理论误读为成本比较优势向国际贸易整体竞争能力的转化，那么代以"比较竞争优势"的名称并无不可，其实后者的出现频率远高于前者，甚至一度混淆了该理论的"学名"。客观现实是，比较优势理论重在分析国际贸易中成本等要素的比较优劣，进而指导贸易政策的制定，并没有勾画出比较优势自然演变为竞争能力的过程，更没有推论出比较优势就是比较竞争优势。

在比较优势理论指导下，各国只要安守现状，将生产成本、自然资源的相对优势最大限度地发挥,自然能将国际贸易这个蛋糕做大。最终却导致国际贸易福利的不均衡分配,落后国家付出高消耗等成本,只获得了低附加值,而先进国家则坐享低投入、高收益,结果是落后国家的竞争力依然徘徊不前,无力与先进国家抗衡。从2011年各国竞争力排名可见一斑(见表1),发展中国家的综合竞争力和西方发达国家存在很大差距。从比较优势的逻辑进行推演,只要一个国家、企业甚至个人把握好其生产成本或者资源禀赋上的比较优势,就能有效地将其转化为市场需求,"靠山吃山,靠水吃水",就像我国改革开放早期的浙江、东莞等,但结果是否如理论描述的实现双赢呢?

表1 2011年部分国家竞争力指数排名

国家	总指数		分类指数					
			基础设施		效率增强		创新与成熟度	
	排名	数值	排名	数值	排名	数值	排名	数值
中国	26	4.9	30	5.33	26	4.7	31	4.15
巴西	53	4.32	83	4.33	41	4.4	35	4.02
南非	50	4.34	85	4.32	38	4.44	39	3.93
印度	56	4.3	91	4.25	37	4.46	40	3.92
俄罗斯	66	4.21	63	4.61	55	4.19	97	3.24
科威特	34	4.62	34	5.25	67	4.05	66	3.51
泰国	39	4.52	46	4.88	43	4.38	51	3.75
墨西哥	58	4.39	67	4.59	53	4.21	55	3.65
发达国家								
美国	5	5.43	36	5.21	3	5.49	6	5.46
日本	9	5.4	28	5.4	11	5.19	3	5.75
英国	10	5.39	21	5.6	5	5.43	23	5.17
德国	6	5.41	11	5.83	13	5.18	5	5.53

数据来源:世界银行,国家统计局。

2.科技外生与全球竞争格局固化

在推行比较优势战略时，发展中国家按照要素的机会成本和低附加值初级产品成本优势，确定本国在国际分工中的位置。这样发展中国家与西方工业国之间形成了一个"经济循环系统"：西方工业国组织要素、输出技术，生产出的产品占领广阔的海外市场，而拥有成本优势的海外各国为工业国源源不断地提供廉价生产要素。从比较优势理论看，该循环系统堪称"完美"，通过世界范围内的要素整合，实现产出最大化、成本最小化，进而增进了总体社会福利，这似乎是"帕累托最优"。该系统中发展中国家的技术靠引进、模仿，发达工业国家却严防先进科技的扩散。科技的外生性阻碍了导入、吸收和深化。比较优势战略的实施固化了这种国际分工，以发达国家（主要是美欧）为轴心，低端的永远低端，高端的永远高端。

另外，比较优势战略由于过分地强调静态的贸易利益，而忽视了贸易的动态利益，即国际贸易对产业结构演进、技术进步以及制度创新的推动作用。长期执行单纯的比较优势战略会阻碍一国的产业结构升级，对低成本生产要素的依赖催生了发展惰性，加之环境成本是跨代际的，现在的生产者和获益者并不一定承担应有的成本，何况环境的价格符号化很难精确。因此，处在国际分工最低端的发展中国家或被动或主动地被焊接到了产业链的原有位置，以巨大的投入换取微薄的现实利益，人为压低国民的福利，甚至可能殃及子孙。

3.审视比较优势理论的假设前提

比较优势理论发端于产品近乎同质的时代。比较优势直接体现在价格和数量上，在当时背景下对国际贸易的形成有较强的解释力。而作为其假设前提的"市场完全竞争"和"规模经济不变"与现实情况相去甚远。20世纪90年代以来，全球经济发生了巨变，规模经济与技术进步成为影响国际贸易的重要因素。新材料替代传统生产要素；新技术替代密集型劳动生产；以自然资源为中心的分工体系逐渐被以知识技术为中心的国际分工体系代替，尤其进入21世纪后，智力资源与科技进步成为国家分工和国际贸易的决定性因素。简言之，比较优势理论的前提假设与现实不符，即便元理论有涉及竞争的内容，到如今也徒有其表了。所以，我们切莫坠入"比较优势陷阱"。

4. 无竞争的比较优势最符合谁的利益

亚当·斯密和大卫·李嘉图之后，英国很好地继承并发扬了这一理念，面对拥有生产要素比较优势国家的逐步"醒悟"，英国不惜动用武力在全球范围内继续推行比较优势贸易，以期维护既定利益格局的"经济循环"。比如，17世纪到20世纪，英国对拥有丰富、廉价生产要素和广大市场的东方进行残酷的殖民扩张与统治，最大限度地打压这些国家的民族产业。正是这种无竞争的比较优势贸易极大地掠夺了东方的资源，遏制了东方发展，延续了英国的繁荣。同时，由于这种贸易模式的长期推行，在东方人心目中逐渐形成了西方先进与东方"低人一等"的强烈落差，这种文化和民族心态上的负面影响若置入理论评估的方程式，正负的天平会更倒向发达国家。

(三) 历史陷阱与现实沼泽

在历史演化过程中，盲从比较优势战略并寄希望从这个"经济循环"中立国、强国者甚众，但成功者寥寥，教训也不少。

1. 阿根廷："农本"之误国

阿根廷在20世纪初被誉为"世界的粮仓和肉库"，人均GDP排名前列，高出日本一倍。一直到20世纪30年代，国际分工格局处在关键期，阿根廷成为拉美国家中最早制定应对经济全球化发展战略的，但误判了比较优势，视农牧业为核心竞争力，倾全国之力于国际初级产品市场。阿根廷作为初级产品供应地、低端制造业的生产地区和工业品消费国，与欧洲建立了联系，其国策更强化了这一国际分工格局，结果是阿根廷经济高度依赖欧美，导致经济体系周期性危机频发。显然，在这个模式下，欧美工业国攫取了高额利润，阿根廷靠牺牲本国资源、市场仅获得了微薄回报。一旦欧美发生经济危机，需求减弱，阿根廷国内生产必将中断，引发负债急升，出现债务违约。除政治混乱的因素外，迷信古典经济学的比较优势理论，恪守"农本"的"非工业化"的道路使"即将进入第一世界的第一候选国"（世界银行的预测）滑向了"第四世界"。

2. 石油国家

另一个极端案例是石油国家。在西方主导的国际分工体系中，海湾及拉美等国家拥有丰富的自然资源，这些国家以本国石油资源"富国"，沉溺于石油美元。丰富低廉的能源除创造出炫目的人均GDP外，也为西方工业国后工业化时期的科技创新提供了资源保证。小利在石油国家，大利却落入发达国家口袋，更不必说长远之利。借助资源类产品在财富上提供的"窗口机会"，石油国家若不能实现经济转型、政治革新，若不能实现国际分工链条上的位置提升，最终难逃"荷兰病"之命运。

简言之，西方主流经济学所倡导的"比较优势"的贸易模式看似完美，但安于这个国际分工体系的所谓强国也只是一个"梦"。农牧产品、"石油美元"在眼前确实为这些国家带来了巨额财富，但挖完了"金矿"之后，或许前方就只剩下无尽的沼泽地了。

（四）敢问路在何方

国际形势变了，理论亦须发展，在现行的国际分工体系下扬长避短和跨越发展，着力点在竞争力，而且是核心竞争力。对中国而言，不同的发展阶段必须有不同的战略，但需要注意的是，任何阶段不仅要依托比较优势，更要找到并培育核心竞争优势。

数据显示（见表2），截至2010年，中国的制造业增加值位列全球第一，但从制造业增加值构成看，附加值高的机械制造业增加值占比24.5%，而日本、韩国、德国分别达到了37.2%、45.7%和35.7%。我国的竞争力虽有提升，但与发达国家仍有很大差距。

表2　制造业增加值及其构成

国家	制造业增加值（亿美元）		主要行业所占比重（%）							
			食品、饮料和烟草		纺织和服装		机器和运输设备		化工	
	2000	2001	2000	2001	2000	2001	2000	2001	2000	2001
中国	3 849.42	19 061.86	14.39	11.81	11.22	9.98	14.1	24.5	12.0	10.8
日本	10 340.92	9 702.04	11.43	10.98	3.04	2.15	33.9	37.2	10.4	10.7
韩国	1 345.55	2 081.42	8.26	6.32	8.00	4.94	41.3	45.7	9.5	7.9
美国	15 430	17 794.74	13.02	13.59	3.43	2.23	29.7	24.7	11.8	15.2
德国	3 924.73	5 679.02	8.15	7.57	2.28	1.70	32.7	35.7	9.8	9.9

数据来源：世界银行，国家统计局。

1. "出口导向"是对比较优势理论的粗读

在工业化推进初期，受技术、制度等方面因素的制约，发展中国家选择通过技术含量不高、进入门槛低、要素价格低、自然资源富集的比较优势来发展本国工业，用市场换取技术，完成初级产业资本积累、增强国力，其作用不可低估。问题是，该模式得以延续的前提是进口国的需求能够消化出口国的产能，而目前陷入危机的美国和欧洲给出的答案恰恰是否定的。客观地讲，苦苦在低端产业链逡巡的"出口导向"经济模式，是新兴经济体融入全球化的一个环节。但固守该模式，除优势渐弱、自然环境恶化外，亦会对科技进步、制度创新形成阻力。

2. "实业强国"是对比较优势理论的反思

国之强大还在实业。沙中建塔的迪拜，过度虚拟化的华尔街，金融虚胖的爱尔兰，以及实业乏善可陈的南欧，这些经济"去工业化"程度深的国家和地区在危机面前"免疫力"差,而实体经济健康特别是制造业发达的德国却木秀于林,成为欧债危机处理过程中的"定海神针"。可见,任何国家的强盛都要立足于实业,虚拟经济的发展可以提升实体经济的运行效率,但不能舍本逐末,任由虚拟经济自我循环,自我实现,自我膨胀,最终自我毁灭。虚拟经济,特别是金融业一定要本着"实需原则",回归服务于实体经济的轨道。

3."核心技术"是对传统比较优势理论的否定

传统比较优势理论难以解释近现代日本、韩国与美国之间的贸易关系。统计显示20世纪50年代,拥有资本优势的美国向日本出口劳动密集型产品,而日本却向美国出口技术和资本密集型产品。为什么会出现这种状况?答案在于传统比较优势理论的技术外生性。纵观欧美国家的发展史,每一次技术革新都深刻地改变着生产方式、资源配置以及本国的国际分工地位。西方国家的技术封锁,发展中国家的安守,只能是不断固化全球分工格局,二者发展差距将不断加大。

缺乏核心技术者在竞争中惯用三法:一是压缩成本;二是差别化战略;三是制定和掌握行业标准。现今全球化时代,发达国家、跨国公司等仍牢牢掌握着主动权,只要将核心技术及规则制定掌控在手中,就能稳固利润的绝大部分。例如个人电脑行业,全球的个人电脑生产商都要向英特尔和微软"纳贡",接受WINTEL(微软和英特尔联盟)标准;中国的格兰仕已成为世界最大的微波炉生产商,但关键零件磁控管仍然依赖进口。因此,不要片面地强调贸易优势,不要片面地强调品牌,在"微笑曲线"的权衡中,科技的"笑靥"永远强于品牌的"酒窝"。没有核心科技,品牌不可能建立;没有核心科技,任何资源投入、劳动力付出、环境成本都是徒劳。

世易时移,对比较优势理论需要重新认识。传统的比较优势理论中没有"竞争"之元素,更没有全球自由竞争市场建设的意图,只有"廉价",只有"低成本""安于现状",发展中国家若固守理论陈规,不及时顺应潮流调整经济战略,恐陷入国际分工的低端磁场,坚持技术立国,力争在关键领域、战略产业的核心技术方面有所突破，才能占据全球价值链的重要位置。

第二个"非典型"视角：下行是暂时的，全球化流变与投资转轨

全球化下行期的投资主题散乱，从侧面印证了全球化的发展趋势并没有根本性的改变，下行是暂时的，是片段。

全球化充满了争议，并且质疑声愈来愈大，反对者愈来愈多。缘何昔日人类文明的浩荡潮流顷刻间变成社会公平与进步的阻滞呢？溯源全球化，其萌芽于国与国之间的贸易，始于物的跨境移动，延伸到人的跨国移动和资金的跨国移动，继而开启政治、社会、环境和文化的跨国交流和全球性协调。

全球化概念真正形成于20世纪70年代，交通和通讯的便利是其前提，互联网和移动通信是其加速器。1983年经济学家西奥多·莱维特（Theodore Le-vitt）以《全球化市场》（*globalization of markets*）为标题的文章，被认为是全球化在学术上严格定义的发端。2000年国际货币基金组织（IMF）规范了全球化的四项主要内容：贸易和交易、资本和投资、人的迁徙和流动以及知识的传播和分享。全球化从萌芽期、初始期、成长期逐步进入现代意义上的形成期，在100多年的时间里最为显著地标识了人类的发展和进步。

（一）全球化上行

第一次工业革命以降，工业化先行国不遗余力地推广国际贸易，重商主义成为理论武器，无论是安东尼·蒙克列田（Antoine de Montchretien）的货币差额论还是托马斯·曼（Thomas Mun）的贸易差额论，均把政策重心放在限制进口、鼓励出口上，是基于维护国别利益的生产本地化、市场全球化的模式。由于其零和博弈的本质，虽然客观上按下全球化的启动键，但进一步上行的思想驱动力明显不足。于是，亚当·斯密和大卫·李嘉图接棒，以更符合经济全球化的古典经济学理论特别是自由市场和比较优势学说推动全球市场和国际分工，全球化有了"主义"的指南。之后，经济方面是第二次工业革命和第三次工业革命，其间发生1929—1933年大萧条和互联网泡沫等危机；理论方面是凯恩斯主义和新古典经济学，同时存在政治经济学、行为经济学、制度经济学、供给学派等。

在2000年之前，全球化始终处在加速状态，边际效益为正，帕累托改进的步伐未停。

两条主线脉络清晰：三次工业革命积聚的全要素生产率充分焕发，发达经济体生产力水平不断提升并主导全球产业链和分工，科技创新的作用日益突出；发展中国家的人口红利开始显现，劳动密集型的生产制造和禀赋依托型的资源出口被差异化地嵌入了全球分工体系（发达经济体中也有资源和原材料出口国，比如澳大利亚等）。欧美国家开发并掌握核心技术，输出低端产能，进口廉价商品；新兴经济体进行产业升级，构建制造业体系，积累财富并输出储蓄盈余，进口关键技术和高端产品。如此两分的经济体集群在"微笑曲线"上实现了共生，合力塑造后工业化的国际政治经济秩序。

"经济基础决定上层建筑"，在这一超长的全球化上行周期，国际规则和全球治理由发达国家设计，不断构建出有利于全球化的制度框架。

政治方面，自由、民主是主题。二战之后的冷战铁幕轰然倒下，"历史终结"指向"华盛顿共识"的西方模式。虽然其间中国走出一条相对独立的发展之路并衍生出"金砖国家"等发展集群，但大方向是意识形态让位于经济发展，保守主义让位于自由主义，国别事务让位于国家间协调机制和全球共治，如国际组织、国际仲裁机构等，一般性规则和先例的国际化形成大致共识。

经济方面，欧美坚持自由市场，国内市场与国际市场融合，以市场之"大"制衡政府"看得见的手"，具体政策针对福利和保障多、干预市场和企业少，政府与市场始终保持一定的距离（at arm's length）。

社会方面，德国俾斯麦时期的现代社会保障制度得以继续完善，保障体系的广度和深度得到强化，福利改善为社会的相对融洽培土强基。

全球范围内政策组合的主基调是促进生产力的持续进步和社会福利的持续提升。财政政策上，赤字预算和转移支付等的积极运用助推投资和消费，较大幅度地改善了基础设施和公共服务；货币政策上，中央银行的独立性置于原则性地位，政策目标高度聚焦，即以防通胀为主。政策传导机制的主渠道是市场和市场化主体，政策工具遵循单一规则，以利率等价格型工具为主，通过加息以稳定 CPI（消费价格指数）水平并给过热经济降温是基本桥段，降息以应对萧条并刺激经济增长是插曲。

在全球化上行期，与和平和发展相契合，未来和增长是投资主题，价值嵌套于增长，增长凸显出价值。

国别选择方面，发达经济体是技术禀赋和资本禀赋引领科技创新和产业转移，新兴经济体是发展红利和改革红利驱动产业承接和"两化"——工业化和城市化。两种经济体的执旗者的投资价值和回报巨大，比如美国、欧洲、日本，金砖国家等。

行业选择方面，金融资产和非金融资产均表现良好，金融加速实体经济效率，实体经济在新需求的作用下依托新技术不断产出新产品，行业性机会频现，特别是与创新相关的自动化和电子技术等。

资产类别选择方面，周期性资产相对于成长性资产表现中规中矩，但上行的大趋势始终保持，其中大宗商品更是在"中国需求"的虹吸效应下从历史新高走向另一个历史新高，成长性资产的估值"没有最高，只有更高"，超预期贡献阿尔法。

期限选择方面，短期限（short duration）、交易型让位于长期限、持有型，且持有期不断延长，时间的价值表达与成长的故事叙述融为一体。

风格选择方面，风险追逐（risk-on）是市场主流，可供选择的载体从原生工具到衍生工具、从股票到债券、从主动（active）到被动（passive）、从传统到另类（alternative investment，如对冲基金等），每一种载体均有充分的生存和壮大空间，均展现出可观的价值捕捉能力。

（二）全球化平行

新千年前后，全球财富的普遍增长遇到瓶颈，财富效应的聚集特征显性化，而分配特征被扭曲，贫富差距和阶层分化明显，1%与99%的矛盾激化，帕累托最优的理想状态没有实现，全球化进入平台期。科技创新与资本市场的对接和高效率运转受到冲击，互联网泡沫先被引爆，以危机的方式预告发展范式变迁的来临。

政治方面，民粹主义和民族主义（回潮，极端理念和观点开始获得响应，以"9·11"恐怖事件为分界点，恐怖主义从非核心关注变为全球治理的主要议题。

经济方面，GDP走势开始分化。新兴经济体的改革红利仍处于释放期，特别是中国加入WTO之后国际分工利好发展中国家集群，使其增长得以延续，但已然出现增长疲态，而发达经济体基本进入低增长期。

同时，国际收支失衡有所加剧，贸易顺差集中在以中国为代表的新兴经济体、以澳大利亚为代表的资源国和以德日为代表的制造业强国，而传统发达经济体的赤字状况持续恶化，导致其国内利益置于国际市场之前，非市场化的保护主义抬头。

社会方面，阶层和民族对立与宗教和意识形态冲突在国家内部和国家之间多维度展开，公平的相对缺失造成发展成果的分享偏离，福利国家的财富创造与分配高度不同步，社会幸福指数逐级下降。

全球政策组合的主基调是防通缩。财政政策上，积极的财政刺激（大行其道，但加大政府投资受制于财政收入匮乏，赤字政策的运用也受财政纪律的约束，整体效果乏善可陈，而欧债危机后适用于希腊等国的紧缩政策（更是在反思基础上变向；货币政策上，稳健向积极转化，央行的作用达到极致，甚至成为影响经济和市场的最为重要的力量，量化宽松、央行扩表等非常规手段常规化，央行不断向市场注入流动性，利率被人为设定在极低水平（主要发达国家利率在零附近甚至进入负利率区间），投资者的能力从分析市场变成与央行的货币政策对表，如穆罕默德·埃尔埃利安（Mohamed A. El-Erian）所说的央行成了"唯一表演"。

全球化平行期的投资主题是价值与增长并重,但普遍性增长的信号变弱,价值中枢被低利率政策所压制,贝塔低,获取阿尔法的难度也较大。

国别选择方面,新兴经济体的高增长题材难以为继,违约与通胀的风险凸显,回报率难以覆盖风险,投资价值急剧下降;发达经济体却能为避险投资提供支撑,虽然绝对回报水平已无昔日辉煌,至少可以为流动性过剩背景下的超量全球货币提供泊位。

行业选择方面,金融类资产是投资重点,股票、债券、房地产(既有居住属性,又有投资属性)的价值被不断推高,彰显资本在经济增长的大趋势中力量之大;非金融类资产表现欠佳,工业品和食品等由于生产力提升,其价格长期承压,石油、煤炭等大宗商品由于"中国元素"的剂量锐减而无法持续居于高位。

资产类别选择方面,周期性资产起起伏伏,财务回报无可圈可点之处,石油、煤炭等资产的下行区间远多于上行区间,成长性资产除信息、互联网领域的"独角兽"外,投资陷阱多于投机机会;过多资金追逐下的一级市场估值已然很高,二级市场投资价值和退出通道的收窄均挤压整体回报水平。

期限选择方面,股票的波段操作上位,交易性得以强化,而债券以长期限为主,以期在央行主导的低利率下获取可能的期限溢价。

风格选择方面,风险追逐基于债市收益过低,任何风险溢价都不能放过,而风险规避(是基于主要经济体股指均处历史高位的选择,特别是美国,市场反转冲向出口(rush for the exits)的心态潜移默化左右市场情绪,两种风格平行上演,投资载体主动、被动兼用,愈到后期愈倾向于被动。以基准收益为指针的交易所交易基金(ETF)大行其道,对冲基金等主动投资平台的收益能力被广泛质疑,即便投资者没有放弃主动的取态,具体实现方式也转向"智慧贝塔"(smart beta)。

(三) 全球化下行

全球化上行和平行期是过去时,而全球化下行是现在进行时,并仍在持续。新经济和互联网时代信息的交换和共享是全球化的，这使离现在最近的三次危机（1997年的亚洲金融危机、1995—2001年的互联网泡沫危机和2007年开始的全球金融危机）外溢和传染效应在速度、范围和烈度上几何级数地增强，并引发政治形态、社会结构和文化现象等方面的深刻调整。

英国脱欧、欧洲难民危机、特朗普当选美国总统等历史性事件，蕴含的不是简单的经济或政治信息，而是表象之下的人类发展方式的反思，尽管呈现出来的是抗议及情绪压制理性的激烈表达。

全球化成为众矢之的，无论是概念还是实践都受到重压，全球化站在了下行通道的门口。

政治方面，民粹主义和民族主义出现泛化端倪，主张不同甚至迥异的政党不约而同把民粹和民族主义视为获取选票的"法门"，选举政治与国际恐怖主义极端化交织，国别利益是主流，全球共治变成非主流，国际形势进入超常不稳定状态；经济方面，全球金融危机的续集不断上演，出现欧债危机、新兴市场货币贬值、石油价格断崖式下降、非洲灾荒等，甚至中国都进入"三期叠加"，GDP增速转换为中档，全球景气状况低迷；社会方面，老龄化和环境恶化积弊甚重，全球变暖使人类生存受到挑战，抚养比之低使人类延续成为问题，人与人的冲突和人与自然的冲突不断升级。

全球范围内政策组合的主基调是激活通胀、就业回归和制造业在岸化。财政政策上，紧缩政策不再被推崇，减税和加大基础设施投资等重回政策选项，供给学派的味道浓重；货币政策上，利率向常态回归，特别是美国加息提速，欧洲央行退出量化宽松和负利率提上议事日程，日本的量化和质化宽松的力度趋弱，主要经济体利率走高的大趋势形成，通货膨胀抬头。

国别选择方面，内向型经济体和资源国受益，外向型经济体由于保护主义盛行而受到冲击，由于美元升值，与美国制造业回归和本土化生产消费高度相关的项目受到追捧；行业选择方面，金融与科技的"混搭"概念Fintech（金融科技）是热点，非金融资产中以服务贸易的系统集成者是重点，且服务贸易的技术含量要足够高；资产类别选择方面，具有科技驱动力的成长性资产孕育明日之星，周期性资产中与科技有机融合的佼佼者亦值得关注；期限选择方面，短期限集中交易的吸引力较大，长期持有在技术颠覆和模式转化的窗口期并不最符合逻辑；风格选择方面，投资者进入了"选择焦虑"，不仅是在主动、被动、"智慧贝塔"等之间选择，而且要在人和机器之间选择，人工智能范畴的机器人投顾与量化投资、程序化交易一起，将革命性地改变现有的投资版图。

(四) 全球化新常态

全球化的将来时会如何展开？世界仍在变化，科技"马太效应"和创新领域的摩尔定律仍在"挥斥方遒"，丝毫没有消减的迹象。精英阶层与草根阶层的分野没有弥合，反而愈发偏离中点。即便如此，与全球化相左或背道而驰的人类发展新趋势能继承大统吗？可如是观。

去全球化是国际性协议或多边安排向国家间协议或双边安排的转变，逆全球化是向保护主义的转变，而反全球化是向孤立主义的转变。全球化已然是现实存在，走回头路是小概率事件，回到原点更无可能。要素禀赋是因，贸易数字是果；进步是目的，如何进步是方法。若运用去竞争的方法重塑国际竞争力格局，逻辑上大谬，实践上也难以行稳致远，全球化态势是不二选项，因为人类的追求远没有想象的差异那么大。

第三个"非典型"视角：经济现实"波谲云诡"，经济学理论假设"失效"，发展模式变轨

经济学是否是独立学科一直在争论中，尚未形成共识，而经济不是完全独立的范畴却已然是定论，经济与政治 (特别是外交和军事)、社会、文化、自然的交互无时不在，且无须臾停止。是故，经济的变化是与生俱来的，无论出于内因还是外因。与之相对应，经济学的相关理论和假设必须与时俱进，以精确解释和反映新经济的新变化。观察现时二者的互动关系，经济变化之剧烈远超经济学的经典理论和假设，既说明理论和假设的表面意义在实践中相对失效，也一定程度上佐证经济发展模式由渐变、嬗变到变轨的结论。对位理论和假设的"岿然不动"和经济现实的"波谲云诡"，二者之间的差异张力极其显著，主要线索摘要列示如下。

贸易的福利增进与比较优势的共赢性。自重商主义始，贸易对经济的贡献已不存在认识盲区，在具体行动上，主要贸易国出于国家利益考量奉行狭隘"利己主义"的"以邻为壑"政策，货币差额论与贸易差额论皆如此。

之后，大卫·李嘉图的比较优势理论领风气之先，在传承亚当·斯密学说的基础上，国际贸易之共赢假说在坚船利炮和金银的合力作用下逐渐成为"有限共识"，不断给初生的全球化赋能和背书，使之形成趋势，并以其强大动能重塑世界经济秩序。而全球化发展至今，贸易对参与国人民福利的普遍增进受到前所未有的质疑，阶级对立、贫富分化的社会难题与民粹主义、恐怖主义的政治重疾纷至沓来，贸易普惠的经济学假设已经松动。

与此同时，基于比较优势的价值链位置固化之弊也被广泛诟病（第一个"非典型"视角已做充分论证）。

伟大的实践者和真正的理论家亚历山大·汉密尔顿曾对斯密批评美国限制进口予以驳斥，尽管杰弗逊总统笃信比较优势理论，认为美国应该用优势产业农业与英国等交换工业品，但汉密尔顿坚持限制工业品进口而积极扶持本土制造业发展，为美国工业体系的全球领先做了扎实的准备。

既然发达经济体如美国等的实践证明了该理论的巨大局限，发展中经济体又何必"皓首穷经"地一味被钉在全球价值链的中低端呢？因此，与贸易理论相关的假设须更直面接受挑战，而从目前来看，被挑战的结果不容乐观，新的贸易与福利的关系必须在理论上进一步完善甚至重新定义。

全球化的正外部性和经济增长与社会福利的正相关性。全球化的设计初衷是以人流、物流、资金流乃至信息流的广域流动，实现经济的更充分发展和人类福祉的更充分改善，全球化理应最终惠及利益攸关方（并与贫富的严重分化相互排斥。但现在，全球化的正外部性偏离度越来越大且边际效应递减，收入的非正态分布日益加剧，全球财富的分配和再分配愈发显现"马太效应"的"赢家通吃"，是故，全球化理论应厘清其所以然，特别是分配效应，相关经济学的理性推演与社会学的逻辑判断须进一步相容，从而使全球化的正外部性应该被大多数人享有的社会价值假设得以重启。

同理，理论上，社会福利的改善与经济增长率亦显著相关，在就业方面，奥肯定律[Okun's Law，准确地讲应该是奥肯经验法则（Okun's Rule of Thumb）]给出2%的产出增长降低周期性失业率1%的经验数据。就业状况向好是劳动者收入增长的前提条件和动力源，但是现阶段，该关系的传导机制出现了越来越多的梗阻，经济增长未必引致社会福利增进反倒有常态化的倾向，至少二者的经典正相关关系因受到严重扰动而根基动摇，所以，新关系的基础研究框架应尽快提上议事日程，经济学的社会学考量应被赋予极大的紧迫性。是故，经济学一定要有人文关怀，这也正是亚当·斯密把其《道德情操论》放在《国富论》之前的深层次原因。

通胀与失业率的负相关性。经典的菲利普斯曲线（见图1）证明了通胀与失业率的负相关性，但在全球经济态势下，菲利普斯曲线所揭示的关系已然变化。低失业率不再与通胀共存，特别是在2008年全球金融危机之后发达经济体的复苏过程中，通胀始终蛰伏，通缩却挥之不去，而失业率至少在数字上出现大幅度改善。美国2017年11月失业率为4.1%，为17年以来最低，11月季调显示核心CPI年率为1.7%，继续徘徊于美联储2%的通胀目标值之下。

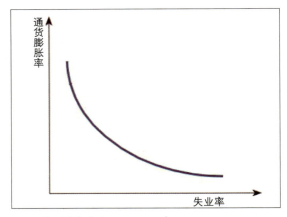

图1　菲利普斯曲线

　　菲利普斯曲线的平坦化或许源于超常规的货币政策，比如量化宽松（及相应的超低利率和央行扩表，或许源于新经济特别是共享经济、互联网经济驱动供需关系变化、生产消费关系变化和人的行为变异（比如传统工作或上班观念的被颠覆及传统劳动参与率的失准），或许源于科技创新的广泛覆盖与深度渗透（如生产能力的"无上限"导致"供求决定价格"的均衡发生倾斜），等等。

　　无论如何归因，毋庸置疑的是这种经典关系式已不再具备严谨的理论解释力和实践预测力，经济发展的结构性要素出现了超标准差的变化，新模式对新理论提出了新要求。

　　政治经济学的制度时症与"药方"。政治经济学是对古典经济学的一种检讨，虽被贴上"非主流"的标签，但其逻辑之严密和解释力之强大是不争的事实，《21世纪资本论》"居庙堂之高"就是政治经济学"显学"地位的明证。

　　同样是检讨，与古典经济学同源而衍生出的制度经济学受到"礼遇"，但其理论的实际效果未必真正能问诊制度时症，对症开好"药方"。与市场经济对位的制度选项是民主政治,市场的有效性和政治的民主性似乎是"一体两面"。

那么,在新经济和"后真相"时代,经济学的政治内核和制度内核作用孰大孰小呢? 民主的本意是通过一定的制度设计使集体决策能更大程度地体现最大比例的所代表者利益,实质上是求最大公约数的机制和制度。民主的程序正义须保证结果尽量反映民众的诉求,而不是保证过程符合制度规则而结果却代表少数人利益。毫厘无爽的过程管理并不是程序正义的本质要求,程序的严格设定和过程控制的真正目的是以程序规范性保证实体正义性,而非削足适履的"唯程序论"。

但西方民主的具体方式在设计上可行,实践中却未必达到预期,比如选举。

从理论上而言,越大比例准确反映选民诉求的候选人越应该赢得选举。可在实际生活中,人的愿望并不是差异巨大到极端的非正态分布或者极化分布,政治家也不会无知到体会不到民众的愿望。于是,合乎逻辑的选项有两种,一种是以不变应万变,走中间路线,那么选举的结果并不取决于候选人政策的主体部分和核心主张,而取决于政策的细枝末节,结果往往是反映民众情绪的政策细节左右胜负;另一种是临时抱佛脚,实时判断民意走向,并有针对性地出台政策迎合之,而这种应景式的政策组合在选战前后会出现极大落差,可操作性不强。如此,西方的民主选举制度合成的结果是候选人或党派政策大部分重合,少部分依据选情来"赌"民意,不同党派的政策主干基本一样,识别度低,而区别在于情绪化的口号和非理性的、不计成本的承诺。

无论谁上台执政,原本价值观大体一致的民众因极其细微的差异而分道扬镳,阶层对立和社会割裂成为不可避免的事实和真相,如此制度设计并未真正引致政策的适宜性和决策的科学性,而是族群互斥和社会对立。因此,政治经济学的主张似乎更"接地气",而制度经济学的分析却过于"经院气"。

直观地讲,制度经济学对古典经济学的校正和改良仍有"路径依赖",而政治经济学的"分庭抗礼"却不落窠臼。当然,市场经济的"市场"是经济的子

远集坊第十四讲嘉宾合影

午,其他即便发挥作用,也非"决定性"作用,这一结论是经典的,也是被实践证明的,必须不折不扣地坚持。

政治稳定与经济稳定的同向性。既然经济与政治密不可分,二者的作用力与反作用力又相对较强,常规的理论模型自然是线性地关联稳定的政治与稳定的经济,反之亦然,政治的动荡与混乱和经济的平稳与增长同框出现的概率在理论上不大。

因此,英国脱欧、特朗普胜选、加泰罗尼亚独立公投、委内瑞拉修宪、民粹主义回潮等政治事件对应的经济表现应是负向的,是波动的,是不稳定的,至少逻辑上如此。而现实上演的却是"大反转"剧情,政治的不确定性与经济的低波动性共存,特别是发达经济体,研究机构的全球政治不确定性指数和芝加哥期权交易所的波动率指数反映的恰是这种状况(见图2)。政治的喧嚣与经济的平稳出现在同一时期,这说明市场的力量已经超越政府的"力所能及",市场力量之大印证经济范式在进步,经济的科技含量在提升,对民生的影响越来越积极。

图2 政治不确定性指数与VIX波动率指数

即便政府与经济可以存在相对独立的发展轨迹,也不代表政府可以摒弃市场经济的根本原则。政府与市场的关系定位不能"走回头路",特别是对新兴市场经济国家来说,政府"先定位、要到位、不越位、莫失位、忌错位"的"边界理性"必须建立并秉持。

GDP和CPI统计的核算与数字呈现。GDP是国民经济核算的主要指标,但统计意义上的GDP与国民经济产出不完全是同一概念,GDP只是产出的一部分,并非全部。CPI亦如此,CPI的构成与真实消费之间的关系对位尚未适时调校,所呈现的CPI数字公信力趋于弱化,普遍的感受是通胀在日常生活中真实存在并一定程度上有所上行,而CPI指标却未能准确反映,趋势性的指向也未做到,与现实有严重的违和与脱节。

目前的统计体系对相对水平的衡量较充分,对绝对水平的衡量能力不足,而新经济的识别与量化的难度之大不容小觑。

因此,可以负责任地判断,GDP和CPI的构成变量须予以更新,核算方法和呈现方式也应予以升级。新经济的共享性和关联性压缩原有经济活动的重叠部分,特别是"小众多元共享"使得经济的重复劳动大幅度降低,而无形资产的崛起更增加了指标变量的虚拟化程度，经济核算的指标体系须体现新经济特点，传统核算体系的改造必须提速。

实体经济与虚拟经济的对立与主辅关系。随着产业革命的演进，虚拟经济从小到大，成为经济体系不可或缺的组成部分。经典理论对虚拟经济的定位是服务实体经济。这样的关系描述基本符合经济发展规律，但若得出二者的对立以及关系的主辅则明显是过度解读。虚拟经济之"virtual"（虚拟）的词根是virtue（美德与价值），并非字面上的与"实"对立的虚幻之"虚"，实体经济之"实"亦指向价值创造，所以，两者有共同的基础和相同的目标：价值。更须重视的是，实体经济和虚拟经济的边界越来越模糊，二者之间在科技的作用下不断融合，实体经济的虚拟成分在提高，虚拟经济的实体基础也在提高。真正定义新经济的，是在生产力要素融合的背景下无形资产比例上升并成为标志和驱动力（见图3）。

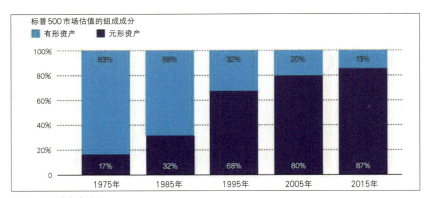

图3　无形资产占比

既然科技的作用无所不在，无形资产的作用日益显著，传统的以有形资产抵质押为主体的筹融资模式必须根本性地改变，对新科技和无形资产的风险评估与定价必须重新量化、重建体系。

投资便利化与收益的直观归因。被动投资的登堂入室,使得投资便利化程度极大提升,再将人工智能(AI)和智能投顾的深远影响纳入理论框架,积极投资理念是否过时?简单作答:不会。

首先,被动投资的负面效应显现有一个过程,羊群效应、价格扭曲、公司治理弱化等均可能导致系统性风险;其次,积极投资的意义不能被低估,主动管理和趋势预测仍有不菲的价值,其更符合产融一体化的新经济特点;最后,传统的收益归因是线性的、直观的,或阿尔法、贝塔等,或价值、规模、动能、波动性等,仿佛是对应关系,而新经济的收益归因是非线性的,同一收益可能源于多因子,可能源于共同作用的混合因子,甚至可能源于无法准确度量的非因子元素,积极研究价值创造和收益归因显然比被动更主动。

责任投资与经济回报的不一致性。根据经济学的经济人假设、资源稀缺性假设和人的非餍足性假设,经济主体承担社会责任的潜台词是成本支出的相对增加和财务收益的相对稀释,责任投资和经济回报仿佛天然是负相关的。以ESG(Environmental,Social and Governance,环境、社会责任和公司治理)为代表的责任投资虽然在社会效益和人文因素的作用下日益受到重视,并不断主流化,但普遍看法是,责任投资赚得更多的是社会效益的"面子",却无法赢得经济价值的"里子",甚至一定程度上损害了经济价值。

确实如此吗?实证数据证伪了该观点。研究机构跨区域、多机构对比ESG和CFP(Corporate Financial Performance,企业财务绩效)的量化指标后得出的结论是考虑财务指标的同时,把ESG嵌入投资决策过程,长期收益较高(见图4)。责任投资与经济回报并非对立关系,也非零和关系,实证数据显示的是相对稳定的正和效应。

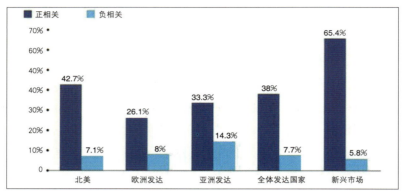

图4　ESG和CFP的相关性

　　理论之经典和假设之成立不在于结论的文字本身，而是在于其逻辑性和方法论，在于其应用性，以及在应用之中再定义、再建模甚至与时俱进地解构与重构，如是认知，经济学理论与假设的"失效"是好事，经济发展模式的变轨亦是必然。

　　本文由作者已发表的三篇文章组成：《比较优势理论再认识》（原文刊登于《财经》杂志2013年第17期）、《实际经济"波谲云诡"，经济学理论假设"失效"，发展模式变轨》（本文首刊于2018年1月22日出版的《财经》杂志）、《下行是暂时的：全球化充变与投资转轨》（本文首刊于2017年4月10日出版的《财经》杂志）。

嘉宾讲坛

张云帆

　　我主要是做互联网,做文化,做数字娱乐的。我分享几个想法:

　　科技是一种破坏性的创新方式,我对此深有感触,头几年跟很多传统行业的朋友聊,他们说:"互联网刚来的时候感觉跟我没关系,你们互联网行业是一个行业,我们传统行业是另一个行业,后来发现互联网可以将一切互联网化,连传统的水泥生意全部得用鼠标。"

　　比如互联网金融。很多人跟我说:互联网金融跟我没关系,大数据跟我也没关系。根据过往的潮流,任何一个新的技术、新的手段甚至新的科技来的时候,对所有行业都是摧毁性的。举个例子,大数据跟金融有关系。人们不需要去银行里面做征信记录了,互联网行为就是你的征信,你买了什么东西,你每个月花多少钱，这全都是你的信用。你从中可出得出人物画像，就是用户图谱和画像。文化娱乐跟大数据没关系吗？也有。如何选择优秀的作品？当然看数据。百度搜索引擎部门给我一个数据，比如前段时间某个电视剧很火，或者最近某个综艺节目很火，你可以从中看到用户的行为：用户看了什么，他搜索了这个电视剧以后又搜索了什么。你从中可以知道这个用户是什么样子的，他的喜好、他的需求，你应该做什么样的内容满足他的需求。

美国的农业人口不到3%，就是1 000多万，工业人口多一些，工业和农业总人口占整个美国人口数的10%，但是工业和农业几乎覆盖了他们整个物理世界的需求，剩下90%的人在干什么？他们更多的是在满足人们的精神需求。好莱坞很重要，因为你在看电影、看电视剧；NBA很重要，因为你要看球；美国有很多音乐公司、唱片公司，产值巨大无比。所以，将来新经济一定不是说我们去造什么东西是核心，将来就是满足人们的精神需求。我认为整个世界的未来将会是数字化的，我们人最后是数字化地生存。

以后无论是人工智能还是大数据，都是一种对全行业、全领域的摧毁和破坏，但是又是重构，我们必须要接受这个重构和重建。以前银行是希望物理化的，现在银行窗口都配了PAD，连签字都是电子的。未来实体经济和虚拟经济没有边界，满足人们精神需求的虚拟经济的总量越来越大，人最终的物理消耗是相当有限的，但是人的精神消耗是无限的。为什么没有外星人进攻地球？或许是因为地球的物质资源对外星人没有用，我们认为很有价值的黄金、钻石对他们毫无疑义。当虚拟世界越来越大的时候，人类也许往那个方向上走过去。

这儿不慌

第十五讲

罗振宇

回到本来面目

扫描二维码
观看远集坊精彩视频

罗振宇

得到 App 创始人。

主持嘉宾：

　　阎晓宏　第十三届全国政协文化文史和学习委员会副主任、中国版权协会理事长、原国家新闻出版广电总局副局长、国家版权局原副局长

特邀嘉宾：

　　杨志今　第十三届全国人民代表大会常务委员会委员、教科文卫委员会副主任委员

　　孙寿山　中国音像与数字出版协会理事长、原国家新闻出版广电总局副局长

　　周民源　中国银行保险监督管理委员会政策性银行部主任

　　黄　强　人民教育出版社社长

　　苏雨恒　高等教育出版社社长

　　张纪臣　中国图书进出口（集团）总公司总经理

　　莫蕴慧　人民音乐出版社社长

　　陈　彦　中国文化产业发展集团有限公司党委书记、总经理

　　赵　焱　国家电网英大传媒投资集团有限公司董事长、党委书记

　　梁志祥　百度副总裁、管理层成员

　　葛　珂　北京金山办公软件股份有限公司 CEO

　　张凌云　掌阅科技股份有限公司创始人

　　姜　东　中诚信发投资基金管理（北京）集团有限公司董事长

　　贾立斌　北京文化产权交易中心总经理

　　汪　浩　嘉丰达科技发展有限公司创始人

　　吴冠勇　上海冠勇信息科技有限公司创始人、CEO

　　刘　阳　国文经信（北京）文化发展有限公司总经理

　　杨旭日　北京强国知识产权研究院院长

　　秦新春　北京电视台研究发展部主任

　　熊志远　华韵文化科技有限公司董事长

　　于　洋　中译语通科技股份有限公司 CEO

　　殷秩松　清华大学文创产业发展研究院副院长、秘书长

　　王小宁　人民政协报社编委、文化周刊主编

　　赖名芳　《中国新闻出版广电报》编委兼出版周刊中心主任

回到本来面目

　　我们这家公司从创业那天开始就想找到一种商业模式。

　　最终找到这种商业模式，是因为一位重要嘉宾的到访。这个人就是亚信的老板田溯宁。

　　有一天他到我办公室就问我："你们将来想发展什么？"我就跟他说了一大堆我们当时想做的事情，他听了之后就说："我觉得你们应该做知识运营商。"

　　什么叫知识运营商？我们从来没有听说过这个词。

　　我们一直觉得世界上生意好像只有两种，一种叫作产品，一种叫作服务。什么叫运营商呢？我就问他。他说："这个词对你们外行来说确实很罕见，我是做电信的，所以我经常讲到运营商。什么叫运营？商人给用户一个极其简单的界面。比如，大家的手机，只需要买一张卡就可以用了，但是商人要运营背后极其复杂的系统，把它集成，以至于用户只需要买一张卡就行了。所以，它既不是开餐馆那样提供服务，也不是简单地销售一个产品，它是一种封装复杂性的商业行为，叫运营商。"

　　我听到这个解释是在三年前，然后我就开始琢磨知识运营商该怎么做。我请教田溯宁老师："你觉得知识运营该怎么做？"他说："反正跟现在出版社做的不一样，出版社所有的东西都落实到一个清晰的产品上，就是书，书封装的复杂性还不够，所以出版社应该算是产品商，不叫运营商。我觉得知识是一个特别复杂的事物，应该封装为更加具体、更加进一步的产品。"

这次话让我受益良多，也构成了我们此后两到三年创业的一个基本初心，就是怎样把复杂性留给自己，然后不断地随着技术的迭代和社会结构的演化，提供全新的更简单的服务。

这算是今天的一个开场白。

谈新知识的需求和服务，其实是谈整个产业。为了给大家勾勒出一个轮廓，我谈五个关键词，前四个关键词跟这个产业有关，最后一个关键词是我2018年最大的一个心得。

第一个关键词：需求

在知识这个产业里面，需求大体不变。这是我们这个行业跟其他的产业不太一样的地方。人要为自己的生存和发展获取新的知识。

在创业界，很多人都在说，一家创业公司要随时准备做第二条曲线，因为第一条曲线做着做着就断了，全是断头路，所以企业要不断地革自己的命。这是创业界流行的一种思维模式。

有一个老师经常讲第二条曲线，有一次我就私下问他："你说全聚德有第二条曲线吗？他们一百多年前做烤鸭，现在还是做烤鸭，这样的生意只要把烤鸭做好就行。"这个问题其实对我们创业者来说是挺颠覆的，因为它意味着一家企业好像不创新也能存活下去。在一个倡导了三四十年创新的国度，当我们突然找到一条好像不创新也能走得通的出路时，一般人是不敢往下想的。

我们是初生牛犊不怕虎，就开始顺着这条思路往下想。后来，我跟我的同事是这么归纳这个思路的：

人的基本需求的变化是不大的。别看这些年技术变化挺大，人的需求还是那些。华楠曾经举过一个例子：大家打开手机看一看，手机里那些图标，"电话"的形象还是那样，两头大中间小，尽管那种电话我们基本见不到了；"日历"的形象还是那样，"闹钟"的形象还是那样；所有银行的图标都还是铜钱，这是什么道理？我们连纸币都不用了，但是银行的图标还是铜钱，这说明这个世界的变化其实比我们想象的要小。

道理很简单：138亿年前这个世界成型，然后不断地爆炸，形成一个层累的世界的演化结构。地球围绕太阳转一圈是一年，一年365天，一年12个月，24个节气，按照这个尺度来说，人类生活的大部分内容是不变的。

所以，也许我们可以这样去看待变化本身：它只是利用最新的技术，把一些最古老的事情重干一遍。

有一天我跟同事讲，看来有三个产业永远不要想创新的事，而要想着怎样把古老的事情干好。这三个产业是什么？

就拿最简单的细菌来举例。它绝对不可能删减的需求是什么？

就是今天讲的经济、政治和文化。一个细菌的需求也是这三样，跟我们今天的人没什么两样。

首先，是经济，它得从环境中获取资源，这不就是今天的电商吗？

其次，是政治。它总得处理和周边个体和群体之间的关系，这不就是今天的社交工具吗？

最后，是信息和文化。它的细胞膜总得布满受体，感受环境的温度、压力和其他各种各样的信息，以便于自己做出行动决策。这事也不会变。所以我们今天的文化出版这个领域，与两千多年前孔老夫子时候那个状态，也没什么实质区别。

所以，我认为，我们做"知识服务"这个行业，很可能是进入了一个很好的行当，永远不愁没市场需求，因为这需求是根本的。

但是话又说回来，我们这一代人还是遇到一些挑战，这个挑战根本上是因为现在人的生命结构出现了重大变化。我举两个例子：

第一，结婚这件事对现在的青年人意味着什么？对于比我大的那一代人来说，结婚就是成家。如果大学毕业后还不结个婚，你怎么算是个社会细胞呢？所以结婚这件事对比我年长的那代人来说是人生头等大事。可是现在去找年轻人问一问，你就会发现不一样了。他们认为结婚是他们把自己的人生搞明白之后的最后一件事。你20岁结婚？你哪有清晰稳定的价值观？你知道你需要什么样的人吗？你事业稳定了吗？你知道你是哪个社会阶层吗？你就敢结婚？从进入社会的第一件事到把自己人生搞明白的最后一件事，你看，人们对婚姻的看法，发生了翻天覆地的变化。

还有，我们这代人极有可能会活到100岁。各位别不信，最近中信出版社刚出了一本书，叫《百岁人生》，说的是随着医疗水平的提升，我们这一代人活到100岁没有问题。60岁就彻底退休吗？不可能的。这意味着你要住40年养老院，养花种草，不可能的。

所以，未来，人的故事已经不是我们熟悉的人生故事了。

我们过去熟悉的人生故事非常简单：20岁之前求学，把用于承接人类传统的知识学好，进入你的行当；20到30岁是求学的终结和婚姻的开始，开始传宗接代；30岁开始成为单位挑大梁的，50岁开始就培养年轻人，到60岁就什么都不想了，后面有多长不知道。所以我们发现，过去的人一旦登顶事业的巅峰，他们的人生就已经被定下来。所以过去的墓志铭用一句话就可以概括一个人的一生。可是今天不一样，如果60岁的人各方面状态都还很好怎么办？别说60岁了，60岁以后你都可以重新开始第二档故事。

很可能70岁得去创业，70多岁还得去上学，你的人生曲线波动太大了。现在一个20多岁的人进入一个产业，这个产业的周期很可能不会超过15年。所以他就必须多次改行。如果像过去那样，进入一行你就想奉献一辈子，但现在这种情况越来越少了。如果把一个人的人生职业周期延长到75岁，那么从20多岁到75岁大概要换四五个行业。这还是在今天来看，还不敢说几十年后的状态,人生故事变动巨大,过去几乎所有关于什么叫成功、什么叫伟大的那些叙事全变了。

这是我们这一代人遇到的一个问题。这个问题就要拿来质问做知识产品的人:我们真的要按原来的结构提供需求和供给吗?有一个词,叫学业有成,这个"学"是可以"有成"的。现在,这事好像结束了,没有"学业有成",现在是终身学习。只不过我们的社会到现在为止,还没有演化出一整套应对这种需求的产业化的解决方案。

我经常给我的同事打气:我们公司是做知识服务的,这个产业非常大。他们说:"怎么大了?你就这点生意好意思讲大吗?"然后我就灵机一动:"我问你一个问题,中国最大的产业是哪个产业?""中国移动?""不是。""茅台酒?""不是。""卷烟?""不是。""啥?""围绕高考的产业群落。"你想是不是这个道理?

所以知识服务这个产业是最有需求且规模最大的一个产业,但是这个产业现在遇到的问题就是,我们怎么针对全新的一代人的知识需求重新规划它的底盘。

这是我想说的第一个关键词:需求。

这真是一个特别奇妙的时代:一片荒原,跑马圈地,所有的事都值得重新做一遍。作为一个创业者,生活在这个时代特别幸福。

在中国,教育的本质是什么?就是连不识字的人在心灵深处都有着内在的学习动力。到农村去,不识字的老太太见到任何一个小孩都会说:"好好学,将来考大学,有出息,让你爹娘有面子。"这是全民族的共同认识,你到美国的贫困地区看看,那里没有这样的老太太。我们这个民族的自我内在的学习动力真的强大。

李开复在美国讲:"如果中国创业者和美国创业者同时登陆火星,我敢打赌一定是中国创业者能够占领火星,因为这个民族向上的、跟自己不太客气的那个劲儿在全世界也找不到。"这也是我们这个产业遇到的需求。

第二个关键词：供给

很多人认为我们得到 App 做的是音频。以为我们跟原来出版业的差距在于载体的不同：他们做的是文字，我们做的是音频。但是这样理解这个差距，可能有一点点错位。

人类文明到现在基本上是一万年，我们真正通过文字来积累文明，在中国比较长，大概三四千年。就整个人类文明来说，通过文字来传播思想文化、积累文明，其实没有大家想象的那么远，也没有那么普及。

人类发明了文字，文字太管用了，可以远距离、长时间、跨时空地传播信息，所以这个东西大家迅速用起来了，但是它带来很多问题。什么问题呢？就是我们的大脑几百万年的进化不是为文字准备的，尤其是学习中文，你必须经过长时间的艰苦的训练，才有可能熟练运用。现在有很多大学毕业的成人，文章都写不通顺。

几百万年来，我们大脑接受的是自然语言。听人说故事这件事，我们一两岁就会，到老也很痴迷，这是我们人类的本能。所以我记得前年的春天，我在杭州西湖跟汪丁丁教授有一次聊天，他跟我讲他最新看到的一个调查，我听了也挺惊讶的。他说美国最近有一个调查，就是成功人士当中阅读障碍症的患者比普通人要多，患病的概率比普通人要高。这说明有些人的大脑就是不适于阅读的。小时候经常在班上看到那些成绩不好的孩子。那样的孩子不是不聪明，他就是不爱读书，可能就是他的大脑天生不适合阅读文字，就这么简单。从进化的历史来看是不是有这种可能？于是这部分人就被我们的印刷文明、文字文明淘汰到社会底层，但这样的人无论是从智力还是各个方面来说并不差。美国的这个调查证明，一个不会阅读的人，实际上他的社会竞争力不仅不弱，甚至更强。这就是汪丁丁教授给我讲的这个结论，我听了非常震惊。

这就意味着人类学习的通道不见得是通过文字阅读，文字阅读可能是我们在技术没有达到今天的水准下的权宜之计。那最好的学习通道是什么呢？其实就是自然语言，就是人跟人对话，这是不是就是音频呢？那可不一定。就像这些年来，出版业的奇迹——《明朝那点事儿》——到现在仍然高居于大学生最爱借阅图书的前两位，它是文本还是音频？它当然是文本，但是你去看它的行文，它是自然语言的交付。

自然语言和文本语言、印刷文化最大的区别在哪里？

其实就是两个：第一，是不是有对象感，是不是在对人说话，这个区别就表现为郭德纲讽刺的那些电视相声演员。电视相声演员连掌声和笑声都是提前录好的，他没有对象感。而郭德纲是从前门那里开始靠卖票维持小剧场经营，哪怕只有三个观众也得讲，底下人乐不乐他必须得随时接受反馈。

自然语言的第二个特点，是必须随时提供价值。我经常打一个比方：写书的是在造山，而自然语言交付的知识服务者实际上是在带旅行团。

我们读书都有这种感觉，一本书哪怕读到一句话觉得有用，这本书就是好书，至于这句话出现在这本书的哪个地方，那体现的是爬山人的本事。我作为读者，会自行把它看到、把它提取出来，你按你的逻辑规划你的山就可以了。

而自然语言就是人与人互相之间讲故事。比如说我们今天这个交流就是自然语言的交流。如果现在你们已经有一半人睡去了，我肯定就慌神了，因为你们的反馈对我太重要了。而且我必须明白，有些地方我是要略去的，我是不可以按照逻辑构建我的叙述策略的，我必须像旅行团的导游一样帮助大家。你们全部的体验过程必须由我来主控，这就是自然语言和文本语言最大的区别。

我最近在大量地阅读，有些书真的就是山，爬起来累死了，就像寻宝一样到里面去找东西。可是渐渐你会发现，有一种出版物出现了，我读它的时候就有点像冲淋浴，你往水龙头下面一站，那个热水就冲下来了，让你四体通泰，每一个毛孔都很舒服。最近我读到了大量的这样的书，这就是自然语言，它对我是那么关照。所以我就说，其实我们要面对的是重新回归一万年前，在那些古堆边、篝火旁、老人的膝边，小孩子围绕一个会讲故事的人，那样的一个知识传授场景。我们的文明已经演进到可以允许这样的知识交付。符合我们几百万年进化大脑的能力、习惯、接受条件的交付在复活。

我们必须把知识交付的效率再提升，提升到完全尊重我们的用户、顾客、读者、听众的习惯和他们的承受能力。所以我觉得这可能是我们这一代知识服务者面临的一个非常大的挑战，我们要在供给端重新开始思考，我们到底给用户提供的是什么价值。

第三个关键词：产品

我们中国人在谈兵法的时候经常相信一个词叫"以少胜多"。从小学历史就是：赤壁大战是中国历史上著名的一次以少胜多的战役，淝水之战也是一次重要的以少胜多的战役。实际上，战争从来都是以多胜少，人类没有哪次战争是以少胜多，都是在局部以多胜少。

事实上所有的市场竞争的本事就是你怎样把资源集中到一个局部，在关键局部压倒性地取得胜利，所以这个局部的判断和你整合资源到关键局部的能力才是真正的战争能力。这其实就是在讲产品。

我刚才讲了需求的变化和供给的策略变化，明白这两件事之后，我们重新调集资源集中到关键局部的策略，就打开了全新的空间。

说到这儿，我以我自己的一个产品为例。这个产品叫"跨年演讲"，在中国会讲话的人中，我肯定排不上号，有思想的人中，我更排不上号，但是我为什么能做一个思想性的跨年演讲？在中国，思想市场其实还不是很发达，我能做成这件事的关键因素就是我们能集中力量到一个关键局部。

我的跨年演讲是这样生产的：每年7月1日，我会启动该年跨年演讲的内容策划，从7月1日一直到12月，我大概有30～50场的策划会。针对各个行业的牛人，我要么去亲自拜访，要么去组织策划会。倒计时150天时，我们整个团队就开始将主题公布出来，当然平时的日常团队也在跟进。

对于我来说，我准备"跨年演讲"的过程非常简单，我会写下大概6万字的发言稿，这是从60万字逐渐缩下来的。到了12月，就要进入逐字调整的状态，我自己最关键的任务是把6万字全部背下来。"跨年演讲"最大的难处其实不是内容，而是我8点半准时开始。因为电视直播嘛，到12点我要一秒不差地把所有话说完，让跨年倒计时开始。所以我一个字不能错，一秒钟都不能错。我演练跨年演讲的方法非常简单，就是把它切碎，比如说从8点半到12点半一共4个小时，我们把它切成大单元7个，小单元70个，然后我站在大屏幕前面，有人坐在底下给我掐表。我反复练习，直到把每一段变成记忆，然后在8点半到12点半才能保证一秒不差。

全中国从年头到年尾那么多演讲者中，谁下过我这样的工夫？没人下过我这样的工夫，所以我能在这个市场上立住脚，这跟聪明不聪明没关系。在这样一个时代存在集中资源到一个关键点的可能，你有没有做别人做不到的努力。我在这儿不是诉苦，比我累得多的人有的是，但是他们没有把所有资源集中到关键点上。

实际上跨年演讲这个创意也不是我的，是我一个朋友的。他就提议我和他一起做跨年演讲。我说"好，这个想法特别天才"。但是一谈到细节，我们俩开始出现分歧，他认为我们不应该在元旦去做，我说不行，要干就得干跨年，这背后实际上就是我们俩调兵遣将的思路不一样。我的思路就是一旦有机会开展工作，就要集中所有资源到关键点。战场上有一个词叫"范弗里特当量"，说的就是关键时刻一定要有压倒性的资源投入。这是将军的思维。

现在整个社会结构在变化，互联网等一系列技术因素也使得这件事情变得可能。昨天晚上开播了一个我们和江苏卫视、深圳卫视合作的一个脱口秀节目，叫"知识就是力量"。也是我一个人，从头到尾讲一个话题，江苏卫视是中国很好的卫视，我在周末黄金时段，做了这么一个节目。别人说："你干吗呢？一会儿做出版，一会儿做教育，一会儿上电视，你是不是精力太多无法释放？所以又想去混到娱乐业顺便挣点电视业的钱。"这就把我们的行动意图想浅了。

我要做的是什么？我的客观判断是，知识服务市场一定会演化出某种产品，叫"头部高成本产品"。我们现在做知识服务的人，都特别适应于分散的腰部产品。中国出版业一年出几十万种图书，实际上我们用的是服装厂的"赌款"逻辑在做：我也不知道哪个好，那我就多做，通过市场博弈自然会演化出最好的。

服装市场是一个天然的个性偏好市场，这可能永远不会变。但是图书市场的这种分散性实际上是由原来的技术基础决定的，未来不会是这样的。随着技术基础的变化，它一定会出现大头部产品。

这件事在一百多年前就发生过，就是电唱机的发明。原来谁唱歌都有人听，电唱机发明后，唱歌市场越来越向头部集中，不是大明星，不是大制作，音乐市场你就得渐渐丢光。随着电视的普及，这个现象在体育界再次重演。过去，农村的孩子看一个县体育大队的篮球表演已经"惊为天人"，很爽了，真好！现在如果不是NBA最厉害的那几个人，都没戏，全世界篮球行业的钱全部集中到那个头部，这种汇集效应在技术基础改变的情况下，反复在各个行业发生。电影也是，二三十年前几百万成本的艺术片、小成本片机会很多，现在几百万的投资根本不行。必须得是头部才行。

只要是工业品，一定是往低成本走，创新得越厉害成本就越低。但是对不起，创意产业也许正好相反，随着产业演化，成本越来越高，谁没本事把钱花出去，做出真正的头部产品，将来就是要被淘汰的。因为市场一定会这样倒逼你的。

我为什么跟江苏卫视合作？我那节目不是电视节目，我就是讲一堂40分钟的课，但是因为是电视节目，我就必须花150万人民币做一期。而将来，这个市场一定会演化出一亿元一节课的知识服务，甚至更贵。我们必须为这个未来做准备。现在就得踏上这个成本升级的阶梯。

在跟江苏卫视合作之前，我已经在谋划下一步。我去找了张艺谋，我说咱们要不要复兴一个片种，叫科教片。他说什么叫科教片，我说就是你们小时候看的《地雷战》《地道战》那种片子。他说那个片种早死了。我说对，但是你信不信，科教片将来会比故事片市场更大。他说怎么理解？我说假设由你出面，投资一亿美元，雇全世界最好的视觉特效团队，拍一个片子叫《人工智能》，就是一节课，两个小时，在电影院播放，你说能不能收回成本。他说肯定能，这个项目国家肯定支持、院线支持、资本市场支持。当故事片能够挣到30亿乃至更高票房的时候，一亿元的科教片也是这个市场可以接受和消化的。

所以，各位，我想说的不是谁对谁错，市场演化到最后出现的那个绝对头部产品，它的成本结构，它跟社会的关系，它的载体样式，是我们现在无法想象的，可能比我说的还要奇幻，这个社会的教育产品和知识交付有可能变成大头部。

站在这个终局，我们再来回看我们今天提供的产品，可能正处于那个演化的极其初级的阶段。交付知识，一个学者写本书，编辑校对，下厂印卖，这就是终极状态了？挂个黑板，弄个PPT讲个课，这就是终极状态了？恐怕不是。

随着底层技术手段的联通，将会演化出巨无霸产品。那可能才是市场的终局。

所以现在做这个产业我是极其害怕，因为我知道那个终局的大BOSS，如果不是从我们公司演化出来，我们中途就得下场了。我们还没有老出版社的那些优势，版权、老底子，那些东西我们都没有。

所以，创业是一场逃亡，不要觉得你已经跑得很快、很超前，关键是后面那条"狗"太凶了，稍微停一步，"嗷"，上来就一口，所以我现在公司里面的压力是极大的。

所以，产品、头部产品，这是我想说的第三个关键词。

第四个关键词：产业

我们的企业到底在干什么？从前往后看，好像我们在创新、在探索、在探路，在穷尽各种可能性。但是今年我有一次认知升级，这是缘于我的一个朋友，也是我的品牌服务商华杉讲了一句话，我一下觉得这个世界原来可以颠倒过来看。他说：人类文明本质上就是个符号，我们今天所有做的事情就是为一个符号在工作。一个企业成不成功取决于它是不是人类共同接受的符号。可口可乐不就是符号吗？

他第一次跟我讲这个道理的时候，我还觉得挺难理解的。他说："不是品牌符号来帮你卖产品，是你所有的产品、组织都是为了建符号。品牌是结果，而不是工具。"

既然是符号，那么符号就有一个内在张力，叫对完备性的承诺，这个挺可怕的，这是很多公司没有意识到的问题。

什么样的产业、创业者能够存活下来呢？是它能够靠它的符号所承诺的完备性穿越市场进化剪刀。

这话有点难懂，我解释一下：同一代产品，你什么时候能穿越进化的剪刀进入下一代，其实不取决于你的力量，而是取决于你是否具备这个符号的完备性。

我举个例子，出版界的老前辈、商务印书馆的张元济先生。现代印刷机刚引入中国的时候，毫无疑问，存在着两种用印刷机的思维：第一种就是黄色小报，肯定是又快量又大赚钱又多；还有一种就是张元济先生那样编辞典、汉译名著、万有文库，见效慢，日活低，施工周期极长。

张元济先生当年的商务印书馆，可不是我们认为的只讲情怀，事实上到20世纪30年代，商务印书馆已经是远东第一大出版社，在商业上是很成功的。那些印黄色小报的而今安在哉？像样的生意都没有，更别说成功了。商务印书馆就靠这个，非常简单，做正经东西，完备地做，一做就是全集，编字典、万有文库。当年中国若哪所中学图书馆没有一套万有文库，好意思叫中学吗？

在去年年底，我突然意识到这个问题。别人把我们这一行称为知识付费，我说我是做知识服务的，不是做知识付费的。区别在哪？

付费这个动作和这个符号，让你像当年用现代化印刷机印黄色小报一样，天天盯着数据。

　　数据在这个时代很重要。但是，我怕它影响我终极的价值判断，影响我对完备性的追求。什么叫完备性？就是当我有了经济学课、金融学课，接下来一些肯定卖不好的课要不要做？比如说我们现在正在制作的人类学课、语言学课、密码学课、档案学课、数学通识、物理学通识、宇宙学通识、医学通识、关于黑洞、关于5G、关于芯片产业等课程，一个一个细分得很明显，这种不能向大众销售的课要不要做？在我的完备性的价值主张下，这些课程不仅应该做，而且优先级极高。这不是在比拼情操，这是一个地地道道的商业算计，因为只有完备性才能帮你穿越进化剪刀。

　　举个例子，今年创业界最热的一个词叫区块链，但区块链难以找到应用场景。区块链的道理很简单，它就是一个不可篡改的数据库、有公信力的数据库。我假设"得到"已经做了世界上现有大学知识几乎全部的课程，那会发生一件什么事？

　　就是只要叠加上区块链技术，我们就可以给任何一个终身学习的人发文凭。任何一个人只要在"得到"APP学习，你的学习的极细颗粒度就可以被计算为学分，过去的学分只能给你一个学分，而我用区块链技术可以记录到你看了哪个知识点，哪一本电子书你看了哪几页，哪个课你听了多少；你有没有回答问题，有没有完成作业，有没有跟老师互动，你互动的成果披露出来有多少人点赞，多少人评论，多少人转发；你推荐一门课，有多少人为你的推荐买单；你在课堂上的信用、在社群里的信用所有这些都是数据，全部可以被记录。

　　到了那个时候，我们也许就可以干成一件事——人类社会从来没有干成的一件事，就是随时可以打开一个人的脑子给别人看：在过去的十年里，他读了什么书、上了什么课、听了什么话、见了什么人，他对什么有偏好，他的知识趣味是什么。

　　这是个多大的商业机会？但是这个商业机会一定建立在下一层的知识完备性上，就是我这里要有所有的电子书，要有所有的头部课程，无一遗漏地记录人类学习的行为数据，才有可能推开下一扇由区块链主导的知识经济的大门。这就是完备性的作用。

所以完备性不是多元化，也不是贪多求大，而是只有当一个企业具备完备性时，才能变成符号。事实上我创业几年最大的体会就是，几乎所有通向下一个发展阶段的大门，能够敲开它的敲门砖、打开它的钥匙都是上一级台阶的完备性。

第五个关键词：本来面目

实际上前面我已经开了一个头：大道周行，日月星辰，这件事在我们生命的这个阶段极有可能不会变，一年12个月，春夏秋冬的轮替不会变，这个东西不变，农时不会变，农时不变，中华民族由农耕民族演化来的基本生活行为周期就不会变。

我们这一代讲创新讲得特别多的人，就觉得这个世界是不确定的。对我们做知识服务的人，这世界何尝变过。我反复强调这一点，这个时代创新的最好的策略是什么？就是回到那些不变的东西，然后从中占便宜。

这话怎么讲？我举个例子。做冰激凌的哈根达斯，当年来到中国，它真正把市场拉爆的是一个行为，就是做冰激凌月饼。月饼的馅儿有自来红的有五仁的，有蛋黄莲蓉的，我们这辈子已经见证了很多变迁。当出现冰激凌月饼时，中国人接受起来一点难度都没有，我们觉得这是创新。但是你别忘了，他敢把冰激凌月饼做成三角的吗？这事他不敢。你说这个敢和不敢之间的区别在哪儿？区别很简单，就是"大道周行"那个底层符号不变，永远不要动它，中秋节的底层符号是月亮，月亮什么时候变成三角的了，你才有机会把月饼变成三角的。这些事情是不必变的。

所以，每一代的创新者的任务是什么？是回到这些文明的母体，这些母体那么强大，那么清晰，千万不要跟它较劲。

我说的母体就是这个意思——本来面目。总而言之，这个世界上绝大部分事情都有它的本来面目，借助本来面目才是最精明的生意。

再举个例子。1931年是圣诞老人这个文化形象历史上的分水岭。1931年之前的圣诞老人长什么样? 穿绿色衣服。因为圣诞老人是个精灵,在欧洲文化当中,精灵肯定来自森林,穿绿色衣服很正常。

为什么圣诞老人1931年以后穿红色衣服? 这是一个企业干的: 可口可乐。

可口可乐操心一个问题,就是冬天没人喝汽水,销量肯定是下降的。它就必须得找一个文化符号,把他的衣服颜色变成可口可乐瓶子的用色。现在那个圣诞老人的衣服颜色是不是就是可口可乐瓶子的用色? 红色的底色加一个白边。

那一年可口可乐就在全世界开始投放圣诞老人这一符号,然后所有的店员打扮成圣诞老人,挂大胡子,穿红袍子,然后戴白边的帽子。就从那一天一直到今天,可口可乐占了人类文化的一个大便宜,圣诞老人可不是他们创造的,但是他们有可能回到文化符号的母体的本业面目,然后改造这个母体,按照自己企业的价值和利益改造这个母体就特别容易成功。圣诞老人这个符号成功到什么程度? 以至于今天芬兰的圣诞老人村的圣诞老人也按照可口可乐设计的样子改造。

所以,在文化上不要轻易地搞创新,回到原来的母体里,这才是最精明的生意。

最近我们就在干这个事。《论语》《道德经》《庄子》《易经》《孟子》《传习录》大家都知道,有谁一字一句给咱中国人讲过,而且用最高成本做这样一些知识产品? 央视已经把这个事做给你们看了,有于丹讲《论语》,这个市场效应是炸弹级的、核弹级的。于丹在央视讲《论语》只能抽着讲,《百家讲坛》只能给她有限的时间。现在都到互联网时代了,存在这样一个机会,就是从"学而时习之"一直讲到论语第12章,每一个字拆开讲。

你说我们有多少普通人是有这种需求的?《论语》大家从小就听说,大家都知道孔老夫子伟大得不得了。但是它到底说的什么呢? 这是一个明摆着的核弹量级的产品。我没看到有人做,那我们就做了。今年9月28日是孔子2569

年诞辰，我们的产品上线。这不需要创造力，只需要一份"傻小子睡凉炕"的耐性就行了。与此同时，《易经》该不该做？《孟子》《庄子》《史记》《资治通鉴》要不要做？基本的经典值不值得全做一遍？我们全部在布局，你说这些难吗？需要创新吗？真不需要。

所以回到母体，回到本来面目，然后引爆这件事情，这可能是这一代人创业的另一种思路。所以现在我们在公司里，已经绝口不提创新。我天天跟同事苦口婆心地讲：回到这件事的本来面目。

前天我们发布了我们的下一代产品。我们第一代产品是自媒体——《罗辑思维》，我自己做的视频、音频、微信公众号什么的。第二代产品就是"得到"App，做知识服务。前天我们发布了第三代产品，叫"得到大学"。

我们这个行当最大的好处就是，机会有的是，绝对不会像电商和社交，会出现单一巨头，我们这个行业不可能出现单一巨头。人的大脑的价值偏向性太强，所以几乎每一个企业只要认真做，在未来演化过程中都能找到这个方向上的生态位，但是关键是能不能集中力量到关键局部。

最后，你看我们设计的这个LOGO（品牌标志），是一只猫头鹰。

人家都说我们LOGO丑，是真丑。丑不丑我不在意，因为审美永远是一个短暂的事。你要想做一个常识判断，首先判断这个LOGO的刺激度够不够？那个猫头鹰的两个眼睛刺激度是足够的，信号发射的强度是足够的，这就是长期的事情。做品牌的人老在意LOGO好看不好看，我不在意这个。我只在乎：第一，信号强不强；第二，像不像大学的校徽，能否唤起大家对于大学的联想；第三，猫头鹰是什么？很多中国人觉得"夜猫子进宅、无事不来"，有点不吉利。但是在西方文明当中，猫头鹰是雅典娜的使者，是智慧的代表。这就是占人类文化的便宜，这跟可口可乐借助圣诞老人的形象是一样的。

所以，我们的基本创新策略就是，回到本来面目，扎得越深，借用的符号越强悍，我们爆炸的当量就越大。

谢谢诸位的聆听。

嘉宾讲坛

梁志祥

中国版权业在过去的十年是辉煌的十年，互联网公司都感谢这十年的变化。十年前盗版成风，人们对盗版问题都很头疼。现在大家在"得到"App付费，在百度App付费，版权问题有大幅度的改善。我很高兴能聆听罗振宇先生的演讲。我个人非常欣赏他，也是他的粉丝。在百度内部很多人在问我关于"得到"、关于知识付费的问题。《罗辑思维》是罗振宇先生开创的一个新的模式，我周围很多人都非常兴奋，很多同事每天早晨必听。一年过去了，知识付费这方面的能人越来越多了，吴晓波也出来演讲了，这个市场的竞争也变得越来越激烈。我也在思考竞争战略，怎么在这样一个大家都极其看好的市场里面存活和发展，怎么与众不同，怎么超越对方。

303

葛　珂

　　关于知识服务，我和罗振宇先生之前讨论过，罗先生告诉我，知识需要运营。我们的软件WPS做的就是所有知识产生的工具，我们积累了全中国最大量的知识文档，Office文档，Word、Excel、PPT所有文档都在我这里存储，我们应该算是知识的集大成者。但是这需要运营、需要精品，需要解释、传输和表达。我参加远集坊几次了，听雷总讲过，听阎崇年老师讲过，他们的演讲和报告我在各种媒体上都有了解和学习，但是这种现场听一小时的效果远超过我们线下读几次甚至学习很多次的效果。我们最近在研究WPS的中文版式，一位教授讲了一个很有深度的想法：版式需要交互，不是简单为了排出一种效果，是为了告诉用户怎样做可以得到最强的效果。

　　"得到"，有得而到和得而不到，知识有学而学到，有只是学，这两个是不同的观点。我自己有一个习惯，我看到非常好的文章就会收藏下来，以便日后再反复阅读，因为当时阅读时间有限，吸收能力有限，通篇有五个有价值的观点，我们只能记住一个观点，很浪费时间。但是我收藏的东西，我没有机会再去学了或者没有机会再去看了。人的学习过程是这样的，除了知识本身的展示、展现、传输、教授的过程，之后还有学习者自身对于知识的理解和限制。罗振宇先生在做"得到大学"，其实我特别想重回一次大学，不是为了文凭，我认为我学习能力遇到了瓶颈，不是因为资源有限、知识有限、书有限，核心问题是我没有那么多时间系统完整地学习。我们WPS软件有三个阶段：我能、你能、大家能。其实每个用户都希望做出一个很漂亮的文档，那我为您的目标去做就好了，我让你能用我的工具做成你自己想要的结果。

吴冠勇

我在上海交大创业的时候，参加了大学生创业基金会成立的公司。我创业八年，罗振宇先生讲话的一部分就是我们在读MBA期间学习的知识：要集中优势兵力到关键局部，成为市场的头部。罗振宇先生第一个谈到优势性，第二个就是完备性。我在思考一个问题，平台和内容的属性始终存在一个矛盾点，既要做头部的精品，又要保证完备性，关于内容和平台之间的定位，怎么做好平衡。

黄　强

我讲两点感想。首先，这个时代变了，但是我们传统的教育没有跟上，我们在语文课上说要培养四种能力：听说读写。但是在说的这方面，我们表面上很重视，但实际上不是很重视。罗振宇先生讲有了音频以后，我们的传播手段，接受知识的手段，接收信息的手段因此而改变了。那么对于语言表达的需求一下子就不一样了，这给我们从事传播教育、基础教育的人一个很大的启发，就是对语言的非文字表达能力的重视。罗振宇的演讲让我接受了一个事实，除了传统的精雕细琢的文字之外，还有口语化的表达、面向观众的表达。当这样的作品变成书本的时候，我们要接受

远集坊第十五讲嘉宾合影

它。

第二个感想是完备性和符号。我从事的工作是传统教育出版。我在人民教育出版社工作，人教社经过多少年的积累，应该说是具有完备性和符号的单位。我们社的特点就是编研一体，教材编写者也是我们的编辑，所以我们拥有自己全部教材的知识产权，因此也形成了符号。从完备性上来说，我们不仅有大学科，还有小学科，英语之外还有日语、俄语，我们从小学到高中都做齐了。除此之外，盲聋哑学校的教材、培智的教材我们都在做，这也体现了一种完备性。我按完备性这种思路做事，把事情做好、深耕，我这一生就够了。这是我的第二个启发。

作为出版人，我们的思路应该是开阔的，新媒体的概念太丰富，但是罗振宇给我的启示就是他是在做知识传播。传统媒体有一个认知，比如说报纸传播的就是信息，图书传播的就是知识，而广播电视就是娱乐。罗振宇是不一样的，《罗辑思维》和"得到"一开始进入媒体的时候就是用综合的媒体手段，在范围权利上是知识传播，他是把传统的知识传播利用新的手段延伸了，我们传统媒体要不断地向这些新媒体学习。

遗传采坊

第十六讲

王秦丰

国学要义

扫描二维码
观看远集坊精彩视频

王秦丰

　　法学博士，长期坚持国学和传统文化研究，著有《论语与人生》《品读国学经典》《老子与哲学》《国学要义》。

主持嘉宾:

阎晓宏　第十三届全国政协文化文史和学习委员会副主任、中国版权协会理事长、原国家新闻出版广电总局副局长、国家版权局原副局长

特邀嘉宾:

谭　健　解放军报社原总编辑、中国记协副主席
刘伯根　中国出版集团公司副总裁
辛广伟　人民出版社总编辑
聂　静　中国图书进出口（集团）总公司党委书记
袁亚平　中国版本图书馆党委书记、馆长
蔡　宇　中国税务杂志社社长
马国仓　中国新闻出版传媒集团有限公司党委书记、董事长
洪勇刚　中信出版集团党委副书记兼纪委书记
蔡新选　中共党史美术馆馆长
陈新洲　新华社北京分社原社长、高级记者
寇　勤　中国嘉德投资公司董事总裁兼 CEO
陈建军　重庆出版集团副总经理
王　玮　《中华读书报》总编辑
徐　勇　北京师范大学国学经典教育研究中心主任
吴重生　浙江日报报业集团北京分社社长
刘新岗　中国衡水书画博物馆馆长
崔　巍　北大后 EMBA 创办人、全球创新论坛发起人、中关村股权投资协会荣誉会长
朱钰芳　晓风书屋创始人
陶　湧　江苏万全科技集团董事长
刘克伟　广东天泰集团董事长
柳　娜　北京达麟投资公司创始合伙人、总裁
褚永军　深圳市金一百艺术品有限公司董事长
于焱志　北京神玉艺术品公司董事
刘海洋　深圳兰江集团董事长
陈黎明　北京精典博维文化发展有限公司董事长

国学要义

　　国学源远流长、博大精深。国学是中华民族的精神家园，是中国人的文化识别符号，蕴含着丰富的哲学思想、人文精神、道德理念、教化意识，闪耀着传承千秋的理性光芒，既可以为认识世界、改造世界提供有益启迪，又能够为修养身心、涵养德行带来很大帮助。作为中国人，传承发展国学义不容辞，其前提是正确认识国学，自觉学习国学，改造和创新国学。

一、什么是国学

　　国学古已有之，《周礼》曰："乐师掌国学之政，以教国子小舞。"《礼记》曰："国学者，在国城中王宫左之小学也。"历史上的国学最早是指教育机构，指国家开办的学校。1840年鸦片战争爆发以后，伴随着坚船利炮，西方文化进入了中国，严重挑战了传统文化。面对深重的国家和民族危机，无数仁人志士投身到救亡图存的抗争之中。"洋务运动"代表人物张之洞提出"中学为体，西学为用"，"中学"提法即为后来国学概念的雏形。1902年，梁启超致函黄遵宪，商讨创办《国学报》，黄遵宪回信说："《国学报》纲目，体大思精，诚非率尔遽能操觚。仆以为当以此作一《国学史》，公谓何如？"这大概是近代最早提出和使用"国学"概念。

国学概念提出以来，众多学者纷纷从文化、学术、历史角度对国学进行定义。梁启超没有直接定义国学，只是指出研究国学的路径，"研究国学有两条应该走的大路：一是文献的学问。应该用客观的科学方法去研究。二是德行的学问。应该用内省和躬行的方法去研究。第一条路，便是近人所讲的'整理国故'这部分事业。这部分事业最浩繁最繁难而且最有趣的，便是历史"。邓实提出一个宽泛的国学定义，"国学者何？一国所有之学也。有地而人生其上，因以成国焉，有其国者有其学。学也者，学其一国之学以为国用，而其治其一国也"。章太炎著有《国学概论》，提出国学本体概念，采用"是什么""非什么"的办法建构国学系统，"国学之本体是：一是经史非神话。二是经典诸子非宗教。三、历史非小说传奇"。胡适提出"国故学"概念："'国学'在我们眼里是'国故学'的缩写。中国的一切过去的文化历史，都是我们的国故。'国故'：研究这一切过去的历史文化的学问，就是国故学，省称'国学'。'国故'这个名词，最为妥当，因为他是一个中立的名词，不含褒贬的意义。'国故'包含'国粹'，但又包含'国渣'。我们若不了解'国渣'，如何懂得'国粹'？"顾颉刚认为："国学就是用科学的方法去研究中国历史，研究中国历史的材料。"马一浮通俗易懂地定义了国学，"国学者，即是六艺之学"。所谓六艺，就是儒家思想，指《诗》《书》《礼》《乐》《易》《春秋》；《乐》已不传，可称之为五艺。

比较分析国学概念，国学似可定义为以儒学为主体、释道为两翼的中国传统文化和学术的统称。儒学为主体，是因为汉武帝"罢黜百家，表彰六经"，儒家历史地占据着意识形态的主导地位和引领着中华文化的发展，更因为儒学所具有的入世意识、家国意识、道德意识、自律意识和教育意识，对于中国历史和社会的构建发挥着主体作用，至今仍然有着不可替代的社会功能。释道为两翼，是指影响中国社会和历史的不仅有儒家思想，而且有道家和释家思想。在定义国学的时候，无论如何都不能忽视道家和释家的存在及其作用。

二、国学学什么

国学十分丰富，涵盖人文科学、社会科学和自然科学，包括抽象思维和形象思维，而贯穿其中的灵魂是义理。学习国学的重点就是学习义理。传统义理思想集聚于儒释道三家，释家属宗教，是外来文化，且经过中华文化的熏陶和改造，实际已经成为本土化的宗教。儒道两家植根于中华大地沃土，是中国人灵魂的两面，在历史长河中深刻地塑造着中华民族的集体人格。学习国学义理，重点是学习儒道的义理和思想观点。国学义理的主要载体是文化典籍，可重点学习《老子》《论语》《孟子》《大学》《中庸》五本经典，道、仁、义、礼、智、信、孝、忠、廉、耻十个概念。从一定意义上说，学好五本经典、读懂十个概念，就能基本掌握国学的义理，理解国学的内容，认识国学的智慧，从而为改造主客观世界奠定坚实的国学基础。

阿根廷诗人博尔赫斯认为："经典是一个民族或几个民族长期以来决定阅读的书籍，是世世代代的人出于不同的理由，以先期的热情和神秘的忠诚阅读的书。"《老子》亦称《道德经》，相传为老子所著，是古代先秦诸子分家前的一部著作，被誉为人生宝典和万经之王。《老子》是道家的元典，全面反映了道家的世界观、方法论、政治思想和人生哲学。老子是中国历史上第一个自觉研究本体哲学的思想家，他探讨了天下万事万物的本原和起源问题，"道生一，一生二，二生三，三生万物。万物负阴而抱阳，冲气以为和"。《论语》主要记载孔子及其弟子的言行，《汉书·艺文志》说："论语者，孔子应答弟子、时人及弟子相与言而接闻于夫子之语也。当时弟子各有所记，夫子急卒，门人相与辑而论纂，故谓之论语。"《论语》是儒家的元典，系统阐述了儒家的伦理价值、政治主张和人格理想。首篇围绕做人这一主题进行议论，以后各篇分别论述为政以德、守礼明礼、择仁处仁，层层剥离，依次展开。其中首篇至为重要，是理解《论语》全书的关键，宋人吴寿昌认为："今读《论语》，且熟读《学而》一篇。若明得一篇，其余自然易晓。"《孟子》相传为孟子及其弟子万章、公孙丑共同编纂，主要记录孟子的人性思想、治国理念和政治行为。《孟子》的出发点是性善论，强调仁义礼智是人的本性，是区别于禽兽的社会属性；在政治方面，提出民本思想，"民为贵、社稷次之，君为轻"，要求统治者保民、养民、教民，实行仁政和王道政治；在教育方面，孟子和孔子一样，也是一位成绩斐然的教育家，他认为教育是君子"三乐"之一，"父母俱存，兄弟无故，一乐也；仰不愧天，俯不怍于人，二乐也；得天下英才而教育之，三乐也"。《大学》相传为曾子思想，为曾子后学所撰，主要论述儒家修己安人、内圣外王的思想。《大学》围绕修身主题，提出并阐述了明明德、亲民和止于至善的"三纲领"，以及格物、致知、诚意、正心、修身、齐家、治国、平天下的"八条目"。朱熹评价《大学》是"外有以极其规模之大，而内有以尽其节目之详者也"。《中庸》相传为子思所作，主要论述心性修养，富有哲学色彩和意蕴。《中庸》的理论基础是天人合一，"天命之谓性，率性之谓道，修道之谓教。道也者，不可须臾离，可离非道也"。《中庸》解释和倡导中庸之道，"喜怒哀乐之未发，谓之中；发而皆中节，谓之和。中也者，天下之大本也；和也者，天下之达道也。致中和，天地位焉，万物育焉"。

　　概念也可称为范畴，属于理性认识，是人的思维对于客观事物普遍本质的认识和反映。道是老子哲学的最高范畴，在老子那里，道是本体论，"有物混成，先天地生。寂兮寥兮，独立而不改，周行而不殆，可以为天地母。吾不知其名，字之曰道，强为之名曰大"。道又是辩证法，"反者道之动，弱者道之用。天下万物生于有，有生于无"。仁是孔子学说的最高范畴，在孔子那里，仁的本质是爱人，先从血缘亲情开始，"仁者，人也，亲亲为大"；进而推己及人及物，孟子指出："君子之于物也，爱之而弗仁；于民也，仁之而弗亲；亲亲而仁民，仁民而爱物。"义主要与利相对立，孔子认为，"君子喻于义，小人喻于利"，"不义而富且贵，于我如浮云"。朱熹说："义者，心之制，事之宜也。"义还指恰当适宜的伦理道德行为，是道德评价中使用频率较高的一个概念。礼的本质是别异，荀子指出："礼者，贵贱有等，长幼有序，贫富轻重皆有称者也"。这里的贵贱、长幼、贫富似乎不是人格意义上的不平等，而是社会角

孔子《圣迹图》局部

色的差别和道德规范的不同要求，不同的社会角色有着不同的道德行为规范。《论语》强调："礼之用，和为贵"。智是知识智慧，也是君子人格的组成部分，孔子说："君子道者三，我无能焉：仁者不忧，知者不惑，勇者不惧。"信是为人处世之本，孔子认为："人而无信，不知其可也。大车无輗，小车无軏，其何以行之哉！"孝是传统文化的重要概念，《论语》指出："其为人也孝悌，而好犯上者，鲜矣；不好犯上，而好作乱者，未之有也。君子务本，本立而道生。孝悌也者，其为人之本也。"忠是传统文化的重要概念，忠字的构造是上"中"下"心"，即"中"在"心"上，中正不斜，原初含义就是忠诚、忠信。在孔子那里，忠一般都和信、恕合并使用，即忠信或忠恕，侧重于修身和待人处世方面的内容，曾子评价道："夫子之道，忠恕而已矣。"廉是传统文化的重要概念，也是一个政治伦理概念，与腐败相对立。孟子认为，廉的实质是不取不义之财，"可以取，可以无取，取伤廉"。耻是传统文化的重要概念，也是中国文化的一个特征。孔子强调通过德政和礼治，让人们知耻和有耻感，"道之以政，齐之以刑，民免而无耻。道之以德，齐之以礼，有耻且格"。

三、怎样发展国学

自20世纪90年代以来，国学热逐渐兴起，而今已遍及神州；进入21世纪，伴随着民族复兴的伟业，人们更加关注国学的传承发展，希望从民族复兴的角度，利用好国学资源，尤其是优秀传统文化，加快国家现代化进程；从文化建设的角度，坚守好国学传统，学习汲取西方文化的精华，促进中华文化浴火重生，再放异彩；从全球化的角度，审视国学，扬弃国学，重建国学，推动和促进中华文化走向世界，为人类文明做出应有的贡献。传承发展国学，明确路径很重要。胡适曾经提出"研究问题，输入学理，整理国故，再造文明"的主张，北京大学出版的《中华文明史》把中华文明的发展趋势概括为"打开大门"和"走向世界"两大历史任务，这些观点具有内在的逻辑联系，着力于研究和创新国学，对于探寻国学传承发展的路径有着重要意义。考虑到目前整个社会的国学知识和素养仍然比较缺失，传承发展国学还应包括普及国学的任务，具体分解为普及国学、研究国学和再造国学。

普及国学，夯实基础。传承发展国学，普及是第一位的任务。没有普及，基础不牢固，就不可能有国学的传承发展。家庭、学校和社会都有普及的责任；学术机构和研究人员要走出象牙塔，以群众喜闻乐见的方式传授国学知识和优秀传统文化。广大群众则要自觉接受国学教育，主动学习国学知识，至少要阅读《老子》和"四书"等基本经典；学有余力还可阅读《诗》《书》《礼》《易》《春秋》《史记》《汉书》《后汉书》《三国志》。无论怎样普及，都不要忘了传授文言知识，使大多数人能够读懂文言文，这是基础的基础。普及国学，要将国学融入学前教育，可以考虑在幼儿园阶段以学习国学为主，进入小学后以接受现代分科教育为主。幼儿园教授国学是播下传统文化的种子，多少年后没准能开花结果，产生学贯中西的大师。要将国学融入学校教育，既要融入中小学课堂，又要融入大学传授的知识体系中，使在学校所有的学科中尽可能看到传统文化的身影及其影响。要将国学融入日常生活，让人们了解传统节日、服装服饰、民间风俗和社会习惯中蕴含的国学智慧与知识。传统节日是学习国学自然而有效的载体，每一次过节都应是一次传统文化与价值观的学习和演练。通过传统节日，帮助大家认识春节的意蕴、清明的含义、端午的内容和中秋的目的，使国学和传统文化成为人们生活必不可少的组成部分。

无问西东，研究国学。面对外来文化特别是西方文化的传入，国学不能封闭，只能开门揖客，充满自信地迎接外来文化，在平等交流中学习、借鉴、融合其合理因素和优秀成分。无问西东，研究国学，需要深厚的国学基础和开阔的世界眼光，这主要是学术机构和研究人员的职责。对于传承发展国学而言，无问西东、研究国学是关键环节。不学习借鉴外来文化，国学就不能进步，也难以影响世界；不研究国学，不回答时代提出的诉求，国学就不能创新发展，也难以影响人们的工作学习和生活。研究国学，要坚持以我为主。"道"的玄妙幽深，"仁义礼智信孝忠廉耻"的伦理价值，"诚意、正心、修身、齐家、治国、平天下"的人生理想，"为天地立心，为生民立命，为往圣继绝学，为万世开太平"的精神境界，"天下为公""世界大同"的治理方略，都使我们有理由有信心以我为主学习吸纳外来文化。研究国学，要坚持和而不同。不同国家、不同民族在数百年、数千年的历史变迁中，经过岁月的洗礼，都创造积淀了灿烂的文化，这些文化与中华文化风格迥异，却同样闪耀着人类智慧的光芒。要尊重不同国家、不同民族的不同文化，维护人类文化的多样性，促进各种文化互相沟通、交流融合、共同发展。研究国学，要坚持融会贯通。融会贯通出自《易传》的"会通"概念，强调的是国学与西学、中华文化与外来文化的融合和创新，推动国学能够吸收西学，中华文化能够消融外来文化，进而实现国学的再造和中华文化的重振雄风。

再造国学，走向世界。中国是个大国，必然会对世界产生影响，而文化影响是最佳方式和最高境界。文化影响的前提是中华文化要有博大的气象和旺盛的生命力，这就需要再造国学。通过再造，一方面，使得传统文化能够适应现代社会的需要，成为人们日常生活的有机组成部分和行为规范；另一方面，使得中华文化能够被其他国家和民族所认同，其他国家和民族愿意学习和接

远集坊第十六讲嘉宾合影

受中华文化。自1978年改革开放以来，中华文化走向世界大概会经历三个阶段。第一阶段主要是对外开放学习，向其他国家尤其是发达国家学习，学习先进的科学技术、管理经验、学术思想和文化习俗，为我所用，改革传统的计划经济体制，加速发展经济及文化各项事业，加快建立社会主义市场经济体制。第二阶段是学习与传播并重。这一阶段，我们的经济、社会、文化发展取得了巨大进步，积累了宝贵的经验，在对外交往过程中，既要向发达国家学习，又要积极地传播中国政治、经济、社会、文化发展的经验和做法。第三阶段是重在传播中华文化。这一阶段我们的政治经济制度更加成熟完善、经济体量更加庞大、社会管理更加科学、人民生活更加富足，特别是国学和中华文化，已经融合了包括西方在内的其他国家和民族的优秀文化，对其他国家和民族有吸引力，对整个世界有广泛的影响力。《礼记·曲礼上》云："礼闻来学，不闻往教。"那时候，人们愿意了解中国的做法，学习中国的经验，接受中国文化的熏陶，中国就会对世界做出更大的贡献。

▎嘉宾讲坛

刘伯根

作为出版人，我与国学这个概念有一定接触，但是对国学的真正了解还是比较少。刚才听了王部长一个半小时的讲座，我的第一个感受是：王部长帮我们做了很系统的梳理。厚积薄发，深入浅出，很有见地，特别是为初学国学的人指出了一个入门路径。

第二个感受：讲座可以引发我们进一步的思考。现在社会诚信的问题、廉耻的问题，坐火车占座、假药、假疫苗，这都跟传统文化的学养修养有关系，王部长刚才讲的一个概念，就是"大学之道，在明明德，在亲民，在止于至善"，亲民（新民）的理念，可以引发我们进一步的思考。

第三个感受：国学怎么样普及传播的问题。有一些基本的概念，其实跟传统文化没有衔接起来，举个例子，我们讲信仰，我们中国人不是以宗教为信仰，无论是修身、齐家，还是治国、平天下，这跟我们讲的信仰有什么关系，如果我们把信仰问题和国学衔接起来，传统文化特别是国学的创造性、创新形成转化就容易解决了。

辛广伟

国学的仪式感的普及，在我看来是目前最缺乏的。1994年，我去台北，一下飞机，马上就感觉到和大陆是两个氛围，街道的名称就是生动的体现，比如说台北的街道，"忠孝""仁义""信爱""和平""八德八维"，都是这样的路名，有首歌叫《走在忠孝东路上》嘛！忠孝东路就是台北最长的路，胡适的墓也在那里。这个仪式感，儒家本来很重视，无论是礼还是其他方面都有体现，但从"五四"到现在，仪式感因为各种各样的原因都消失了。"五四"有它特定的背景，明年就是一百周年了，没有那样一个背景也没有中华文化的再造。新中国从1949年开始，明年就70周年了。新中国确定了自己的文化，但"文革"又把这些形式全给粉碎了。现在的孩子大多不知道端午节是什么概念。我们小时候过端午节要起早，我生在辽宁抚顺，早晨起来先去采艾蒿，然后母亲把鸡蛋煮好，艾蒿插到门上，吃粽子，然后吃鸡蛋等，都是有仪式感的。从出版人角度来说，我们做这项工作也有责任感，人民出版社刚出了一本书《中华古诗文萃》，我们在天头空白处加注对应简体释文及句读，这样一来，中学生就可以看懂了，这非常重要。

我们的国学一定会发展得更好。

谭　健

　　王部长对国学的系统梳理，给我留下了很深的印象。

　　首先，关于经典的问题，每个人看法不一样，我们可以介绍，但是不要纠结于哪些说得对、哪些说得错，因为人的经济状况不同、学术背景不同、个性不同，选择也不一样的。比如说学哲学，学习辩证唯物主义、历史唯物主义，还不如深入读一本经典，比如黑格尔的《逻辑学》，或者《德意志的意识形态》。什么叫素质？素质就是把所学的知识忘掉之后剩下的东西。什么叫"把知识忘掉之后剩下的东西？"，比如我们高中学了好多数学的推导公式、方程等，但是学完以后你还用吗？很可能不用了，但这是一种思维锻炼，就是因为学了这么多，你才把思维打开了。所以学经典，我认为要么读一本《中庸》，要么读一本《论语》就够了，我们不是专家学者，读一本书就够了，再稍加拓展即可。

　　记者是万金油，是博学多通的，但是一定有一个学术背景。比如，我是搞军事报道的，我要对军事学很有研究，你是搞文化报道的，你要对文化艺术很有研究。不能这个知道一点儿，那个知道一点儿，真正写深度报道的时候就傻眼了。所以我认为，人一定要建立自己的学术背景，有了这个依托，以后但凡碰到什么问题，思维方式、判断能力方面就不会出特别大的差错。

　　第二，王部长说的国学概念："仁义礼智信"等十个概念。说到忠的时候，我们不能够做狭义的理解，就把它仅仅理解为君臣之间的忠君，忠是很宽泛的概念，王部长拓展了两个意思，我这里再拓展第三个意思：忠最本质的东西是本真，忠就是本真。忠于事业也好，忠于领导也好，做人要真，做事要真，不真就失信了。所以忠的内涵，本真是最重要的。

第三，关于为什么现在出不了大师，这其中的原因特别复杂，比如人才培养的模式，我们的教育体制，这些都可以探索。我们的体制培养出来的好学生，到国外去考试都尹厉害，但是创新能力很差，很多大奖没有我们中国人获得，就是因为这种教育模式确实影响很大。比如说互联网，为什么我们现在比较落后，因为动手晚了，该发展的时候、该抢占有利地形的时候没有抢占，人家抢占完了之后你还冲得上去吗？国学也是这样的，需要有开放的心态、容纳的心态。别动不动就认为都是糟粕，你现在认定是糟粕的东西，过了一二十年又被认为是精华，到那时怎么办？所以对国学的学习一定要有这种开放的心态。

远集坊

第十七讲

吴为山

雕塑与文化

扫描二维码
观看远集坊精彩视频

吴为山

　　全国政协常委, 民盟中央常委、文化委员会主任, 中国美术馆馆长, 中国美术家协会副主席, 中国城市雕塑家协会主席, 全国城市雕塑艺术委员会主任, 教授(二级)、博士生导师。2018年当选法兰西艺术院通讯院士, 成为继著名画家吴冠中之后当选该院通讯院士的第二位中国艺术家。

　　2018年5月5日, 其作品《马克思》(青铜, 5.5米高) 作为中国赠给马克思诞辰200周年的礼物立于马克思故乡德国特里尔。代表作有《侵华日军南京大屠杀遇难同胞纪念馆大型组雕》《天人合一——老子》《孔子》《问道》《达·芬奇与齐白石的对话》《睡童》等。

主持嘉宾：

阎晓宏 第十三届全国政协文化文史和学习委员会副主任、中国版权协会理事长、原国家新闻出版广电总局副局长、国家版权局原副局长

特邀嘉宾：

阎崇年 著名历史学家、北京满学会会长、中国紫禁城学会副会长、央视《百家讲坛》开坛主讲

刘晓冰 第十三届全国政协文化文史和学习委员会驻会副主任、办公厅秘书局局长

王文章 原文化部副部长、中国艺术研究院原院长

孙寿山 中国音像与数字出版协会理事长、原国家新闻出版广电总局副局长

张首映 人民日报社副总编辑兼理论部主任

李 岩 中国出版集团公司党组成员、中国出版传媒股份有限公司董事、副总经理

宋合意 中国文化传媒集团党委副书记、副董事长、总编辑兼中国文化报社总编辑

魏玉山 中国新闻出版研究院院长

韩敬群 北京十月文艺出版社总编辑

刘东风 陕西师范大学出版社总社董事长兼社长

王建中 清华大学美术学院教授、中国工艺美术协会副理事长

李广明 上上国际艺术馆馆长、当代艺术馆艺术总监

孙宝林 中国印刷博物馆馆长、党组书记

高孝午 雕塑艺术家

刘可明 著名画家

卓 尘 书法篆刻家

靳 鑫 北京小鸡磕技文化创意有限公司 CEO

刘 阳 国文经信（北京）文化发展有限公司总经理

秦 博 雅昌文化集团法务总监

王宝臣 中国宏泰产业市镇发展集团副总裁

雕塑与文化

今天的讲座实际上是一个汇报。2018年是改革开放40周年，1978年，我高中毕业，从17岁那年算起2018年也正好是40年。我，一个年轻人，在这样一个伟大的时代里发展、成长，得到社会各界的帮助和关怀，得到老师的教育，领导的栽培，党的雨露阳光的照耀，因此很有必要做一个汇报。

我每次做发言、做报告，内容都是不一样的。这次，我首先把这些年的部分作品给大家汇报一下，因为作品就是艺术家的人格，艺术家的思想、情感、努力奋斗在作品当中都是一目了然的。所以我首先通过汇报作品向大家汇报我这个人。其次，我想谈一谈在与世界的对话中，如何把我所理解的中华文化所蕴含的新的价值融汇到雕塑作品中，特别是写意雕塑当中，把中华美学精神、中国精神融汇到作品当中，使世界通过这些雕塑作品来了解中国，从雕塑艺术本身的文化意蕴中理解和领会文明悠久的中国，了解在新时代里艺术家的所想所为，通过作品来了解中国当代的文化。接下来，我会谈一谈在国际传播当中，我如何通过塑像的方式把中国的价值观传播给世界，让世界更多地来关注中国、聚焦中国，特别是对我们这个传统悠久的国度来说，如何在世界激荡的国际环境当中创新。

首先，谈一谈我这些年创作的一些作品。从20世纪90年代初开始，我有一个特别的感受，就是整个社会都在发展经济，改革开放很重要的目标就是要实现经济腾飞。但是我也发现，很多年轻人价值观混乱，在价值取向呈现多样化的同时失去了自我价值的重心。特别是我所在的大学有很多老师陆续离职去办公司、办酒店。我觉得一个国家最重要发展的根基中应该有一种精神，有一种灵魂，如果没有这个，即使出现经济繁荣，也不会长久。

文化是渗透在我们每一个人血脉深处的、不断流动的，能给我们力量，所以我觉得应该把那些被人遗忘的思想家、科学家、文学家、艺术家、政治家塑造出来，形成一个个丰碑，给社会以教化。用塑造雕像的方式来进行思想的教化、文化的教化在我国由来已久，比如佛教中就有以造像传教的思想。所以，我从20世纪90年代到今天，在近30年的时间里，创作了500多座雕塑，矗立在中国和外国的大地之上，至今在各种环境中发挥着它们的文化效应。南京博物院20年前就建了吴为山雕塑馆，韩国建立了吴为山雕塑公园，山西太原也建立了吴为山雕塑馆，现在不少地方都想建由我的名字冠名的雕塑馆，我都没有同意，我认为有一两个雕塑馆就行了。但是，在国外建得越多越好。

这些年一路走过来，我在塑造这些文化大师的时候，也吃了很多的"脑黄金"，因为每塑造一个人，只要他们还在世，我就有机会跟他们见面。比如说费孝通先生，他在世的时候，我跟他见过50多次面。还有季羡林先生、钱伟长先生，我无数次当面聆听过他们的教诲，所以在塑造他们形象的同时，实际上他们的精神也在塑造着我。

500多座雕塑中，尽管有些人物从唐宋元明清走来，已经离我们很久远了，但是他们的文化思想、理念至今在我们的血脉当中。我时常在梦中、在文化的幻想中与他们对话。改革开放这40年，特别是近30年来，因为这些塑像，我的生活与精神世界都非常充实。

下面我给大家汇报一些我的作品。因为作品比较多，没有时间把每一件作品都讲到。

第一个作品是女娲伏羲，在兰州黄河之滨。接下来是黄帝、炎帝、老子。老子虚怀若谷，所以雕塑里面刻满了道德经，表示满腹经纶。所有人都可以走进去，也可以从里面走出来，表示包罗万象。

第二个作品是孔子，在济南大学城的湖边上，36 米高的孔子像。孔子问道于老子的雕塑，立在中共中央党校。孔子问道于老子的雕塑，在世界十多个国家和中国的许多城市都有。接下来是左丘明、孙子、墨子、孟子、庄子、屈原、荀子、韩非子、秦始皇、刘濞、董仲舒、司马迁、许慎、郑玄、张仲景、孙策、诸葛亮、王羲之、王献之、陶渊明、顾恺之、昙曜、鉴真、祖冲之、颜之推、隋炀帝、吴道子、李白、杜甫、韩愈、白居易、刘禹锡、范仲淹、欧阳修、司马光、苏轼、朱熹、郑和、吴门四家、王阳明、李时珍、汤显祖、史可法、李渔、曹寅（曹雪芹的爷爷）、曹雪芹、袁枚。

我的工作室夏天很热，但没有装空调，不是装不起，可以装的，我为什么不装空调？我觉得工作室本来就不大，不装空调的话，里面一年四季都非常分明：冬天非常冷，夏天非常热，能在一个小小的世界里面感受到大自然的变化。

还有阮元、曾国藩、辜鸿铭、弘一法师、张謇、涂长望、费孝通、钱伟长的作品。我创作了费孝通先生的雕塑之后，杨振宁先生看了，然后写了一篇文章发表在《人民日报》上，其中有这么一段："费孝通先生是知名的学者，我听过他的演讲。吴为山所塑的费孝通，比真的费孝通还像费孝通"。这是一个科学家对艺术的评价，他更关注精神深处。

说一下钱伟长的形象雕塑。当年我在南京大学工作的时候，工作室只有30 多平方米，里面摆满了雕塑。本来有人负责给他塑像，塑了一年多。这一年当中，每次钱伟长去找这个雕塑家，这个雕塑家都要对着他把鼻子、耳朵、眼晴重新修饰一遍，因为虽然每一个结构都非常像，但是整体一看就不像钱伟长。他后来找到我，让我帮忙塑像。我花了40分钟的时间，对着他，把他的形象塑出来。钱伟长先生离开我的工作室的时候，说这个工作室在外面看起来很小，里面却很深。

关于杨振宁先生的雕塑。在我给季羡林塑像前两年，杨先生看到我的不少作品，特别是在《光明日报》上看到我的一篇文章之后，他写了一句话送给我：扬中华之文化，开塑像之新天。他专门写了一个很长的手卷送给我，这是其中的一段。

关于顾毓秀先生的雕塑。顾毓秀2018年100岁了，我到美国去拜访他，他说："你为我塑像，也许可以留世，我对自己的评价，希望你能刻在底座上面——学者、诗人、教授，清风、明月、劲松"。

关于熊秉明先生的雕塑：有作为雕塑家的熊秉明，有作为评论家的熊秉明，有作为哲学家的熊秉明。

关于陈省身先生的雕塑，陈省身专门从南开大学到南京大学，邀请我给他塑像，他说求人塑像必须要登门拜访——老先生非常地谦虚。我到南开大学去，他不让我住宾馆，而是住在他家里。他说："我们可以每天谈谈。"他讲他一生有三个经验：第一，孔子"仁者爱仁"的"仁"是指两个人，是二者为仁；第二，当机会来到的时候，你要听到它的脚步声，迅速地去开门；第三，他认为自己并没有多少学问，并不是在某一个领域里面有很深的研究，而是把各种知识都融汇在一起而得到一些学术与科学的判断。陈先生的话跟钱伟长先生所讲的话一样，钱伟长先生也说他的所有创造都是综合的产物。杨振宁先生也讲道：艺术与科学的灵魂同是创新。这些大家各自投入了一生的精力，最后得出的结论却殊途同归。

关于饶宗颐、吴冠中、吴阶平、苏天赐、聂耳、阿炳。我每做一个雕塑，常常要做很多不同的变体，因为我对人物的理解，在不同的时期都有不同，所以我会把这种不同通过雕塑艺术来表现出来。关于潘天寿、鲁迅、张澜、詹天佑、钱穆、朱自清、钱钟书、俞平伯、丰子恺、吴昌硕、于右任、齐白石、黄宾虹、梁漱溟、李有源、徐悲鸿、林风眠、胡山源、胡小石、萧娴、吴作人、陈永康(农民水稻专家)、马三立、高锟(香港中文大学原校长、诺贝尔奖获得者)、匡亚明、茗山法师、郭影秋、顾景舟、李可染、石鲁、袁行霈、袁隆平、南仁东。

"红色记忆"系列作品当中,有"马克思与恩格斯"。我到马克思的故乡去,德国总理默克尔问我:"你既塑孔子,又塑马克思,他们的共同点在哪里?"我说:"他们都是世界史上伟大的人物,另外他们的胡须都很长。"

关于"诗人毛泽东"的作品。这个雕塑是我当年在北七家完成的。我刚到北京工作的时候,还没有工作室,当时就住在北七家,离市区很远的地方,在那里创作,这个雕塑前后创作了三年时间。很冷的时候,我在那里创作,晚上没有空调,我就用三条被子把自己裹起来,把气透一透,到第二天早晨起来再去创作。

关于周恩来总理的雕塑是今年创作的。邓小平的雕塑,一个在纪念馆里,一个在中央党校,石材不一样,在创作的时候略有不同。这是"渡江五前委"。

南京博物院在20年前建了吴为山雕塑馆。太原美术馆建了吴为山雕塑馆。无锡人杰苑在太湖之滨有一个雕塑园,里面有32件作品,都是无锡历史上对中国社会历史发展有影响的一些杰出人物。苏州高铁站旁边有一个雕塑园,里面有9件作品,其中有吴泰伯的雕像。孔子在《论语》里面专门有一段文字来记述吴泰伯。还有言子,还有伍子胥,还有孙子、祖冲之、白居易、顾炎武。广东中山历史文化名人雕塑园里有容闳、郑观应的雕塑。

韩国仁济大学的吴为山雕塑公园里有老子、孔子的雕塑,我们中华民族历史上的许多人物的雕塑,都在韩国的雕塑公园,它们在向世界讲述着中国文化的故事。

上面,我介绍了我的部分作品。其实,我不仅仅考虑塑哪些人的问题,更重要的是怎么来塑这些人的问题。因为中国的雕塑艺术历史悠久,大家知道秦始皇陵兵马俑以及中国各大石窟、寺庙、古建筑上的雕花,还有建筑前面的石狮子等等，还有老百姓生活当中的泥塑、布娃娃。这些都是雕塑，是中国的雕塑。

20世纪初，一批中国留学生到西方留学，特别是到法国留学，把以古希腊、古罗马为源头的西方文化在法国形成高峰的雕塑艺术，特别是写实主义艺术引进到中国来。20世纪50年代，又有一批专家到苏联留学，把苏联的革命现实主义雕塑艺术带到中国来。这些都是西方的体系，为中国社会，特别是那些纪念碑雕塑，还有塑造英雄、劳模雕塑发挥了巨大的作用。

改革开放之后，西方的当代主义、现代主义涌进中国，抽象表现以及以那些观念为核心的雕塑艺术也在中国盛行。在这种情况下，在西方的写实主义、当代主义的洪流当中，中国的艺术如何发展呢？我提出"写意雕塑"的观点，它不仅仅是一个概念，而是把中华美学的精神融汇到雕塑当中来的一个文化取向。

我认为，我们塑造中国人的形象应当有自己的方式和方法。当我们用古罗马、古希腊的方式，用文艺复兴的方式，用法国的古典主义、浪漫主义的方式来塑造中国人的形象的时候，总有一种文化上的隔膜。我们要从我们的精神深处，用心、用我们的情来指挥我们的十指，来创造出、塑造出我们自己的人文形象。所以我提出写意雕塑。写意手法建立在中国哲学、史学与中国的造型艺术、书法、绘画、中国传统雕塑相整合的基础上，既吸收西方的古典主义写实风格，也吸收俄罗斯的现实主义风格，同时接受西方现代主义在形式创造当中的一些因素，来进行综合性的创造，在国际舞台上展示一个现代的中国。

写意雕塑的核心有两个：一是"意"，一是"写"。这个"意"要靠"写"，不要刻意地去描摹、雕琢，而是对事物本质要有深刻的洞察和观察，对形和神有深刻的领悟之后再进行表现，即抓到事物的本质。这其中，中华美学精神发挥了巨大作用。中华美学精神，包括我们的观察方式、表现方式、审美取向。中华美学精神的特征，我总结为八个方面：儒道互补的文化结构，澄怀味象的生命体验，仰观俯察的观照方式，妙悟自然的欣赏特征，虚实相生的创作法则，境生象外的审美生成，气韵生动的艺术境界，高明中和的审美理想。

中国人把握世界的方式是全面的，不是片面的，不是局部的，也不是短时间的。所以，我们在表达客观世界的时候，在用我们审美的眼光、审美的心理来观察自然的时候，我们在内心深处要荡漾出渺渺中国的思想。因为这当中有中国人对自然的赞美，也有中国人对自身的赞美。

全面地看待客观世界，全面地表现客观世界、主观世界的特征，这是我这些年经验的总结。

只有建立了我们自己的审美价值标准，它的独特性才能被世界所接受，否则只能人云亦云，跟在别人的价值观后面走，我们也不会被世界所认可。塑造老子、孔子的形象时，你若用西方人塑造柏拉图的方式，就不能把那种妙处塑造出来。

所以，写意是中国美术的灵魂所在。它是与人、与天融为一体的"意"，源自天象地脉的造型意象，合于中国古代天人合一的大宇宙生命理论，表现为象、气、道逐层升华而又融通合一的动态审美。它的表现智慧和创作过程，它的思想性和形式特征，皆是东方精神的形象对应。它叙述和弘扬的是一个古老而弥新的民族之诗性追求。世界的美好是多元的，你只有创造出不同的美，才能对世界产生巨大的影响。

比如，我在塑造冯友兰先生的形象时，他的女儿中途从北京把冯友兰的面模，就是去世以后在脸上制的石膏面模送到南京去，让我参考。我花了很多时间，根据照片、面模来塑造，但怎么塑造都觉得只是个形，后来我放下了，慢慢地琢磨，突然我想到了——化石。我由古代那种自然生物的化石联想到了文化的化石，冯友兰先生是一尊文化的化石，那种眼神、那种凝定、那种深沉、那种深厚，他来自历史悠远的时空，所以塑造他跟塑造一般艺术家不一样，应该有一种厚重感。

季羡林、宗璞在北京大学为冯友兰像揭幕，这是19年之前的事情。后来，张岱年、杨振宁等在清华大学为冯友兰先生塑像揭幕。杨振宁先生说，回顾

20世纪，中华民族经历了浴火重生后，我们更怀念那些为民族命运思考的哲学家、思想家。从现在到将来，几百年后，这就是人们所认识的"冯友兰"。

熊秉明先生说："最能打动我的是冯友兰先生的塑像。冯先生是我的老师，这尊像塑造得非常成功。整体似一块郁然、凛然的岩石，95个春秋留在人间的言行，一生所遭遇的甘苦、悲喜、顺逆都浑融其中。两眼凝视前方，眼神犹作不息的思考和判断。"

宗璞先生说："你用艺术留住了哲学家的灵魂。"她同时在一篇文章当中这样写道："红绸子被揭去了，我感到一种力量，好像父亲正从远处走来，越走越亲近。""一位哲学系教师对我说：'这像要仔细观赏，蕴藏的很多。我看冯先生真的在这里了。'我们围在像旁，我忽然仿佛听到父亲那熟悉的咳嗽声。"

艺术家在塑造人物形象时首先要有一种想象，要在精神的空间里来塑造被塑者的形象，要让被塑者客观的形态、表面的形象、内心的追求和他一生的作为与坎坷人生融汇在一起，也要把自己对被塑者的理解融汇进去，在这几种意象的融汇当中，找到形象的存在，这种"意"就超越了一般的写实，超越了一般的象。这就叫"大象无形"。尽管它有形，但是它是无形的，尽管是无形的精神，但是它被有形的艺术形式凝固了。这就是"意"。

弘一法师的雕塑也是这样，我花了三年时间来思考他。我觉得以有限的艺术、有限的理解来塑造一种无限是不可及的，但是艺术总是要以某种形式作为载体，所以我还是塑造了"弘一法师"。这是我所理解的弘一法师，他既在红尘万里，也在孤峰之巅，在人与佛、现实世界与慈悲的佛的境界当中，弘一法师找到了他自己生命的价值，所以我觉得有四个字，也就是他圆寂前写的"悲欣交集"，最能体现弘一法师的境界。

我跟林散之先生有很多的交往，对他的书法也是心仪已久，我塑造了林散之的形象。荷兰女王看到这个雕塑以后说："吴先生所塑的老人是从中华五千年文明中走出来的。"林散之有一首诗：不学张长史，不画大涤子。自写胸中奇，纵横千万里。91岁的时候还写出这首诗，可见他胸中的气象。

　　大书法家高二适先生跟林散之先生有交往。两个人的个性迥然相异。高二适先生的书法非常昂扬，他的气概在中国书法史和现当代文化史上留下了辉煌一页。熊秉明对高二适先生的评价是：春风激荡、人品峥嵘。所以我在塑造高二适先生拿拐杖的形象时，设计的是一个独立的形象。林散之先生对他的评价是：不负千秋，风流独步。章士钊先生对他的评价是：天下一高无吾许汝。渊雷先生对他的评价是：公案兰亭驳岂迟，高文一出万人知。

　　雕塑中，高老的拐杖完全是个装饰品，林散之先生的拐杖是撑着地的，两个人纵向上也不一样。在塑造他们的形象时，要有所不同。同样是书法家，且是同时期的人，也都是大学问家，但雕像就不能一样。

　　如何把这种人文因素跟人物的个性、人物的长相、人物的时代融汇在一起，这也是我在创作过程中一直在思考、探索、追问的一个问题。

　　再来说说孔子像。在新加坡的时候，我也跟习总书记汇报过：第一，我是把孔子作为文化的泰山来为他塑像；第二，是把他作为文化的峰顶来为他塑像；第三，孔子面含春风、笑对四海宾朋的形象体现了中华民族的礼文化。总书记问："这些雕塑你有没有参考历史上的资料？"我说参考了，首先是吴道子的画像，其次是《左传》当中对孔子的描述，特别是左丘明跟孔子同一年去世，所以他的评述是对一个同代人的评价，可能更准确，最后是我对孔子思想的领悟。总书记说，这是从精神里面走出来的。总书记的文艺思想是非常深刻的。

　　2018年3月4日，在全国政协会议上，我有十分钟的发言，谈到"用经典作品构建人类命运共同体"。后来总书记讲道："用文化经典构建人类命运共同体。"两个字的改动，体现了总书记的宏观高度。

　　我们中国美术馆去年和今年有两场展览爆满，观众要排队排到一公里之外。第一场是"美在新时代"，把中国美术馆藏的近现代大家的作品进行了梳理和展览；第二场是在中国美术馆所藏的3 500件外国作品当中挑选出240件作品进行了展览，题目叫"美美与共"。这两个展览一个是在数九寒冬，另一个是在6月底炎热的夏天，七八十岁的老人、残疾人、儿童都在排队。当然中国美术馆太小，让大家排队实属无奈，如果场地大一点就好了。这个盛况说明人民对美的需求、渴望，更说明了经典作品所蕴含的文化价值。所以，国家美术馆作为一个殿堂，作为一个跨越普通大众的美的平台，应该弘扬经典。在国际社会上也是一样，"走出去"的一定要是经典作品，因为每一个人、每一件作品，只要走出国门，就是一张中国的名片、中国文化的名片。经典作品之所以经典，在于它包含了一个时代的创作。

老子的塑像在巴黎获得法国卢浮宫国际美术金奖。法国前总理说这就是中国，他从这一件作品就看到了中国的文化，特别是中国人的虚怀若谷。

第三个问题，国际传播。在罗马举办展览时，我为齐白石和达·芬奇塑造出一个想象的对话空间。他们不在一个时代，更不是一个国度，也不是同一个文化背景，但是在艺术创造领域他们可以对话。这个雕塑原来在意大利国家博物馆，后来他们通过国会，把这一组雕塑永久立在了罗马，作品中达·芬奇与齐白石在一条船上：你在船的那头，我在船的这头，我们同在人类历史漫漫的长河中泛舟。

巴西库里提巴市的市长到中国来，看到了我创作的孔子像，他认为这就是孔子思想的一个形象再现。他是孔子的"粉丝"，他说："孔子不仅仅有历史价值，还有其现实意义，他对我的至高理念产生了一些影响，对我的工作有指导作用，所以我希望能把这个孔子像带到巴西去。"结果巴西就把一个广场改造了一下，并且命名为"中国广场"。当这个雕塑运到库里提巴市的时候，市长亲自去机场迎接。当箱子打开的时候，他去亲吻这个冰冷的青铜，他说：这里面有温度，他感受到了孔子的温度。这是文化的巨大力量！全世界不管大城市还是小城市，不管大国还是小国，如果有100个城市都把广场命名为"中国广场"，中国文化"走出去"就会成为一种客观事实。

马克思像立于马克思的故乡德国特里尔市。2018年5月5日是马克思诞辰200周年。

马克思像要立在德国，这是德国政府向中国政府提出的要求。但是他们

"老子"（青铜，吴为山作）

有条件，就是要把马克思的像做成儿童时期的马克思，放在马克思故居前面的三角地上。

　　我去过德国，特里尔市的市长、州长、议会的议长都非常隆重地接待了我。看了那个地方之后，我有两个想法：第一，马克思作为一个千年的思想家，

　　"超越时空的对话——意大利艺术大师达·芬奇与中国画
家齐白石"（青铜，吴为山作）

他的哲学思想和他的长相是一致的，儿童时期的马克思还没有成熟的思想，所
以那不应该是马克思，那是德国的一个儿童。所以我跟德国的媒体介绍："我
从小就看过马克思的样子，因为我们的走廊里、客厅里都挂着马克思的像，长

长的头发和长长的胡须，智慧在那里涌动，所以我来塑马克思像的话，一定要做中国人所熟悉的马克思。"他们同意了。

第二，当时他们只要求做两米高的塑像，放到一个三角地上，但我觉得那个三角地太小，没有空间，没有情景。我跟他们提出来，要放在一个宽广的地方。他们选了三个地方让我挑选，结果我选择了古罗马时期的黑门附近的一个广场，它是博物馆前面的广场，历史悠久，离马克思两岁到17岁所生活的故居只有100多米。但是这个广场是一个以宗教元素命名的广场，有不少人不同意把马克思像立在这里，最后我们坚持把马克思像立在这里，而且要把雕塑做到5.5米，象征马克思诞辰的日期5月5日。最后通过议会表决，以49票赞成、7票反对的压倒性优势同意将雕塑立在马克思的故乡。

但是这个雕塑怎么做，当时德国方面也有疑问。他们说之前做了不少马克思像，他们已经都搬走了，现在居然还要再做马克思像，而且是一个中国艺术家来做。他们建议不要用社会主义、现实主义的创作方式，把马克思雕像做成一个宗教式的偶像立在这里。这是他们的普遍反应。

后来我创作的作品是，马克思手拿一本厚厚的书，这本书既不是《资本论》，也不是《共产党宣言》，而是人类社会发展的百科全书。他穿着大衣，风尘仆仆地走在故乡的土地上，走在那个千年以来，哲学家、文学家、政治家、普通老百姓、艺术家所走过的罗马时期的石头小镇上。

德国人认可了，他们认为这就是他们心中的马克思，这是特里尔人民的儿子，马克思回到了自己的故乡，作为哲学家的马克思重返特里尔。德国特里尔市的市长、副市长也多次到中国来，他们请的一些专家也到中国来，到我的工作室来看这个雕塑，并给予了高度认可。他们的市长写道：经由吴为山教授的艺术，卡尔·马克思重新变得活生生的，他的思想理念得以在21世纪以视觉化的方式呈现出来。这是他的评价，他们的副市长也写了很好的评价文章。德国也专门拍了专题片、纪录片，记录我的整个创作过程。

马克思雕像做好之后，各方面都同意了，于是我安排将其运到山西铸铜。

我突然想到这个雕塑将来是要立在室外，而我这个雕塑是在室内创作的，光线不太对，空间、角度、距离也不太对。于是，我又把这个雕塑从山西运回北京，放在一个广场上。在凛冽的寒风当中，我重新来审视，最后进行了6个小时的修改，修改完成之后我的手冻得冰凉。

我觉得艺术家在一件作品上要倾情地投入，你多投入一个小时，多投入一天，多投入一个月，多投入一年，你的作品在历史上就可能留下50年、100年甚至1 000年。所以，千锤百炼这个词用在雕塑过程中最合适不过。你没有这个心，就没有时间，你有这个心，所有的时间就都属于你，属于作品，也属于人民。我经常在创作作品的时候跟甲方说："你们不是甲方，我和你们都是乙方，真正的甲方是历史，是人民。"所以，任何一件艺术作品都要经得起时间的考验。我们必须不断地挑自己的毛病、挑自己的缺点，用一种批判的、挑剔的眼光，360度审视自己的作品，进行价值判断和修正，这是我长期以来所形成的理念。

2018年5月5日，马克思的故乡——德国特里尔市——有近万人参加了马克思像揭幕仪式，人山人海。世界150多家著名媒体到了德国，云集在那个小城市，特里尔市的市长告诉我："历史上，像这样一个规模，影响世界的这么多人来到这个德国小城，还是第一次。"可见马克思越来越被人们所认识，越来越被人们所关注。尽管我们有不同的价值观，有不同的社会制度，但是社会发展的真理永远存在，而且随着时间的推移，他的价值越来越凸显出来——马克思是对的。

国家邮政总局为纪念马克思诞辰200周年发行了两枚邮票，这两枚邮票在德国也深受欢迎。

最后，我讲一下"侵华日军南京大屠杀遇难同胞纪念馆主题雕塑"。在2005年的时候，我接到邀请，要为侵华日军南京大屠杀遇难同胞纪念馆的扩建工程创建一组雕塑，这一创作持续了几年时间。

当时有人跟我讲："你要把日本兵屠杀中国人的场面给塑造出来。"我说千万不能这样，历史的史料、文献，特别是那些照片都有记载，我们今天要记住的不是仇恨，而是历史。要让这种反人类的行径不再重演，让和平永驻人间，我们的目的是唤醒世界。

所以，我要复活那些死去的灵魂，让那些冤魂站出来讲话，特别是那些被活埋（在被活埋之前土即将覆盖到他们身上），那些被强奸、被杀戮的冤魂们在生命结束前的那几秒钟的想法，我要复活他们的灵魂。所以我就塑造了一批逃难者，并且以"家破人亡"这个主题，把母亲抱着死去的孩子的场景作为主调立在南京大屠杀遇难同胞纪念馆，这组雕塑到今天已经有将近1 000万人次的参观量，也有不少的日本友人在雕塑前面流眼泪。

我觉得最重要的是唤醒人性，而不是复仇。这是中国文化很重要的价值观。这一组雕塑的模型在联合国总部展览，潘基文先生表示：这些作品表现的不仅仅是一个国家的灵魂，更是全人类的灵魂。全人类的灵魂是什么？我想是和平与发展。

这一组雕塑被韩国收入了中小学课本，韩国政府希望把这一组雕塑的原型立到济州岛。

中国人民的灾难不仅是中国人民的灾难，也是世界人民的灾难，在构建人类命运共同体的过程当中，我们不要忘记两个字：人类。中国对人类有较大的贡献，不仅在于在经济上对一些国家给予了援助，更在于我们的价值观影响了世界。

我觉得我们有这样一种责任，用艺术的方式来营建这样一种氛围：安而不忘危，存而不忘亡，治而不忘乱。这也是我们的传统文化。所以我创作了一批逃难者，让每一个走进纪念馆的人，与这些冤魂进行对话。这里面的每一组形象都有原型，特别是常自强一家的悲惨遭遇：他的母亲在被日本人的刺刀捅过之后，还在喂自己的孩子，也就是常自强的弟弟。后来，血水、泪水、乳汁融化为一体，它们结成了永远融化不了的冰块。常自强现在80多岁了，是那场灾难的幸存者，我拜访过他，雕塑做好以后我也请他去看，他非常感动，老

远集坊第十七讲嘉宾合影

泪横流。

这一组雕塑完成后，我写了一段文字，后来被刻在大门口的碑上面。中央电视台在国家公祭日那天也把这一段文字播出来了："我以无以言状的悲怆追忆那血腥的风雨，我以颤抖的手抚摸那30万亡灵的冤魂，我以赤子之心刻下这苦难民族的伤痛，我祈求、我期望古老民族的觉醒、精神的崛起！"

嘉宾讲坛

王文章

　　听吴为山先生讲述他的创作历程，展示他的作品，我非常震撼。吴为山作为当代一位杰出的艺术家，一位杰出的雕塑家，我领略到他对我们中华民族美学精神的理解。他坚持了民族性和当代性相统一的美学精神的追求，所以他提出了"写意雕塑"这个概念。民族性和当代性的统一非常重要。艺术家的创作，要践行我们中国特色的美学精神。作为当代艺术家，要有明确的指向、明确的追求，要坚持继承和创新，要把民族性和当代性相统一的美学精神追求放在自己的心中，在创作中就需要创造性地践行这种美学精神，不仅要践行，还要根据这个时代大众的审美趋向的变化或者变革，去赋予它新的内涵。为山不仅践行了中华民族当代的美学精神，同时赋予了它新的内涵，这就是他对当代中国美学精神或者艺术创造的贡献。他为我们当代艺术创作的探索，做出了示范性的表率。为山还很年轻，他这种追求和刻苦异于常人，杰出的艺术家都有这种追求，我想当代中国艺术高峰的塑造，一定会有为山杰出的贡献。

刘晓冰

　　听了吴为山馆长从头至尾讲述雕塑的心得，很震撼。我在罗马看过那些精美的西方的雕塑，很典雅，很细腻，当时看了也是很受震撼，但是那种震撼只是对于艺术品的一种尊崇。2015年吴馆长的作品在中央党校有一个展览，有一部分是"红色雕塑进校园"，沿着回廊还有一部分，包括屈原、老子、达·芬奇之问，等等。今天通过吴馆长的讲解，我对这些作品的含义有了更深刻的理解。吴馆长的作品给人的震撼和在罗马看到的那些作品是不一样的，它们是直击中国人内心的，因为他雕刻的是中国人的灵魂。在这一点上，吴馆长抓住了中华民族精神最核心的东西，他塑造的500多个作品，没有追求那些形式上的表现，而是注重中国人的精神呈现。我觉得文艺作品最能够打动人的是对人性的刻画，在这一点上吴馆长是非常成功的，是当代艺术家杰出的典范。

韩敬群

　　今天听了吴为山老师这堂课真的是蛮震撼的。吴老师的雕塑叫"写意雕塑"。中国的文学艺术在审美的尺度上面从来不是把"形"看得很重，一定是把"意"和"神"看得很重。苏轼曾经说过：论画以形似，见与儿童邻。赋诗必此诗，定非知诗人。不光艺术如此，文学也是如此。特别受启发的是吴老师在处理一些对于我们中国人来说非常重要的题材——南京大屠杀这个题材时的理念。有关20世纪比较重要的几次大战——一战和二战——在世界文学史上都出现了一些非常伟大的作品，一战有海明威的《永别了，武器！》，雷马克的《西线无战事》，二战有诺曼·梅勒的《裸者与死者》。

　　我们经常会思考，我们民族史上那么多重要的波澜壮阔的事情，到目前为止，文学史上似乎还没有出现相匹配的文学书写。南京大屠杀也是这样的，据我所知，目前为止最重要的一本书还是一位海外华人写的，张纯如女士的纪实性的作品。至少在文学领域，我们还有很多的空白。

　　吴老师创作"南京大屠杀"这个作品的时候，用他的艺术手段表现了这么一个重大的事情。吴老师在一开始投入创作的时候，首先是创意，找什么样的角度来表现这么重大的事件。他有别于我们想到的题材——那种血淋淋的日军的暴行，他想到了很多逃难者，包括三岁小孩的角度等，这对我非常有启发。我们中国作家在面临一些重大的题材时，可以借鉴吴老师的思路。

　　著名作家阿来老师的故乡离汶川不远。2008年汶川大地震之后，他苦苦地思考了十年，终于找到了一个合适的角度，完成了一篇长篇小说，即将出版。在怎样处理这种重大题材方面，他跟吴老师一样，体现了一个有创意的、卓越的艺术家不同寻常的地方，这就是为什么他们的艺术成就可以达到这种高度。

阎崇年

　　仔细听了吴为山教授的演讲，我有个想法：我是学历史的，吴先生是搞雕塑的，这之间有什么联系？我仔细想了想，发现它们是通着的。有一个朋友讲了一句很有意思的话，他说所有的科学，包括自然科学、社会科学等，最后都通向哲学和艺术。其实我认为还应该再补充一句话，哲学和艺术最后又是和谐统一的。吴为山教授这个报告提供了很好的例证！

346

| 后记

这本书是十七位主讲嘉宾的智慧成果，也是自2017年9月29日远集坊举办以来的一个阶段性的总结。

在得知远集坊讲座有结集出版的想法后，人民出版社、人民教育出版社、上海东方出版中心等多家出版社即表示了出版的意愿，此书虽最终与中信出版社结缘，但我们在此特别要对上述各出版社表示真挚谢意。

确定此书出版意向到本书付梓，仅一个多月时间，这是非常不易的。首先这本书涉及多位作者，属于汇编作品。在确定出版意向之后，我们即与所有主讲嘉宾取得联系，并征得了每位嘉宾的一致同意。最初的文稿是根据主讲嘉宾的发言速记整理的，口语较多，修改难度较大。各位主讲嘉宾不辞辛劳，逐字逐句修改推敲。柳斌杰先生、朱永新先生亲自改稿，仅用两天即修改完毕；沈鹏老88岁高龄，身体微恙仍坚持改稿，并提前返稿；郑欣淼、谭跃、罗振宇、黄强等多位主讲嘉宾亦连夜改稿，在此不一一细说。十天之内，十七位主讲嘉宾克服困难，全部如期返稿。其效率特别是严谨与认真的治学精神，给我们留下了深刻印象。在此对各位主讲嘉宾表示衷心的感谢。

阎晓宏理事长指导了本书的组稿与编辑出版工作。孙悦秘书长总体协调，与作者、出版社人员、设计师、排版人员等对接，并一一落实各项工作。曾晋、夏海龙、刘哲等协会同志负责部分文字、照片的收集、整理工作。北京中视瑞德文化传媒股份有限公司副董事长兼总裁王旗、项目总监任晔等同志组织专业团队完成了书中所有短视频剪辑、编辑等工作，使读者扫描书中二维码即可观看各期嘉宾的现场演讲短视频，领略各位大家的风采。本书的出版更是得到了中信出版社的重视与大力支持，本书出版时间紧、编辑工作难度大，王斌社长、乔卫兵总编辑在该书出版的各个重大问题上提出了专业而又重要的建议；责任编辑于宇等同志以高度的专业精神与素养，在本书的编辑加工等方面，一丝不苟，提出了许多中肯的修改意见，并加班加点，确保了本书得以在较短时间内顺利面世。图书设计名家林胜利老师精益求精，和中信出版社一起完成了本书封面及版式设计工作。北京盛通印刷股份有限公司高效率、高质量的印制保证了本书按时出版，亦为本书增光添彩。

最后，特别感谢北京市朝阳区南磨房乡党委、政府和北京鲲鹏大雅实业投资有限公司提供了一个"室无须大、雅致即好"的空间，这里孕育催生了远集坊和这本书。

2018年11月